MW01245606

LA MANO MAESTRA
LA GUÍA DE LOS GRANDES

La Mano Maestra

La Guía de los Grandes

La sabiduría que te guiará y te protegerá

ALEJANDRO LAMBARRI S.

Número de Control de la Biblioteca del Congreso de los EE. UU.:   2011915284
ISBN: Tapa Dura   978-1-4633-0859-9
                   Tapa Blanda   978-1-4633-0858-2
                   Libro Electrónico   978-1-4633-0898-8

Para pedidos de copias adicionales de este libro, por favor contacte con:
Palibrio
1663 Liberty Drive, Suite 200
Bloomington, IN 47403
Llamadas desde los EE.UU. 877.407.5847
Llamadas internacionales +1.812.671.9757
Fax: +1.812.355.1576
ventas@palibrio.com
[359661]

Fotografía de portada por Christiann Davis

ÍNDICE

DEDICADO A:

Tere
Tiki
Sary
Dany

Si estos principios y éstas reglas sigues, serán largos tus días, tu memoria será eterna, tus premios colmados, tu felicidad indecible, títulos tendrán tú y tus nietos, y vivirás en paz

La Mano Maestra

La Guía de los Grandes

La sabiduría que te guiará y te protegerá

Tu misión en la vida es ser feliz. Aunque el camino de la vida está lleno de retos y desafíos, lograr ser feliz es más fácil de lo que parece. Puedes hacerlo si logras comprender, y practicar los principios correctos. La sabiduría de ésta fuente es una luz, una guía para tu vida.

Sin embargo, así como el baño que tomamos en la mañana no dura todo el día, el agua de ésta fuente se debe beber igual que como se alimenta el cuerpo: todos los días, porque la mano maestra es alimento para el espíritu. Te dará inteligencia y fuerza para tener éxito. Moverás energías que trabajarán a tu favor. Sin embargo, debes entender: después de dos semanas, una persona sólo recuerda el 10% de lo que lee. Lo que recuerde será sólo lo que logre atraer grandemente su interés.

La felicidad y el progreso no vendrán tan solo por leer estos secretos. Es necesario comprenderlos. Es necesario practicarlos.

Así que lee estas palabras todos los días. Y así las recordarás. Esto cambiará tu mente. Y tu mente cambiará tu vida.

LA MANO MAESTRA

Un virtuoso maestro de música y fabricante de violines tenía una tienda de artículos musicales. El maestro construyó un formidable violín en su taller, con un gran esmero. Primero hizo la caja de resonancia: con madera de arce labró la base y la tapa con una perfecta simetría. En madera de abeto, le dio forma exquisita a las cubiertas laterales. Con maestría, hizo el mango, y sobre él colocó un diapasón de ébano para obtener ése sonido maderil que los instrumentos de cuerda frotada requieren. Luego barnizó las partes con el mismo cuidado que un pintor crea su obra. En el extremo del mango colocó con cuidado el clavijero, en donde insertó con firmeza las cuerdas. Finalmente, después de afinarlo, probó su sonido impecable. El violín estaba listo, y el maestro colocó delicadamente su excelente creación en el aparador.

Cierto día, un hombre concibió la idea de que su hijo pequeño, un travieso niño de diez años, aprendiera a tocar el violín. Entonces fue a la tienda del maestro y adquirió allí el violín. Fue y se lo regaló a su hijo en su cumpleaños. El niño tomó el violín bruscamente como si fuera un juguete, frotó con rudeza las cuerdas con el arco y por varios segundos produjo una serie de los más lastimosos ruidos, hasta que se aburrió y lo dejó sobre el sofá. El padre decidió entonces contratarle un profesor para enseñarle a tocar su violín. El profesor era estricto y se desesperaba fácilmente. El muchacho no tenía ni talento, ni entusiasmo para aprender, así que sus clases se convirtieron en una monótona rutina. Cierta tarde, después de su práctica, el niño inquieto dejó el violín mal colocado en el borde de una mesa para correr a jugar, y el violín cayó inmediatamente al suelo y una de sus orillas se astilló. Por su falta de talento e interés, pasó poco tiempo para que el muchacho abandonara las clases.

Durante una tarde de ocio, el niño tomó sus soldaditos de juguete y usó las cuerdas de su violín para impulsarlos como proyectiles, buscando como blanco a su perro. En uno de los disparos, la cuarta cuerda no resistió la tensión y se rompió.

Unos días después, el niño invitó a sus amigos a jugar; el violín estaba en el suelo y mientras los niños corrían, uno de ellos le dio un pisotón, y le dobló un par de clavijas, desafinándolo y maltratándolo aún más de lo que ya estaba.

Finalmente llegó el día en que el violín fue a parar al cuarto de las cosas viejas.

Años después, la madre del muchacho se deshizo de las cosas inservibles, y las tiró a la basura. Entre ellas iba el viejo violín.

Unos días después, un vagabundo que buscaba algo entre la basura, encontró el maltrecho violín. Entonces fue y lo vendió a una casa de subasta de antigüedades por un par de monedas.

Luego la casa de antigüedades hizo una subasta. El anfitrión mostraba las extrañas piezas una por una mientras decía —¿Quién de más? — Una a una se fueron subastando todas las cosas, hasta que llegó el turno del violín. Allí estaba, maltratado, sucio, desafinado, sin una cuerda. El subastador, preocupado, preguntó en voz baja a su asistente:

— ¿Es todo lo que queda? ¿No hay algo más interesante?

El asistente respondió:

— No, todo se ha vendido.

El subastador lo pensó dos veces antes de ofrecerlo, pero al fin tomó el violín por el mango, y ocultando su desánimo, alzó su brazo en alto para mostrarlo.

— Tenemos un bonito violín— dijo,

— Cien pesos, ¿alguien ofrece cien pesos?

Nadie en el salón parecía mostrar interés alguno por un violín viejo y maltratado. Así seguía el subastador, cumpliendo con su deber, mientras el murmullo de los asistentes que charlaban sin poner atención, casi opacaba su voz.

Entonces, de la última banca del salón, se levantó un señor alto y distinguido, de edad madura. Vestía un traje obscuro, muy elegante. Su cabello blanco y bien peinado brillaba como la nieve, y parecía una corona de experiencia y sabiduría. Lenta y tranquilamente, comenzó a caminar con seguridad hacia donde estaba el subastador. A lo largo de su trayecto hacia el podium, todas las personas fueron una a una percatándose de la presencia imponente de aquel caballero. Y uno a uno, extrañados y curiosos, fueron guardando silencio. La mirada de aquel señor era profunda, limpia y serena, con un destello de sabiduría en ella. Finalmente llegó hasta donde estaba el subastador. Para entonces ya reinaba en la sala un profundo silencio. Ante las miradas expectantes del público, extendió su mano izquierda para tomar delicadamente el violín por el mango, haciendo un ademán que gentilmente, pero con autoridad, le solicitaba al subastador que se lo permitiera un momento.

Sin decir una palabra, el caballero tomó el violín en sus manos con delicadeza, mirándolo con una cálida mezcla de amor y tristeza. Entonces sacó de su bolsillo un pañuelo y una pequeña botella de aceite para limpiar maderas. Humedeció el pañuelo, y frotó con él el violín suavemente, hasta dejarlo limpio y brillante. Luego, con sus dedos enderezó las clavijas que sostenían las cuerdas, y con seguridad y calma a la vez, giró cada una de ellas, afinándolo. Entonces tomó con la mano derecha el arco, y en un movimiento elegante y lento, colocó el violín en su hombro, alzó la mano derecha con la que tomaba el arco, y comenzó a tocar . . .

Una sublime, dulce y cautivadora melodía surgió. Aún faltando una cuerda, la perfección, la armonía y la belleza sin límite de aquella música comenzó a penetrar en el alma de los asistentes hasta tocar su corazón, conmoviéndolos profundamente.

El hombre se detuvo. La melodía había terminado. Fue corta, pero hermosa. Inspiradora.

Era el Maestro. Y el Maestro conoce su obra. Entonces, devolvió el violín al subastador. La gente estaba perpleja. El subastador abrió su boca y con seguridad, dijo:

— Mil pesos. ¿Quién ofrece mil pesos?

Los compradores comenzaron a proponer sus ofertas, incrementado el valor del violín a cada nueva oferta. En medio de ésta turbulencia, el Maestro salió del recinto de la misma forma en que entró: tranquila y calladamente.

El violín fue vendido en varios miles de pesos.

¿Qué fue lo que cambió? ¿Por qué ahora el violín valía tanto?

Lo que lo hizo posible, fue el toque de la mano del maestro.

El violín simboliza al ser humano. El taller y la tienda del maestro son el lugar de donde viene. Los maltratos de que fue objeto y las manos en que cayó, son los problemas y la ignorancia de éste mundo. El Maestro, es ésa inteligencia superior, ésa fuerza más allá de nuestra comprensión, que la ciencia no alcanza a explicar, pero ahí está. Es la luz, el poder y la inteligencia que gobiernan el universo.

En la historia de nuestro mundo, una élite de grandes hombres y mujeres han logrado grandes hazañas. Han fundado grandes empresas. Han vencido grandes obstáculos. Ellos recibieron cierta enseñanza que los convirtió en seres exitosos. Han sido en alguna forma, inspirados con sabiduría.

Ellos han compartido algunos destellos de su sabiduría, de sus secretos, de vez en cuando, un poco aquí, un poco allá. Y aunque han vivido en distintas épocas, lugares y situaciones de la historia, es notable cuánto se parecen sus preceptos, y qué similares son los principios por los que se condujeron para lograr grandes cosas. Su experiencia es conservada en sus citas. Fueron y son mujeres y hombres de hechos, de acción, de valentía y atrevimiento. Ellas y ellos desafiaron con coraje, y con pasión, a todo lo que está escrito, lo que es considerado lo tradicional. Estas son sus enseñanzas. Tenerlas es como llevar una linterna en la obscuridad. Léelas con atención.

Toma la mano maestra, para que te lleve a esferas superiores de conocimiento, poder y felicidad.

Ningún hombre ha llegado a ser grande sin un toque de divina inspiración
Marco Tulio Cicerón[1]

---

1   Marco Tulio Cicerón. Político romano 106-43 a.C.

Fuisteis creados para buscar sabiduría
Dante Alighieri [2]

Tengo mucha experiencia de gente más sabia que yo
Gerald Ford [3]

Diamantes tallan diamantes
Juan Ruiz de Alarcón [4]

La reflexión es el camino a la inmortalidad
Buda [5]

Si estos preceptos y éstas reglas sigues, serán luengos tus días, tu
fama será eterna, tus premios colmados, tu felicidad indecible, títulos
tendrán tú y tus nietos, y vivirás en paz . . .
Miguel de Cervantes [6]

Busca consejo de personas con experiencia y sabiduría
Horacio Valsecia [7]

Le debo casi todo a mi padre. Los principios que aprendí de él en un
pequeño pueblo, en una modesta casa, son los mismos principios con
los que gané las elecciones.
Margaret Thatcher [8]

---

2   Dante Alighieri. Autor de la Divina Comedia, considerada una obra maestra de
     la literatura
3   Gerald Ford. 38º presidente de los EEUU
4   Juan Ruiz de Alarcón. Dramaturgo mexicano reconocido internacionalmente como
     uno de los mejores escritores barrocos.
5   Buda ó Siddarta Gauthama. Príncipe hindú que escapó de su palacio para
     encontrarse a sí mismo. Creador del budismo. Considerado uno de los hombres
     más sabios e iluminados de la historia.
6   Miguel de Cervantes, autor de El Quijote, una de las grandes obras maestras de la
     literatura. Así habló el quijote después de dar a su compañero Sancho los mejores
     consejos de vida.
7   Horacio Valsecia. Psicólogo y escritor argentino
8   Margaret Thatcher. La primera y hasta ahora única mujer que ha sido Primer
     Ministro de Inglaterra.

Mi padre me dijo que si no quería arrepentirme toda la vida no debía permitir que algo impidiera realizar mis sueños. Sus consejos y apoyo han sido una de las causas por las cuales mi vida ha sido coronada con el éxito y la buena fortuna.
Lilian Vernon[9]

La experiencia proviene de dos fuentes: la que se adquiere personalmente y la de los demás
Donald Trump [10]

La mejor forma de forjar nuestro futuro es pararnos en los hombros de los gigantes del pasado. Si sus estrategias funcionaron para ellos, vale la pena emularlos.
Martin Fridson [11]

Puedes arrastrarte por la vida cometiendo incontables errores, perdiendo tiempo y energía tratando de hacer las cosas de acuerdo con tu experiencia. O puedes usar los ejércitos del pasado, depósito inmenso de sabiduría.
Robert Greene [12]

Nuestra obligación de prosperar se debe no sólo a nosotros, sino también a ése antiguo y gran cosmos del que surgimos.
Carl Sagan [13]

Cree en la salud perfecta, prosperidad, paz, bienestar y guía divina. Porque existen.
Joseph Murphy[14]

---

9   Lilian Vernon. Fundadora de Lillian Vernon Catalogs y de www.lillianvernon.com
10 Donald Trump. Magnate estadounidense que hizo una fortuna billonaria iniciando desde abajo, dos veces en su vida.
11 Martin Fridson. Empresario y Asesor financiero. Autor de best Sellers.
12 Robert Greene. Editor y Escritor norteamericano, en 'Las 48 Leyes del Poder'.
13 Carl Sagan. Científico y Astrónomo norteamericano.
14 Joseph Murphy. Psicólogo norteamericano, autor de varios Best Sellers sobre el poder de la mente.

ACCIÓN

Ciudad de México. Años treintas.

Un hombre joven, de tez morena y un gran carisma, viajaba en tranvía de la Villa al centro histórico.

Entonces vio a una joven que le pareció la mujer más hermosa que haya visto jamás: una linda muchacha de piel blanca y un hermoso rostro. Su cabello era castaño claro, su nariz pequeña, y sus ojos color miel reflejaban una gran dulzura. Aquella joven lo impactó tanto, que el muchacho no podía dejar de verla. Ella se percató de que el entusiasmado muchacho la veía con mucho interés.

Cuando el tranvía llegó a su destino, el muchacho rápidamente bajó para seguir a la joven. Para un hombre, éste es un momento crucial. Es cuando debes decidir si actuarás o no, y se requiere cierta dosis de valor para hacerlo.

Aquel muchacho sabía que sólo tenía ésa oportunidad. Y si la dejaba ir, quizás nunca más se presentaría otra vez. Entonces decidió actuar. El no se detuvo a pensar si la joven tenía novio o si era de su clase, o si estaba de humor. Pensó rápidamente en lo que habría de decir y hacer, y cuando ya no había nada que pensar, sólo se dirigió hacia la muchacha y le habló.

Aquél muchacho era mi abuelo.

La hermosa joven que le robó el corazón desde el primer momento en que la vio, era mi abuela.

En un artículo de una vieja revista, el autor narró una anécdota de su vida, que para mí fue muy interesante. ¿Por qué? Porque era muy parecida a la de mi abuelo. El autor narraba cómo en los días de su juventud, en una estación de tren, vio a una hermosa mujer que esperaba el tren. Ella lo impresionó mucho, y él, se lo pensó demasiado para atreverse a hablarle. Finalmente, el tren de la joven llegó y ella lo abordó. Desde su ventana, la joven se percató de que el muchacho la miraba desde afuera, y ella lo miró a los ojos, mientras el tren abandonaba la estación. Aquel hombre, con cierta nostalgia y arrepentimiento, dijo que siempre se había preguntado qué hubiera sucedido si tan sólo hubiera actuado, y si se hubiera atrevido a hablar con ella.

Es triste hacerse ésta pregunta: ¿qué hubiera pasado si hubiera actuado?

A veces es mejor arrepentirse de lo que se hizo que de lo que no se hizo. Los ancianos usualmente no sienten arrepentimiento por las cosas que hicieron, lo sienten por las cosas que no hicieron. Aprende de su experiencia, y no permitas que te pase lo mismo. A veces hay que tomar riesgos para lograr el éxito. Incluso hay situaciones en las que no hay nada que perder, y sí mucho que ganar. Hay que actuar con valentía y seguridad.

Recuerda: en la vida, sólo los osados logran lo que quieren.

Es cierto, cuando actúas, es probable que las cosas no salgan como lo esperabas. Sin embargo, algo sí es seguro, y te lo garantizo: después de actuar, las cosas no seguirán como están ahora. Actuar siempre trae un cambio, y esto es una ley:

A toda acción viene una reacción.

La reacción puede ser la que querías. O puede no resultar como esperabas. Sin embargo, siempre aprenderás una lección valiosa del resultado. La próxima vez, lo harás mejor. Esto se llama experiencia.

Ahora, mucho depende de ti que la reacción sea la que tú esperas:

Sí, es importante que entiendas: la acción debe ser inteligente. Verás: la osadía sin inteligencia es como tener un coche deportivo, sin volante. Por ejemplo, si la muchacha hubiera ido acompañada de su novio, ésta acción no hubiera sido inteligente. Sin embargo, como iba sola, se trataba de una oportunidad. Ese es el mensaje del principio de la acción: la mejor manera de aprovechar una oportunidad es actuar. Así es como hacen los osados.

Y aún mejor: si la oportunidad no viene sola, tú la puedes propiciar.

La mejor manera de propiciar una oportunidad, es cazarla. Buscarla. Estar al pendiente siempre. Planearla.

Así tendrás el control, y podrás actuar con inteligencia. La mayoría de la gente vive esperando que una oportunidad se les presente. Los triunfadores buscan las oportunidades.

Déjame explicarte: el temor para actuar se da porque una de las causas más comunes de los errores de las personas es el miedo repentino, ante una situación que no estaba prevista y no se puede controlar. Por lo tanto, una buena forma de asegurar el éxito, es estar siempre alerta, y concentrado para una situación imprevista. El gran arte de la Improvisación.

¿Quieres algo de la vida? Debes actuar

Si tú deseas algo, sólo lo lograrás si haces algo por obtenerlo

En ocasiones, antes de actuar habrá tiempo suficiente para pensar, planear y estar preparados para asegurar el éxito. Sin embargo, habrá oportunidades que se te presenten repentinamente, que requieran una acción inmediata. Son el tipo de situaciones en las que, si esperas demasiado el momento ideal para hacer algo, no lo harás. El momento ideal debes propiciarlo tú, y si eso no es posible, entonces el momento ideal es ahora, el lugar ideal es aquí, y la persona ideal para hacerlo eres tú. Si se te presenta una oportunidad repentina que requiera una acción inmediata, aprovéchala. Si actúas con inteligencia, lo harás bien. Si te concentras, tu mente te dirá mejor qué hacer, qué decir y cómo reaccionar. Entonces actúa. Sabes lo que tienes que hacer. Sólo hazlo.

Hay dos tipos de personas: las que miran cómo las cosas suceden y las que hacen que las cosas sucedan. Los que miran el concierto desde los palcos y los que lo hacen desde el escenario.

Los triunfadores no son personas que sólo aprovechan las oportunidades. Eso lo hacen todos. Los triunfadores crean las oportunidades.

El éxito no es para los que sólo piensan que pueden hacer algo, sino para quienes lo hacen.

———————

El primer principio es: Actúa con la máxima concentración
Carl Von Clausewitz [15]

Creo en un destino que no cae sobre los hombres a menos que actúen
Buda[16]

Lo que puedes soñar, hazlo ya. La osadía está llena de genialidad, poder y magia
Goethe[17]

El hombre no sabe lo que es capaz de hacer, hasta que lo intenta
Charles Dickens[18]

Lo único que separa a una persona de lo que quiere en la vida, es la voluntad de intentarlo y la fe para creer que es posible.
Richard de Vos[19]

Hay una fuerza motriz más poderosa que el vapor, la electricidad y la energía atómica: la voluntad.
Albert Einstein[20]

———————

15   Carl Von Clausewitz. Militar prusiano, autor de la obra "De La Guerra"
16   Siddarta Gauthama. Príncipe hindú que escapó de su palacio para encontrarse a sí mismo. Creador del budismo. Considerado uno de los hombres más sabios e iluminados de la historia.
17   Johann Goethe. Genio de la literatura de origen alemán
18   Charles Dickens. Uno de los escritores más reconocidos de la literatura universal
19   Richard de Vos. Creador de la compañía Amway International
20   Albert Einstein. Físico alemán, una de las mentes más brillantes de la historia

Atrévete, el progreso solamente se logra así
Victor Hugo[21]

¡Hazlo! ¿No sabes cómo hacer algo? Entonces hazlo. Deja de escuchar esa vocecita que te dice que no puedes, que no eres suficientemente bueno, que no sabes suficiente o que necesitas más investigación. La mejor y más rápida forma de aprender es hacerlo. Pasa a la acción, y ¡Hazlo!
Robert Kiyosaki [22]

El progreso consiste en el cambio
Miguel de Unamuno[23]

Si quieres resultados diferentes, haz algo diferente
Albert Einstein

¿Qué sería de la vida si no tuviéramos el valor de intentar algo nuevo?
Vincent Van Gogh[24]

La vida es una aventura intrépida. Si no, no es nada
Hellen Keller[25]

El éxito depende un 1% de la inspiración y un 99% de la transpiración
Thomas Alva Edison[26]

---

21 Victor Hugo. Poeta, novelista y dramaturgo francés (1802-1885) que cambió el pensamiento de su generación
22 Robert Kiyosaki. Empresario norteamericano, Inversionista y Experto en Educación Financiera, que se hizo millonario comenzando desde cero. Autor de best Sellers.
23 Miguel de Unamuno. Escritor español
24 Vincent Van Gogh. Genio de la pintura
25 Hellen Keller. La primera persona ciega y sorda en graduarse de la universidad. Escritora y Fundadora del instituto Hellen Keller International para la prevención de la ceguera.
26 Thomas Alva Edison. Inventor estadounidense, creador de más de mil inventos, como la bombilla eléctrica y el cinescopio

El genio se compone de 2% de talento y 98% de aplicación
Beethoven[27]

La inspiración existe, pero sólo se encuentra trabajando
Pablo Picasso [28]

Las cosas no cambian, cambiamos nosotros
Henry David Thoreau[29]

Si las circunstancias no son como deseas, hazlas
George Bernard Shaw [30]

Si los hechos no encajan en la teoría, cambia los hechos
Albert Einstein[31]

La única forma de que el futuro sea como quieres, es hacer algo para
crearlo así
Alan Kay[32]

La acción no debe ser una reacción, sino una creación
Mao Tse Tung [33]

La ocasión hay que crearla, no esperar que llegue
Francis Bacon [34]

---

27 LudwigVan Beethoven. Genio de la música, considerado uno de los más grandes músicos de la historia
28 Pablo Picasso. Uno de los pintores que más han trascendido en la historia. Sus obras se cotizan en millones de dólares
29 Henry David Thoreau. Escritor norteamericano, considerado el primer ecologista de la historia
30 George Bernard Shaw. Premio Nobel de literatura en 1925
31 Albert Einstein. Físico alemán, una de las mentes más brillantes de la historia
32 Alan Kay. Diseñador y pionero de la computación moderna. Socio de Apple computers y Presidente de Viewpoints Research Institute.
33 Mao Tse Tung. Destacado líder y político chino
34 Francis Bacon. Filósofo, estadista y científico, propuso el método científico inductivo.1561-1626

Si realmente deseas algo, puedes encontrar la forma de hacer que suceda
Cher [35]

Es intentando lo imposible como se realiza lo posible
Henri Barbusse [36]

Las condiciones favorables nunca llegan. El éxito viene a quienes lo buscan fervientemente, aún en condiciones desfavorables.
C.S. Lewis[37]

Todo lo que quieres está allá afuera esperando que lo pidas, pero tienes que ponerte en acción e irlo a conseguir.
Jack Canfield[38]

El hombre se aproxima con sus obras a la gratificación de sus deseos
Sigmund Freud[39]

Cada persona diseña su propia vida, la libertad le da poder de llevar a cabo su diseño
Eric Berne[40]

Primero identifica qué quieres ser, y luego haz lo que tengas que hacer
Epícteto[41]

---

35   Cher. Cantante, ganadora del Grammy y otros premios de la música pop
36   Henri Barbusse. Militar y revolucionario francés
37   C.S. Lewis. Escritor de Las Crónicas de Narnia
38   Jack Canfield. Escritor norteamericano de Best Sellers
39   Sigmund Freud. Padre de la psiquiatría y el psicoanálisis, uno de los personajes más destacados de la historia
40   Eric Berne. Psicoterapeuta, creador del Análisis Transaccional
41   Epícteto. Esclavo romano de origen griego, que se convirtió en un prominente filósofo (55-135 d.C.)

No andes por el camino trazado, porque conduce a donde ya fueron otros
Alexander Braham Bell[42]

La persona inteligente busca la experiencia que desea realizar
Aldous Huxley[43]

Para ser exitoso no tienes que hacer cosas extraordinarias, sólo haz las cosas ordinarias, extraordinariamente bien.
Jim Rohn[44]

La acción es el antídoto contra la desesperanza
Joan Baez[45]

Da el primer paso, no te preocupes por qué harás después, sólo da el primer paso
Martin Luther King[46]

La travesía de mil millas comienza con un paso
Lao Tsé [47]

La decidia es el asesino natural de la oportunidad
Victor Kiam[48]

Las oportunidades se multiplican si se sabe cazarlas
Sun Tzu[49]

---

42 Alexander Braham Bell. Inventor del teléfono
43 Aldous Huxley. Novelista, ensayista y poeta inglés
44 Jim Rohn. Empresario norteamericano, considerado el filósofo de los negocios
45 Joan Baez. Canta autor y activista norteamericano, ganador de un disco de oro
46 Martin Luther King. Líder y político estadounidense, defensor de los derechos de los afroamericanos
47 Lao Tsé. Grán filósofo chino de la antigüedad (604-531 a.C.) autor del Tao Te King.
48 Victor Kiam. Gerente de la compañía Remington
49 Sun Tzu. Antiguo General de guerra de China, considerado el mejor estratega de guerra de la historia. Napoleón Bonaparte se inspiró en su obra.

Las ventanas de la oportunidad no se abren solas
Michael Crichton[50]

Un hombre sabio creará más oportunidades de las que encuentra
Francis Bacon[51]

La realidad es que a muchos se les presentan grandes oportunidades que no aprovechan. La buena suerte llega a quienes aceptan las oportunidades.
S. George Clason [52]

El hombre que tiene buena suerte es el que está al pendiente de los golpes de suerte
Og Mandino[53]

El secreto del éxito en la vida del hombre consiste en estar dispuesto para aprovechar la ocasión que se le presente.
Benjamin Disraeli [54]

Alimenta las oportunidades y matarás de hambre a los problemas
Stephen R. Covey [55]

He aprendido, que las oportunidades no se desperdician nunca . . . las que tú dejas marchar las aprovecha otro.
De la lista "Lo que he Aprendido" de Andy Rooney [56]

---

50   Michael Crichton. Actor, productor y director norteamericano
51   Francis Bacon. Estadista, filósofo y escritor inglés, considerado uno de los más trascendentes
52   S. George Clason. Escritor norteamericano, autor del best seller 'El Hombre Más Rico de Babilonia.'
53   Og Mandino. Escritor que venció al alcoholismo para convertirse en uno de los autores más aclamados de la actualidad
54   Benjamin Disraeli. Primer ministro británico y escritor del siglo 19
55   Stephen R. Covey. Escritor norteamericano autor de varios best sellers
56   Andy Rooney. Exitoso escritor y humorista de radio y televisión norteamericano, ganador de varios premios Emmy. Conocido por su show en vivo de la CBS, "A few minutes with Andy Rooney", desde 1978

No hay seguridad, sólo oportunidad
Douglas McArthur[57]

La oportunidad se deja alcanzar sólo por los que la persiguen
H. Jackson Brown[58]

La oportunidad es el instante preciso en que debemos hacer algo
Platón[59]

Hay que estar dispuesto a actuar con agresividad y aprovechar todas las oportunidades que se te presenten.
Jerry Jones[60]

Lo que quieres hacer o lo que deseas que suceda, sólo si lo haces, sucederá
Joe Dimaggio[61]

Es preciso saber lo que se quiere; cuando se quiere, hay que tener el valor de decirlo; y cuando se dice, es necesario tener el coraje de realizarlo.
Georges Clemenceau[62]

Hay dos maneras de difundir la luz: ser la lámpara que la emite o el espejo que la refleja
Lin Yutang[63]

Sin ambición no se comienza nada. Sin trabajo no se termina nada
Ralph Waldo Emmerson[64]

---

57   Douglas McArthur. General y alto dirigente de la fuerza armada de los Estados Unidos en los años 1930's
58   H. Jackson Brown. Escritor norteamericano
59   Platón. Filósofo y matemático griego. Uno de los padres de la filosofía y uno de los personajes más trascendentes de la historia
60   Jerry Jones. Propietario y gerente del equipo de futbol Vaqueros de Dallas
61   Joe Dimaggio. Estrella de Beisbol norteamericano
62   Georges Clemenceau. Físico, estadista y escritor francés
63   Lin Yutang. Inventor y Escritor chino, autor de varios Best Sellers
64   Ralph Waldo Emmerson. Escritor estadounidense

El hecho de que nadie lo había intentado antes lo hizo para mí aún más irresistible
William Mcgovern[65]

Todos nuestros sueños se hacen realidad, si tenemos el coraje de llevarlos a cabo
Walt Disney[66]

Gánate tu sueño
Octavio Paz [67]

El valor de una idea está en llevarla a cabo
Thomas Alva Edison[68]

Todos los triunfos nacen cuando nos atrevemos a comenzar
Eugene Ware [69]

Piensa, cree, sueña y atrévete
Walt Disney [70]

Todo es fácil si divides el trabajo en pequeñas tareas
Henry Ford [71]

Tú eres el único que puede hacer la diferencia, cualquiera que sea tu sueño, ¡ve por él!
Magic Johnson[72]

65 Fundador de la compañía MCI
66 Walt Disney. Productor y director estadounidense. Creador de The Walt Disney Company
67 Octavio Paz. Poeta y escritor mexicano
68 Thomas Alva Edison. Inventor estadounidense, creador de más de mil inventos, como la bombilla eléctrica y el cinescopio.
69 Eugene Ware. Oficial de la armada de los Estados Unidos
70 Walt Disney. Productor y director estadounidense. Creador de The Walt Disney Company
71 Henry Ford. Fundador de Ford Motors Company
72 Magic Johnson. Estrella de bascketball

El ingrediente principal es dejar de estar sentado, levantarte y hacer algo, tan simple como eso. Mucha gente tiene ideas pero son pocos los que deciden hacer algo al respecto. No mañana, ni la próxima semana, sino hoy. El verdadero emprendedor no sólo es un soñador sino un hacedor.
Noel Bushell[73]

Las ideas son capitales que sólo ganan intereses en las manos de la acción
Antoine Rivarol [74]

Si no somos nosotros, entonces ¿quién?, y si no es ahora, entonces ¿Cuándo?
John F. Kennedy [75]

La vida es lo que pasa cuando estás ocupado en otras cosas
John Lenon[76]

El éxito está conectado a la acción. La gente exitosa se sigue moviendo
Conrad Hilton[77]

Si no te estás moviendo hacia adelante, es como si estuvieras retrocediendo
Dave Cote [78]

El verdadero poder consiste no sólo en saber que sí se puede, sino en querer hacerlo
Proverbio Persa

Las almas débiles sólo tienen deseos, las grandes tienen voluntad
Proverbio chino

---

73 Noel Bushell. Fundador de Atari computers
74 Antoine Rivarol. Matemático y escritor francés
75 John F. Kennedy. 35º presidente de los Estados Unidos
76 John Lenon. Fundador de Los Beatles
77 Conrad Hilton. Fundador de la cadena de Hoteles Hilton
78 Dave Cote. Director general de Honeywell Corporation

Quien tiene la voluntad tiene la fuerza
Menandro de Atenas [79]

Ganar no lo es todo, pero querer ganar sí lo es
Vince Lombardi[80]

¿Qué haremos? Algo, cualquier cosa, mientras no nos quedemos sentados sin hacer nada. Si fallamos, intentamos de nuevo algo diferente. Si esperamos demasiado puede ser demasiado tarde.
Lee Iacocca [81]

Todo tiro no hecho es tiro errado
Wayne Gretzky [82]

Para las grandes cosas, se necesita voluntad decidida y acción vigorosa
Jaime Balmes[83]

Yo creo en la suerte, mientras más actúo, más suerte tengo
Sam Shoen[84]

Malgasté el tiempo, ahora el tiempo me malgasta a mí
William Shakespeare [85]

Por la calle del ya voy, se llega a la casa del nunca
Miguel de Cervantes [86]

---

79 Menandro de Atenas. Comediógrafo griego de la antigüedad, máximo exponente de la comedia nueva
80 Vince Lombardi. Famoso entrenador de futbol americano por su liderazgo y capacidad ganadora
81 Lee Iacocca. Director y salvador de la quiebra de Chrysler en la década de los ochentas
82 Wayne Gretzky. Uno de los mejores jugadores de Hockey de la historia
83 Jaime Balmes. Escritor, filósofo y sacerdote español
84 Sam Shoen. Fundador de la compañía U-Haul
85 William Shakespeare. Genio de la literatura universal. Considerado el mejor escritor inglés y uno de los mejores del mundo de todos los tiempos.
86 Miguel de Cervantes Saavedra. Autor de El Quijote, una de las grandes obras maestras de la literatura

Ser hombre es hacer las cosas, no buscar pretextos para no hacerlas
Juan Pablo Valdés [87]

Actuaré ahora. Actuaré ahora. Actuaré ahora. Con estas palabras
puedo llevar a cabo cualquier acción necesaria para mi éxito. Este es
el momento, yo soy la persona.
Og Mandino[88]

Sólo hazlo
Propaganda de Nike

Si quieres conocer los milagros, hazlos tú
Beethoven[89]

---

[87] Juan Pablo Valdés. Autor latino
[88] Og Mandino. Escritor que venció al alcoholismo para convertirse en uno de los autores más aclamados de la actualidad
[89] LudwigVan Beethoven. Genio de la música, considerado uno de los más grandes músicos de la historia

CONOCIMIENTO

James Whistler fue un pintor de renombre. Cuentan que una vez un hombre rico le encargó su retrato. Entonces acordaron un precio, bastante alto, porque Whistler era un pintor muy cotizado. El maestro pintó excelentemente el retrato en sólo tres días. Sin embargo, el cliente, no quiso pagar la suma acordada, diciendo:

— ¡Eso es mucho dinero por sólo tres días de trabajo!

Entonces se fueron a juicio. El juez le preguntó a Whistler cuánto tiempo le tomó hacer el retrato, y él le contestó:

— He tardado tres días en pintarlo, sí. Pero toda una vida en lograr la habilidad para pintarlo magistralmente en tres días

Whistler ganó el caso. El ricachón tuvo que pagar el retrato, y los gastos del juicio.

El conocimiento permite al ser humano ser más productivo. Esto es, hacer más cosas en menos tiempo. La tecnología que facilita muchos procesos en el mundo de la manufactura y la industrialización, fue creada por gente que buscó conocimiento. Se dice que los grandes inventos fueron hechos por gente "ociosa". Esto, claro, significa que los grandes inventores se detenían un momento a reflexionar en cómo podían hacer su vida más productiva, para que su invento hiciera el trabajo por ellos. Lo que les permitió tener éxito fue el tiempo que invirtieron en observar, estudiar y adquirir el conocimiento que les permitió inventar algo útil.

Hay una vieja fábula de un maestro hindú sobre un bosque al que los leñadores iban a trabajar:

Dos leñadores trabajaban en el mismo bosque cortando árboles. Los troncos eran enormes, pesados y duros. El primero, golpeaba el árbol con increíble constancia, golpe tras golpe, sudando, y sin detenerse, a no ser pocos segundos para recobrar el aliento.

El segundo leñador, trabajaba tranquilamente. Y cada hora de trabajo, hacía una pausa de varios minutos.

Al atardecer, el primer leñador iba a la mitad de su árbol. Había sudado sangre y lágrimas y no resistía ni un minuto más. El segundo ya había cortado dos troncos, y todos los árboles eran del mismo tamaño. Habían trabajado el mismo tiempo, y el segundo había cortado mucho más.

El primer leñador no podía creer lo que veía:

— No lo entiendo ¿Cómo has avanzado tan rápido, si cada hora te detenías a descansar por minutos?

El otro, sonriendo le dice:

— No descansaba. Estaba afilando mi hacha. [90]

La tecnología, la estrategia, y casi todo lo que te da ventaja es producto del conocimiento y del entrenamiento. Es como tener un hacha afilada. Es lo que les da su grandeza a los países más poderosos. Se dice que el éxito consiste en trabajar muy duro. ¿Tú que opinas? La observación de los hechos nos dice que millones de personas trabajan muy duro diariamente, de sol a sol, y apenas ganan lo suficiente para poner pan en la mesa y satisfacer sus necesidades básicas. La verdad es: sí, el trabajo es básico, pero el trabajo productivo es el que proviene de la mente de una persona con conocimientos.

De hecho, hay algo importante que debes saber sobre el trabajo duro:

---

90   La fábula del leñador que afilaba su hacha se le atribuye al gurú Saraswati Ji Maharaj, quien la escribió en su libro "Nacimos Para Triunfar", aunque quien la hizo famosa fue el escritor Steven Covey. Se dice que el verdadero autor de la fábula fue Abraham Lincoln, quien dijo: "Si me dieran ocho horas para cortar un árbol, pasaría seis afilando el hacha."

En su libro *"Keep your Brain Alive"* (Mantén Vivo tu Cerebro), el doctor de neurobiología Lawrence Katz, señala que la rutina de la vida diaria nos embota la mente. Y al activar nuestro cerebro con nuevas actividades, éste se vuelve más creativo. Interesante ¿verdad?

Y aún mas: los generales de la antigüedad, cuando tenían prisioneros de guerra, los ponían a trabajar muy duro: picando piedra, construyendo vías, lavando pisos . . . hasta que quedaban exhaustos. Esto lo hacían porque sabían que si se les dejaba tiempo libre sin trabajar duro, tendrían tiempo y energías para planear la forma de atacar, y escapar. Los nazis hacían lo mismo con sus prisioneros, y en muchas cárceles se acostumbraba igual. ¿Entiendes? Las personas que trabajan muy duro, y muchas horas diarias, en algo monótono y poco productivo, realmente están cortando la posibilidad de pensar en otras opciones, de ejercitar su mente, de ser creativos, de adquirir nuevos y mejores conocimientos. De liberarse. Nunca permitas que nadie haga esto contigo.

Debes darte el tiempo para entrenar tu mente, para actividades creativas. Para afilar tu hacha. Esto te dará conocimientos y aumentará tu creatividad e inteligencia.

Si no se tienen ciertos conocimientos, ciertas habilidades, no se puede desarrollar ningún tipo de trabajo. A mayor conocimiento, mayores serán los frutos del trabajo. Sin embargo, el conocimiento solo, sin la acción para llevarlo a la práctica, es inútil. La combinación de conocimiento y acción es la catapulta del progreso. El trabajo es el medio que transforma el conocimiento en poder.

Durante la década de los sesentas, un niño de doce años llamado Steven, se encontraba en el taller de carpintería de su abuelo, cuando éste se acercó y le dijo:

— Si limpias el taller, te pagaré un precio justo.

El niño pasó las siguientes tres horas esforzándose para que el lugar resplandeciera de limpio. Barrió todas las virutas, limpió todas las piezas de las máquinas hasta que brillaron y ordenó toda la madera. Entonces llamó a su abuelo para que revisara su trabajo. El abuelo observó el taller y dijo: —fantástico.— Sacó de su pantalón 25 centavos de dólar y se los dio a Steven. 25 centavos por tres horas de trabajo era poco, aún para un niño estadounidense como Steven, por lo que él se sintió decepcionado. Entonces su abuelo le dijo:

— Quiero que aprendas algo acerca del mundo: limpiar algo es útil, pero no es algo que valga demasiado porque cualquiera lo puede hacer. Ahora, si fabricaras algo útil con estas herramientas, como un librero, eso valdría un poco más. Pero si inventas algo nuevo y útil, algo que nadie había imaginado antes, eso valdría mucho dinero. Recuérdalo.

Y lo recordó. Aquél niño era Steven T. Florio, quien se convertiría después en vicepresidente de la compañía Advance Magazine Group. El siempre trajo consigo los 25 centavos que le dio su abuelo para recordar la importancia de inventar y construir algo útil, y del conocimiento para hacer cosas que no todo el mundo es capaz de hacer.[91]

Se cuenta que había una compañía manufacturera, a la que en una ocasión se le descompuso una máquina muy importante. Después de revisarla, ninguno de sus ingenieros pudo encontrar en dónde estaba la falla. La producción se estaba deteniendo y el problema se volvía más grave. La compañía estaba en riesgo de perder mucho dinero y también prestigio. Entonces contrataron a un ingeniero que era conocido por ser muy hábil para arreglar máquinas. El se presentó en la fábrica, revisó la máquina, y encontró que se trataba de una pequeña pieza que ya no funcionaba. La pieza era muy barata. La reemplazó y la máquina volvió a trabajar.

Cuando presentó la factura al gerente del departamento, por mil dólares, a éste se le hizo demasiado dinero por cambiar una pieza tan barata. Entonces, el gerente le pidió al ingeniero que le diera una nueva factura con el "detalle" de cada uno de los costos que sumaban los mil dólares. Al día siguiente, el gerente recibió una nueva factura, que decía:

Cambiar la pieza — Un dólar
Saber cuál era el problema — 999 dólares

Por lo tanto, es muy importante que entiendas: la fuente del progreso es el conocimiento, el entrenamiento en cosas útiles y necesarias. El conocimiento útil te da una gran ventaja. El conocimiento inútil, es como si no supieras nada. La vida es corta, y si se malgasta el tiempo en aprender cosas inútiles, cosas innecesarias, es lo mismo que si no se hubiera aprendido nada. Por eso, hay que invertir el tiempo y el dinero de la mejor manera, y ésta es: leer los mejores libros, estudiar lo que nos servirá para algo bueno, aprender de la experiencia de los

---

91   Anécdota que relató el mismo Steven T. Florio a Donald Trump, quien la incluyó en su libro "Así Llegué a la Cima."

sabios y practicar lo que nos será útil. Ahora, esto es absolutamente necesario para lograr tu meta:

Concéntrate en lo importante

Napoleón Bonaparte, el gran general, creía en concentrar todos sus esfuerzos en una sola meta para poder triunfar. Todos los que han logrado grandes metas, se han concentrado en una sola cosa a la vez. Si tú tienes una meta, ya sea un título, una habilidad, riqueza ó cualquiera que sea tu sueño, tienes que concentrarte sólo en cómo lograrlo.

Todos conocemos a alguien, a la clásica persona que sabe un poco de todo. Opina y platica sobre todos los temas. Saben algo de espectáculos, series de televisión, ajedrez, futbol, vinos, novelas, arte, los avances de la tecnología, coches . . . la lista podría seguir y seguir. De todo un poco. Y la mayoría de las veces, son gente que no ha logrado ninguna meta mayor. ¿Porqué, si son tan cultos? La razón es que sólo tienen un pequeño barniz de conocimiento general. En México hay un dicho que va: "Aprendiz de todo, experto en nada." Los grandes negocios, las grandes hazañas, los grandes triunfos, han sido logrados por gente que se especializó en algo. Concentraron sus esfuerzos en una sola cosa. Algo útil para lograr sus metas. Y se volvieron expertos en eso. Si lograron diferentes metas, se concentraron en una cosa a la vez.

Concéntrate en el conocimiento y en el entrenamiento que te llevará a tu meta.

Por ejemplo: casi toda la gente quiere lograr su sueño de realizarse en lo que más le gusta hacer, desea un cuerpo sano y atractivo, y quisiera tener riqueza. Como lo dice el dicho: "salud, dinero y amor." Para éstas metas de tener una vida plena y próspera, y saludable, tres tipos de conocimientos y experiencia te llevarán al éxito y al progreso:

+ Conocimientos sobre lo que te gusta y quieres hacer en la vida, para que te perfecciones.
+ Conocimientos sobre cómo cuidar tu salud, sobre alimentación sana y ejercicio.
+ Conocimientos básicos de finanzas y negociación.

Como puedes ver, no todos los conocimientos que necesitas para triunfar te son dados en la escuela o en las universidades. La educación básica ó primaria que las escuelas dan es muy importante para adquirir las habilidades que necesitas para desempeñarte en la sociedad, sin embargo, la educación escolar se limita sólo a eso. Y la educación avanzada que dan las preparatorias y universidades, generalmente se limita a prepararte para trabajar para alguien más. O en el mejor de los casos, para tener que trabajar muy duro con tal de obtener ingresos suficientes.

El sistema educativo no enseña realmente cómo triunfar en la vida. No enseña cómo tener éxito en nuestro entorno económico. Ni cómo tener éxito en nuestra vida social, en nuestras relaciones con otras personas. Cierto tipo de conocimiento sólo se adquiere en las calles, con la experiencia. O se puede adquirir de aquellos que han logrado llegar a la cima.

El conocimiento sobre tu salud es básico. Lo más importante que puede tener un ser humano, además de la libertad, es salud. Salud en tu cuerpo, y salud en tu mente. Esto te permite lograr todo lo demás. Debes de saber cuáles son los alimentos que necesitas comer porque hacen bien a tu cuerpo y a tu mente. Alimentos que nutran tu sistema. Alimentos que oxigenen las células. En la antigüedad, se sabía como un gran secreto, que sólo existe una enfermedad: falta de oxígeno en las células. Esto provoca todas las demás. ¿Por qué? Porque nuestro organismo tiene un sistema natural de defensa y auto curación. Sólo que para que funcione bien, las células del cuerpo tienen que estar bien oxigenadas. En el relato bíblico, cuando nació Jesús en Belén, reyes de otras regiones vinieron a él y le dieron los regalos más valiosos que el hombre conocía: Oro, Incienso, Mirra. Uno pensaría: "por favor, no se puede comparar el valor del incienso y la mirra con el del oro." De hecho, son aún más valiosos. Estos tres regalos simbolizan lo más preciado: salud y riqueza. El incienso y la mirra son aceites esenciales que tienen la capacidad de oxigenar las células, y de desintoxicar el organismo de lo que le hace daño. Hay evidencia histórica de que estos aceites eran extremadamente caros en la antigüedad. Claro, sin el conocimiento sobre esto, el incienso y la mirra carecen de valor para la mente común. La mente ignorante. Científicos de Europa, especialmente alemanes; y de Oriente, especialmente japoneses; han descubierto en años recientes que la falta de oxigenación en las células debilita el sistema natural de defensa del cuerpo, y esto es el verdadero origen, o la raíz, de la mayoría de las enfermedades letales como el cáncer, la diabetes, el asma, la artritis e incluso las enfermedades virales. En el yoga, desde la antigüedad se practican ejercicios de respiración para oxigenar propiamente el cuerpo, y mantenerlo sano. La ciencia moderna ha descubierto que algunas de las razones por las que nuestras células pierden oxígeno, son: malos hábitos de respiración y mala calidad del aire; y falta de frutas y verduras en la alimentación. Hay muchos alimentos que oxigenan las células, entre las frutas, verduras y granos. También hay tratamientos. De la misma forma debes saber cuáles son los alimentos y substancias tóxicas que se venden como "alimentos" que debes evitar. A diferencia de Europa y Asia, en los Estados Unidos de América, donde el 40% de la población está destinada a tener cáncer en algún momento de su vida, no se practican los tratamientos de oxigenación de células, porque a la industria farmacéutica, una industria billonaria, no le conviene.

Tener conocimientos básicos de finanzas y de cómo se comporta el dinero, es esencial para poder hacer riqueza. El conocimiento sobre los aspectos del dinero, las finanzas y el arte de la negociación, es tan importante como el conocimiento académico y la experiencia. Sin embargo, no se imparte en las escuelas. Ni siquiera los conocimientos básicos. Lee libros sobre finanzas personales, sobre el origen del dinero y la moneda, y entenderás mejor la economía y sabrás cómo cuidar tu dinero, cómo invertirlo y cómo duplicarlo. Uno de los mejores autores sobre estos temas es Robert Kiyosaki.

¿Ves cómo el conocimiento es básico para tu felicidad?

Ahora. Para aprender a enfocarte, es necesario que entiendas esto:

No todo el conocimiento es necesario

No tienes que ir por ahí buscando toda clase de conocimientos. Sólo los importantes. Sólo el conocimiento útil es necesario. Y como la vida es corta, tienes que enfocarte en lo que es útil para ti. Aprender cosas inútiles es perder el tiempo. Concéntrate en el conocimiento que te será útil para tus propósitos. Tu propósito es ser feliz. El mundo está inundado con información inútil. Noticias y palabras por todas partes: en revistas, periódicos, noticieros y malas conferencias. Evítala. Ignórala. Invierte tu tiempo en algo valioso. Tu tiempo vale oro. En Japón, quitarle a alguien su tiempo es una falta de respeto, porque se considera algo muy valioso. Perder tiempo es peor que perder dinero. Lee un libro con conocimiento útil para tu progreso. Ve y aprende de los sabios, de los que han llegado a la cima. Hazles muchas preguntas. Entrénate en lo que te permitirá lograr tu meta. Aprende sólo las cosas que podrás poner en práctica y que transformarán tu vida.

Muchas personas, por ejemplo, pasan su vida estudiando el comportamiento y la naturaleza de los arácnidos. ¿No sería mucho más útil estudiar el comportamiento y la naturaleza humanos?

Leer malos libros y revistas o ver demasiados programas sin contendido en la televisión es perder el tiempo. Convertirse en un experto en videojuegos sólo traerá beneficios a las compañías que los fabrican. Jugar ajedrez da la clase de conocimientos que pueden aplicarse .....sólo para jugar ajedrez. Aprende las cosas que en la vida te ayudarán a lograr tus sueños. Aprende las cosas que te darán el verdadero poder de crear y construir cosas buenas y fructíferas en tu vida.

Cuanto más inteligente es la gente, más rico es el mundo.

———

Si la riqueza se lograra sólo con trabajo duro, todos los obreros serían ricos
Aristóteles Onassis [92]

Algo malo debe tener el trabajo, o los ricos ya lo habrían acaparado
Cantinflas [93]

Vivir para trabajar sólo hace feliz al jefe
Dicho popular

El éxito no se logra con trabajo duro, sino con trabajo inteligente
Proverbio

Yo no trabajo por el dinero, el dinero trabaja por mí
Robert Kiyosaki [94]

Un hombre inteligente caminando a pie, llega más pronto que un ignorante que va en coche
Delphine de Girardin[95]

---

92   Aristóteles Onassis. Magnate de la industria de transportes marítimos y el hombre más rico del mundo en la década de los setentas
93   Mario Moreno (Cantinflas). Comediante mexicano reconocido internacionalmente
94   Robert Kiyosaki. Empresario norteamericano, Inversionista y Experto en Educación Financiera, que se hizo millonario comenzando desde cero. Autor de best Sellers.
95   Delphine Gay de Girardin. Escritora francesa de gran influencia en el siglo 19

La persona inteligente no olvida que el trabajo es sólo el medio y no el fin
Alejo Fernández [96]

La inteligencia consiste no sólo en el conocimiento, sino también en aplicar los conocimientos en la práctica.
Aristóteles[97]

Si me dieran ocho horas para cortar un árbol, pasaría seis afilando el hacha
Abraham Lincoln[98]

El que no practica lo que sabe, es como el que no ara lo que siembra
Platón[99]

No basta saber, se debe también aplicar
Goethe[100]

Lo que se ignora se desprecia
Antonio Machado[101]

La lectura es al espíritu lo que la gimnasia al cuerpo
Richard Steele[102]

El hombre que no quiere leer buenos libros, no tiene ninguna ventaja sobre quien no puede leerlos.
Mark Twain[103]

---

96   Alejo Fernández. Pintor español en el siglo 16
97   Aristóteles. Formalizador de la lógica, economía y astronomía. Precursor de la anatomía y la biología. Uno de los padres de la filosofía y una de las mentes más brillantes de la historia.
98   Abraham Lincoln. 16º presidente de Estados Unidos
99   Platón. Filósofo y matemático griego. Uno de los padres de la filosofía y uno de los personajes más trascendentes de la historia
100 Johann Goethe. Genio de la literatura de origen alemán
101 Antonio Machado. Poeta español, uno de los precursores del Modernismo
102 Richard Steele. Político y escritor irlandés, fundador de la revista The Spectator
103 Mark Twain. Escritor y Humorista norteamericano, creador de Huckleberry Finn y Tom Sawyer

Busque nuevas ideas, compre libros
Robert Kiyosaki [104]

La televisión ha hecho maravillas por mi cultura. En cuanto alguien
la enciende, me voy a la biblioteca y leo un buen libro.
Groucho Marx[105]

Uno llega a ser grande por lo que lee y no por lo que escribe
Jorge Luis Borges[106]

Conforme aumenta la isla de nuestro conocimiento, disminuye el mar
de nuestra ignorancia
John A. Wheeler [107]

Para llegar a ser rico, es necesario adquirir ciertos conocimientos
financieros
Robert Kiyosaki [108]

La educación es fundamental para la felicidad
Benito Juárez[109]

Las naciones marchan hacia su grandeza al mismo paso que avanza
su educación
Simón Bolivar[110]

---

104 Robert Kiyosaki. Empresario norteamericano, Inversionista y Experto en Educación Financiera, que se hizo millonario comenzando desde cero. Autor de best Sellers.
105 Groucho Marx. Comediante estadounidense
106 Jorge Luis Borges. Escritor argentino y una de las grandes figuras de la literatura
107 John A. Wheeler. Físico norteamericano, colaborador de Albert Einstein. Autor de la teoría de la dispersión y absorción del helio.
108 Robert Kiyosaki. Empresario norteamericano, Inversionista y Experto en Educación Financiera, que se hizo millonario comenzando desde cero. Autor de best Sellers.
109 Benito Juárez. Ex presidente de México
110 Simón Bolivar. Político, militar y libertador hispanoamericano

La fuerza de los Estados Unidos no proviene del oro del fuerte Knox ó de las armas de destrucción masiva que tenemos; sino de la suma total de la educación y el carácter de nuestro pueblo.
Claiborne Pell[111]

Sin educación, la gente pierde oportunidades
John Dasburg[112]

El único pecado es la ignorancia
Buda[113]

La gente es difícil de manipular cuando tiene conocimiento
Lao Tsé [114]

Sólo los educados son libres
Epícteto[115]

El estudio no es una obligación, sino una oportunidad de penetrar en el maravilloso mundo del saber.
Albert Einstein[116]

Aquellos que educan bien a los niños merecen recibir más honores que sus propios padres, porque aquellos sólo les dieron vida, éstos el arte de vivir bien.
Aristóteles[117]

---

111 Claiborne Pell. Político demócrata de los Estados Unidos de Norteamérica 1918-? El fuerte ó base militar Knox, en Kentucky, albergaba los lingotes de las reservas de oro de EEUU.
112 John Dasburg. Presidente y director ejecutivo de Astar Air Cargo
113 Siddarta Gauthama. Príncipe hindú que escapó de su palacio para encontrarse a sí mismo. Creador del budismo. Considerado uno de los hombres más sabios e iluminados de la historia.
114 Lao Tsé. Grán filósofo chino de la antigüedad (604-531 a.C.) autor del Tao Te King.
115 Epícteto. Esclavo romano de origen griego, que se convirtió en un prominente filósofo (55-135 d.C.)
116 Albert Einstein. Físico alemán, una de las mentes más brillantes de la historia
117 Aristóteles. Formalizador de la lógica, economía y astronomía. Precursor de la anatomía y la biología. Uno de los padres de la filosofía y una de las mentes más brillantes de la historia.

La fortuna juega a favor de una mente preparada
Louis Pasteur[118]

Los líderes se distinguen de los demás por su constante apetito de conocimientos y experiencias
Warren Bennis[119]

Hay más riqueza en los libros que en el más grande tesoro de un pirata
Walt Disney[120]

Ya no se haría ningún descubrimiento si nos conformáramos con lo que sabemos
Séneca[121]

El conocimiento es la mejor inversión que se puede hacer
Abraham Lincoln[122]

Vacía tu bolsillo en tu mente, y tu mente llenará tu bolsillo
Benjamin Franklin[123]

Prefiero pagar el precio del éxito que el precio del fracaso
Alex Dey[124]

---

[118] Louis Pasteur. Químico y microbiólogo francés. Creador de las vacunas y la pasteurización.

[119] Warren Bennis. Profesor distinguido y Consultor de Administración de Negocios y miembro fundador del Instituto de Liderazgo de la University of Southern California.

[120] Walt Disney. Productor y director estadounidense. Creador de The Walt Disney Company

[121] Lucio Séneca. Político y filósofo romano de la antiguedad.

[122] Abraham Lincoln. 16° presidente de Estados Unidos

[123] Benjamin Franklin. Filósofo, político y científico estadounidense, uno de los personajes más trascendentes en la historia de los Estados Unidos de Norteamérica.

[124] Alex Dey. Empresario y fundador del Dey Institute de capacitación profesional en EEUU. Nombrado miembro de la mesa redonda del millón de dólares en ventas de seguros para la empresa American Fidelity, a los 23 años.

Un brochazo de sudor te ahorrará un galón de sangre
General George Patton[125]

La curiosidad es una de las más seguras características de una vigorosa
inteligencia
Samuel Johnson[126]

Aquel que pregunta una vez puede pasar por tonto, pero el que nunca
pregunta se queda tonto toda su vida.
Proverbio chino

Es más fácil juzgar el talento de un hombre por sus preguntas que
por sus respuestas
Duque de Levis[127]

Hacer preguntas es prueba de que se piensa
Rabindranath Tagore[128]

Los imperios del futuro serán los imperios de la mente
Winston Churchill[129]

La nueva moneda es el conocimiento
Robert Kiyosaki [130]

Yo quiero conocer los pensamientos del Creador, el resto son
detalles
Albert Einstein[131]

---

125 General George Patton. General de la fuerza armada de los Estados Unidos durante
la segunda guerra mundial, famoso por su liderazgo.
126 Samuel Johnson. Considerado uno de los mejores escritores ingleses de la
historia
127 Duque de Levis ó Pedro Marcos Gastón, escritor francés
128 Rabindranath Tagore. Premio Nobel de literatura en 1913
129 Winston Churchill. Primer ministro de Inglaterra (1874-1965)
130 Robert Kiyosaki. Empresario norteamericano, Inversionista y Experto en Educación
Financiera, que se hizo millonario comenzando desde cero. Autor de best Sellers.
131 Albert Einstein. Físico alemán, una de las mentes más brillantes de la historia

El verdadero poder proviene del conocimiento. La auténtica sabiduría consiste en aplicar el conocimiento con cautela y benevolencia.
Brian Weiss[132]

El poder del hombre está oculto en sus conocimientos
Francis Bacon[133]

Concéntrate en lo importante:

Inteligencia es concentrarse en lo importante
Robert Shiller [134]

Inteligencia no es saberlo todo, sino saber usar lo que sabemos
Sebastián Cohen Saavedra [135]

No es posible saberlo todo, no importa qué tan inteligente seas. Observa, escucha y aprende de los errores y la experiencia de los demás.
Donald Trump[136]

El conocimiento especializado es una de las claves para amasar una fortuna. La aplicación inteligente del conocimiento especializado es la manera más frecuente de crear riqueza.
Napoleon Hill[137]

---

132 Brian Weiss. Psiquiatra, director del hospital Mount Sinai en Miami y Autor de varios best sellers.
133 Francis Bacon. Científico, político y filósofo inglés. Uno de los padres de la revolución científica.
134 Robert Shiller. Economista norteamericano, vicepresidente de la American Economic Association. Académico y autor de best sellers
135 Sebastián Cohen Saavedra. Escritor español
136 Donald Trump. Magnate estadounidense que hizo una fortuna billonaria iniciando desde abajo, dos veces en su vida.
137 Napoleon Hill. Escritor norteamericano que trascendió por su examen del poder del pensamiento y las creencias personales

Lee los buenos libros primero, lo más seguro es que no alcances a leerlos todos
Henry David Thoreau [138]

El conocimiento que no es útil, equivale a la ignorancia
Bruce Lee [139]

Sólo es útil el conocimiento que nos hace mejores
Sócrates [140]

Malgasté el tiempo, ahora el tiempo me malgasta a mí
William Shakespeare [141]

Perder el tiempo es peor que perder dinero
Robert Kiyosaki [142]

He aprendido que cuanto menos tiempo derrocho . . . más cosas hago
De la lista "Lo que he Aprendido" de Andy Rooney [143]

El primer principio es: Actúa con la máxima concentración
Carl Von Clausewitz [144]

---

138 Henry David Thoreau. Escritor norteamericano, considerado el primer ecologista de la historia
139 Bruce Lee. Leyenda de las artes marciales y filósofo
140 Sócrates. Filósofo griego, maestro de Platón y uno de los más grandes de la filosofía universal
141 William Shakespeare. Genio de la literatura universal. Considerado el mejor escritor inglés y uno de los mejores del mundo de todos los tiempos
142 Robert Kiyosaki. Empresario norteamericano, Inversionista y Experto en Educación Financiera, que se hizo millonario comenzando desde cero. Autor de best Sellers.
143 Andy Rooney. Exitoso escritor y humorista de radio y televisión norteamericano, ganador de varios premios Emmy. Conocido por su show en vivo de la CBS, "A few minutes with Andy Rooney", desde 1978
144 Carl Von Clausewitz. Militar prusiano, autor de la obra "De La Guerra"

No existe la perfección en la cantidad, sino en la calidad. Es plaga de todos los hombres por querer estar en todo, estar en nada.
Baltasar Gracián [145]

No puedes dar en dos blancos con una sola flecha. Sólo con concentración mental y física tu flecha dará en el blanco. El éxito en la vida consiste en concentrarse en una sola meta y luchar hasta alcanzarla.
Robert Greene [146]

Siempre he creído que cuando un hombre se mete en la cabeza hacer algo y se ocupa exclusivamente en eso, debe triunfar, sean cuales fueren las dificultades.
Casanova [147]

Sabía que si quería un estándar de vida más alto, debía enfocarme
Robert Kiyosaki [148]

El sabio no conoce muchas cosas, el que conoce muchas cosas no es sabio
Lao Tsé [149]

145 Baltasar Gracián. Escritor aragonés, considerado uno de los más grandes genios de su tiempo
146 Robert Greene. Editor y Escritor norteamericano, en 'Las 48 Leyes del Poder'.
147 Giacomo Casanova. Escritor, diplomático y agente secreto veneciano. Famoso por su habilidad de conquistar mujeres y por haber escapado de la prisión del palacio del dux, en Venecia.
148 Robert Kiyosaki. Empresario norteamericano, Inversionista y Experto en Educación Financiera, que se hizo millonario comenzando desde cero, y Autor de best Sellers. En "Incrementa Tu IQ Financiero."
149 Lao Tsé. Grán filósofo chino de la antigüedad (604-531 a.C.) autor del Tao Te King.

Soñar

Una historia real

Su nombre era Jim, y era un niño pobre. Soñaba con ser actor. Tenía sólo diez años, y envió su "currículum" al programa de TV *The Carol Burnett Show*.

En el año de 1990, a los 25 años, sin un centavo, subió a una colina, desde donde se veía la ciudad de Los Angeles. Soñando en el futuro, tomó un papel y una pluma.

Escribió entonces un cheque. Con su propio nombre en el espacio del beneficiario. Y en la cantidad puso la modesta cifra de "Diez Millones de Dólares."

En el concepto, escribió: "Por honorarios de actuación." Y en la fecha: el día de gracias de 1995.

Entonces guardó el cheque en su cartera

Llegó el año de 1995. Justo antes del día de gracias, fue contratado como actor para hacer una película en Hollywood. Le pagaron Diez Millones de dólares.

Su nombre era Jim Carrey. Llegó a cobrar hasta veinte millones por película.[150]

---

150 Relatado por el mismo Jim Carrey en el show de Oprah Winfrey en 1997. Adaptación del autor.

En al año 2009, Jim Carrey dijo que éste sueño hecho realidad no era una coincidencia, y que se debía al poder de la "creación deliberada." Muchos que han logrado un gran éxito, mujeres y hombres; científicos, empresarios, artistas, deportistas, que han logrado sus metas, al hablar de cómo lo han logrado casi siempre hablan de esto:

El poder de soñar

Un sabio dijo que si no tienes eso que quieres, es porque no lo deseas ardientemente. Soñar con aquello que quieres, si lo haces con toda tu fuerza, todo tu entusiasmo y todo el sentimiento de tu alma, mueve la energía creadora que hay en ti y la pone en armonía con el universo para trabajar a tu favor. Esta energía no es fácil de comprender, sin embargo, existe. Y es accionada por las emociones, la fuerza y la fe en sí mismos, de aquellos que se atreven a soñar con lo imposible.

En el año 2007, un joven galés llamado Paul, de origen muy humilde, muy tímido, con un diente partido, y con una autoestima baja, trabajaba vendiendo teléfonos celulares para una compañía llamada Carephone Warehouse. Sin embargo, Paul tenía un sueño. Soñaba desde niño con cantar profesionalmente. Era tan grande su amor por el canto, que aún ganando poco, usaba gran parte de su ingreso para tomar clases de canto.

Un día, Paul supo de una oportunidad para hacer audiciones para participar en un programa muy famoso de televisión en Inglaterra, llamado Britain's Got Talent, un reality show en el que se da oportunidad a talentos desconocidos de demostrar sus habilidades.

Sin dinero y sin nada que perder, Paul se inscribió en la audición.

Finalmente Paul se presentó a la audición de Britain's Got Talent. Cuando llegó su turno, allí estaba, en el escenario, con su timidez, con su diente partido y su traje barato que le quedaba chico, parado frente al público y el jurado. Uno de los jueces era Simon Cowell, un famoso productor de televisión inglés. Cuando Paul estaba allí, ante ellos, una miembro del jurado, la bella actriz inglesa Amanda Holden, le preguntó:

—¿Paul, porqué estás aquí?

Paul contestó humildemente:

—Para cantar ópera.

Entonces, los rostros de los miembros del jurado reflejaron extrañeza y sarcasmo. Ópera. Eso es muy ambicioso para un cantante. Entre el público se escucharon algunas risas incrédulas. Ante ésta reacción, Paul sonrió nerviosamente. Su mirada era mansa, pura, y sus labios temblaban de la inseguridad. Cowell, después de una noche aburrida de audiciones, y con cierto hastío, le indicó a Paul que podía comenzar su prueba, diciéndole:

— Ok, estamos listos cuando tú lo estés . . . .

Entonces, la música comenzó. Era la melodía del aria "Nessun Dorma". Un aria muy difícil de cantar. Cowell estaba revisando sus notas, ni siquiera miraba a Paul. Paul abrió su boca para entonar los primeros versos. Entonces, una hermosa, afinada y potente voz llenó el lugar. Inmediatamente, Cowell alzó su mirada para dirigirla a Paul, con una expresión de sorpresa e interés. La extraña combinación de lo sublime de su canto con su humildad, tocó inmediatamente el corazón del público y del jurado. La expresión de sus rostros cambió drásticamente de la de fastidio a la de asombro y profunda sensibilidad, al contemplar a ése ser humano tan especial y único, y al escuchar aquella aria tan bellamente cantada. Conforme el aria proseguía, las notas que Paul entonaba se volvían más altas, más poderosas, más bellas, hasta llegar a un clímax de sensibilidad y belleza musical.

Cuando terminó de cantar, todavía se escuchaban los violines que finalizarían la canción, y el público se puso de pie para aplaudirle. La jurado Amanda Holden, no pudo contener sus lágrimas de emoción.

Simon Cowell, al dar su opinión, le dijo:

—Así que trabajas en Carephone Warehouse . . . ¿y eres capaz de hacer eso? No me esperaba algo así, ha sido una corriente de aire fresco. Estuviste absolutamente fantástico.

Amanda Holden, después de tomar aire, le dijo:

—Tenemos aquí el caso de un trozo de carbón que se va a convertir en diamante.

Mas tarde, durante una entrevista para los medios, Paul confesó:

—Siempre fui muy inseguro. Toda mi vida me he sentido insignificante. En la audición me dí cuenta de que soy alguien.

Y su declaración más reveladora, fue esta:

— He vivido soñando con cantar profesionalmente, y vivir para hacer esto para lo que creo que nací.

Ocho semanas después, Paul Potts ganó el concurso. Ahora ya no vende celulares, sino sus propios discos, y se presenta en shows televisivos y conciertos en muchos países.

Los triunfadores no son gente que "tienen los pies en la realidad", son personas que creen que todo es posible. Y son prueba de que éste poder existe. ¿Cómo funciona? Verás:

Tu mente se divide básicamente en dos: la mente consciente y la mente subconsciente.

Tu mente consciente es la que razona. Y es la que toma decisiones. Para que lo entiendas fácilmente: tu mente consciente es la que maneja el volante y la que decide frenar si hay luz roja, y seguir adelante si hay luz verde, para no provocar un caos vial. Girar a la derecha o a la izquierda, según te convenga. La mente consciente razona.

Tu subconsciente es la parte de tu mente que no razona. Es simplemente, la que obedece órdenes, sin importarle nada más. Como un niño pequeño, no entiende razones. No acepta explicaciones. Así, cuando vas manejando y hablando por el celular, tu mente consciente está muy ocupada en la conversación. Entonces, ¿Quién va manejando? Es el subconsciente. Ya lo entrenaste. El peligro de ir hablando por celular está en que el subconsciente no razona, y cree que el camino está despejado como siempre. O que está la luz verde. Si otro conductor se te cruza, el subconsciente no lo sabe, y corres peligro.

Ahora, lo más interesante que la ciencia ha descubierto respecto a la mente consciente y el subconsciente, es esto: la mente subconsciente es mucho más poderosa. Usamos la mente consciente un 5%, y el subconsciente un 95%. El subconsciente es muy poderoso. De hecho, la mente consciente no es rival para el todo poderoso subconsciente. Casi todo lo que tú haces, es, sin darte cuenta, obedeciendo a tu subconsciente. Los hábitos están en el subconsciente, es por eso que es tan difícil deshacerse de un hábito.

Este es el gran secreto de todos los hombres y mujeres grandes de todas las épocas: encontraron la forma de entrar en contacto con los poderes de su mente subconsciente. Y de darle órdenes, para que él haga el trabajo. Así, aquello que parecía imposible, lo lograron. Esta es una de las razones por las que soñar con algo, con emoción y deseo, hace que los sueños se vuelvan realidad. El subconsciente no sabe que sólo estamos imaginando. El cree que todo lo que imaginas realmente es cierto. Haz este experimento: Imagina, en tu mente, un limón, verde, brillante, fresco, partido por la mitad. Jugoso. Tómalo con tu mano, y siéntelo en tus dedos. Ahora, muérdelo, lentamente, exprímelo en tu boca y chúpale el jugo. Si estás sintiendo aunque sea un poco, cómo tu lengua produce más saliva, ése es tu subconsciente, que cree que realmente estás chupando un limón. Este experimento es muy sencillo, y ni siquiera hiciste un contacto efectivo con el subconsciente. Ahora, ¿te imaginas lo que podrías lograr si lo hicieras? Y te has de preguntar, ¿cómo puedo lograrlo?

La forma más efectiva de hacer contacto con el subconsciente, es la meditación. Otros lo llaman autohipnosis. El estado de relajación absoluta. En este estado, se logra crear un puente, entre tu mente consciente y tu mente subconsciente.

Esto es lo que descubrieron los grandes triunfadores. En todo momento del día, relajados o no, constantemente, le dicen al subconsciente qué hacer, y cómo quieren vivir su vida. Es repetición constante. Mientras más y más se repita una idea al subconsciente, más fuerte será, y él la hará realidad. Estas personas le muestran a su subconsciente un retrato de lo que quieren en la vida, para que él, que es tan poderoso, haga el trabajo. Es por eso que los principios de la Mano Maestra deben leerse una y otra vez. Para que lleguen al subconsciente.

Robert Kiyosaki, el inversionista y empresario millonario que es experto en asesoría financiera, dice que debes rechazar el mal consejo de vivir por debajo de tus posibilidades, porque esto mata tus sueños. El mejor aconseja adquirir los conocimientos financieros para hacer realidad tus sueños. Kiyosaki dice que nunca debes decir "no puedo lograrlo", sino: "¿qué debo hacer para lograrlo?" Este es el mejor consejo "financiero" que alguien haya dado.

Joseph Murphy, un psicólogo norteamericano, escribió varios Best Sellers sobre el poder de la mente. En su libro *"The Power of your Subconscious Mind"* (El Poder de tu Mente Subconsciente), dijo:

— Nunca uses los términos "yo no puedo hacerlo", ni "no puedo comprarlo". Tu mente subconsciente te obedecerá literalmente y te impedirá lograrlo. Debes decir: "Puedo hacer todas las cosas a través del poder de mi mente subconsciente." Los resultados no se harán esperar.—

La emoción, positiva o negativa, es tomada por tu mente subconsciente como verdad. Por eso, antes de darle órdenes a tu subconsciente, debes entender el lenguaje que él habla. ¿Cómo hacerlo?

Selecciona tus Palabras

El poder de las palabras es muy grande. Lo que hablas se convierte en una idea en tu cabeza. Esta idea se transforma en pensamientos. Estos pensamientos se transforman en una mentalidad. Esta mentalidad da poder de convertir los pensamientos en realidades. La palabra "limón" significa algo en tu mente. Ese significado es lo que al final, hizo que tu lengua tuviera más saliva cuando imaginaste que exprimías uno en tu boca.

Escoge con mucho cuidado las palabras que usas, porque las palabras tienen poder, más de lo que crees. Sí, las palabras significan cosas en la mente de las personas: las palabras son traducidas o convertidas en ideas en la mente de cada persona, de acuerdo a sus experiencias.

Déjame explicarte: la palabra "alberca" trae a la mente las ideas de diversión, vacaciones, deporte. Sin embargo, para alguien que en su niñez estuvo a punto de ahogarse en una, la palabra podría traer a su mente la idea de peligro. En cuanto la escucha, su cuerpo produce substancias químicas que le envían a la mente una señal: ¡cuidado!

Así es. Cada vez que te encuentras en una situación parecida a otra que has vivido antes, que fue impactante para ti, tu cerebro produce substancias químicas que le recuerdan que debe sentir alegría, ó coraje, ó placer, o cualquier otra emoción.

Las ideas en la mente de una persona son muy poderosas: la definen, le dan forma como ser humano. Lo que hay en los pensamientos de alguien es exactamente en lo que ése alguien se convierte. Así que escoge con cuidado tus pensamientos. Y selecciona con cuidado tus palabras.

Utiliza siempre palabras positivas. Palabras de poder. Palabras de éxito. Palabras de alegría.

Tu mente subconsciente se guía por emociones. Entonces, capta sólo las palabras que tienen un significado. O sea, las palabras que recuerdan una idea, una emoción. El subconsciente no entiende la palabra No. Déjame explicarte . . . sigue la siguiente instrucción:

No pienses ni por un momento, en una camisa roja.

Pensaste en una camisa roja. ¿Cierto? Tu mente no hizo caso de la palabra no. Sólo pensó en la camisa roja. El subconsciente filtra, como una coladera, la palabra no, y sólo deja pasar las palabras que tienen un significado, una idea. Una emoción.

Toma por ejemplo, las siguientes frases:

—No quiero una gripa
—No me gusta la escasez
—No quiero problemas

Bien. El subconsciente no escucha la palabra No. La elimina, porque no le indica ninguna emoción. Toma sólo las palabras que comprende, porque tienen un significado real. Entonces, el mensaje que llega a tu mente subconsciente es:

—Gripa
—Escasez
—Problemas

Así, al escuchar éstas palabras, el cerebro produce las substancias químicas que le indican sensaciones contrarias a la salud, el progreso y la armonía. Si adicionalmente, además de decir éstas frases con palabras negativas, lo dices con miedo, o con enojo, o con angustia, el resultado será mucho más eficaz. Las emociones llevan el mensaje al subconsciente con mucho más rapidez y fuerza. Si además, las repites con frecuencia, será aún más eficaz. La repetición constante hará la idea cada vez más fuerte en el subconsciente.

Entonces, ¿qué debes hacer? Debes hablar de forma positiva. O sea: para decir lo mismo que los ejemplos anteriores, tendrías que escoger éstas palabras:

+ Quiero sentirme bien
+ Me gusta el progreso
+ Quiero armonía

¿Entiendes? Es el sentimiento que una idea provoca, lo que llega al subconsciente. Las emociones son lo que graba con mayor fuerza las ideas en la mente.

Maya Angelou fue una mujer norteamericana realmente brillante y destacada. Logró, uno por uno, todos sus sueños y propósitos en la vida. Ella fue una reconocida bailarina, cantante de ópera, actriz de Broadway, poetisa, productora de TV, política y la primera afroamericana en ser nominada para el premio Pulitzer. Parecía que tenía un extraño poder de lograr cualquier cosa que se le ocurriera. Ella demostró que tenía cierto entendimiento de cómo funciona el subconsciente, cuando dijo:

"La gente olvidará lo que dijiste, la gente olvidará lo que hiciste, pero la gente nunca olvidará cómo la hiciste sentir."

Esto es porque la emoción graba en la mente la situación.

Victoria Gallagher, especialista certificada en hipnoterapia y creadora de hyptalk.com, dijo:

"Necesitas el método adecuado, porque éste le dice a la mente subconsciente exactamente, específicamente, lo que tú quieres. Pero son las emociones las que realmente encienden el fuego y hacen que todo pase más rápidamente. El combustible que realmente pone a la mente subconsciente en acción es tu estado emocional."

Si tú repites constantemente las palabras que tu cerebro relaciona con una emoción, llegará el momento en que te empezarás a sentir, sin darte cuenta, de acuerdo a ésas palabras. ¿Existe una emoción más fuerte que el amor? Los grandes triunfadores son gentes que aman lo que hacen, o lo que quieren hacer.

Sí, las emociones son una buena forma de grabar una idea en el subconsciente. Por lo tanto, ¿qué debes hacer?

Escucha esto con atención, es importante: en cuanto detectes un pensamiento negativo, substitúyelo inmediatamente por un pensamiento positivo.

Selecciona lo que Ves y Escuchas

Selecciona la música que escuchas, las películas que ves, y las personas con las que conversas. Todo lo que escuches y veas con frecuencia, despertará en ti pensamientos, y emociones. Así que selecciona lo positivo.

Ahora te diré la mejor forma de hacer contacto con éste todo poderoso aliado, para que él te obedezca:

Piensa, por un momento, en la historia de Aladino y el Genio de la lámpara. Aladino tenía muchos sueños, sin embargo no sabía cómo hacerlos realidad. Cuando encuentra la lámpara mágica, la frota, y de ella sale el Genio, todo poderoso, que le dice: "tus deseos son órdenes." Cuando Aladino invoca al genio, lo hace siempre a solas. En un lugar apartado. El ordena, y el genio cumple sus deseos más ambiciosos. Riqueza, poder, amor. Bien, el subconsciente es el genio Todopoderoso. La lámpara, es el puente que logra comunicarte con él para darle órdenes.

La mejor forma de comunicarse con el subconsciente es la meditación profunda. En éste estado es fácil llegar a la mente subconsciente, y cambiar los hábitos. Por eso, se le ha llamado también: "estado alterado de la consciencia." Esto significa, que logras formar un puente entre tu mente consciente y tu subconsciente.

En un estado de meditación profunda y de relajación absoluta, la puerta del subconsciente se abrirá para ti. Y recibirá el mensaje de una forma tan eficaz, que el resultado será sorprendente. Serás más inteligente. La inteligencia te dirá siempre qué hacer para lograr tus metas. Lo hará realidad. Te sentirás bien y tendrás la armonía que deseas. Esto es, lo que algunos llaman "creación deliberada."

Ahora, es necesario que sepas esto:

La "creación deliberada" está relacionada a la espiritualidad. Lo que desees debe ser con el propósito de ser feliz y dar felicidad a los demás. Esto duplica el poder. Recuerda: todos los bienes, riqueza y éxito por sí solos no dan la felicidad, sino la sabiduría para valorarlos, y compartirlos. El rey Salomón en la antigüedad, eligió sobre todas las cosas, la sabiduría. Lo demás vino solo.

Esto es porque con el espíritu pasa algo parecido que con la mente. Soñar con algo con toda tu fuerza hace que tu espíritu produzca algo que funciona igual que las "substancias" que le dan una señal a tu cerebro. ¿Qué es? En realidad es energía. Esa energía es compatible con el universo.

El deseo se acerca más a convertirse en realidad cuando lo visualizas. Es una forma de soñar. Así, el subconsciente cree que lo que imaginas realmente está sucediendo. Y aún más: las energías que tu espíritu produce se armonizan con las del universo. Y así, es más fácil que sucedan. Si además lo escribes, ya no es sólo un sueño, es una meta. Si enfocas todas tus energías en tu meta, terminarás lográndola.

Los grandes triunfadores son personas que tienen la valentía, las agallas, de soñar con algo extraordinariamente grande. Y de tratar de lograrlo.

———

Para lograr grandes cosas, debemos no sólo actuar, sino también soñar, no sólo planear, sino también creer.
Anatole France[151]

Todos los hombres que han logrado grandes cosas han tenido grandes sueños
Orison Swett Marden[152]

Puedes hacer todo lo que quieras hacer, y algunas veces, puedes hacerlo mejor de lo que creías que eras capaz de hacer.
Jimmy Carter[153]

Los sueños son sumamente importantes. Nada trascendente surge sin que antes te lo imagines.
Steven Spielberg[154]

La imaginación es el taller de la mente, en donde se construyen los planes. Cualquier impulso o deseo empieza a tomar forma y a crearse a través de la imaginación. El hombre puede crear cualquier cosa que sea capaz de imaginar.
Napoleon Hill[155]

———

151 Anatole France. Premio Nobel de literatura
152 Orison Swett Marden. Médico, Empresario y Escritor norteamericano. Asociado con el movimiento del nuevo pensamiento
153 Jimmy Carter. Ex presidente de los EEUU de América
154 Steven Spielberg. Director y productor de cine norteamericano. Ganador de dos oscares y miembro de la lista Forbes.
155 Napoleon Hill. Escritor norteamericano que trascendió por su examen del poder del pensamiento y las creencias personales

El primer paso para despertar al genio financiero que hay en ti, es tener un gran sueño
Robert Kiyosaki [156]

La mente es el límite. Si la mente puede considerar el hecho de que puedes lograr algo, podrás lograrlo, si lo crees al 100 por ciento.
Arnold Schwarzenegger[157]

Créeme, en tu corazón brilla la estrella de tu destino.
Friedrich Schiller[158]

La intención lo es todo. Tú eres el creador de tus experiencias.
Jim Carrey[159]

Nunca aceptes la idea generalizada de que las cosas no pueden hacerse. Al contrario, esfuérzate todo lo posible porque tus sueños se hagan realidad.
Garry Betty[160]

La confianza en sí mismo es el primer secreto del éxito
Ralph Waldo Emerson[161]

¡Si crees en ti mismo y piensas positivamente alcanzarás el éxito!
Lilian Vernon[162]

156 Robert Kiyosaki. Empresario norteamericano, Inversionista y Experto en Educación Financiera, que se hizo millonario comenzando desde cero. Autor de best Sellers.
157 Arnold Schwarzenegger. Campeón mundial de fisicoculturismo, Estrella de Hollywood y Gobernador del estado norteamericano de California
158 Friedrich Schiller. Historiador y filósofo alemán, colaborador de Goethe.
159 Actor y Comediante norteamericano. El primero en Hollywood en llegar a cobrar 20 millones de dólares por una película. Ganador del Globo de Oro y el más veces ganador del MTV Award.
160 Garry Betty. Garry Betty. Presidente y director ejecutivo de Earth Link
161 Ralph Waldo Emerson. Filósofo y escritor norteamericano. Creador del Trascendentalismo, movimiento que invitaba a pensar con individualidad.
162 Lilian Vernon. Fundadora de Lillian Vernon Catalogs y de www.lillianvernon. com

La imaginación es tan importante como el conocimiento
Albert Einstein[163]

Los sueños son extremadamente importantes. No puedes hacerlo a menos que lo imagines.
George Lucas[164]

Para ganar, tienes que visualizarte ganando. Y tienes que estar hambriento de triunfo
Arnold Schwarzenegger[165]

Visualízate a ti mismo como exitoso. Yo entro a la negociación con una actitud victoriosa, y he tenido suficientes victorias para saber que ésta actitud funciona.
Donald Trump [166]

La llave maestra que abre la puerta a la riqueza abundante de la vida, es el privilegio de poder crear en la mente un ardiente deseo de logro. La satisfacción que le llega a todos aquellos que se conquistan a sí mismos y que obligan a la vida a darles lo que le pidan es de una proporción abrumadora.
Napoleon Hill[167]

Lo que conduce al mundo no son las máquinas, sino las ideas
Victor Hugo[168]

---

163 Albert Einstein. Físico alemán, una de las mentes más brillantes de la historia
164 George Lucas. Director y Productor de cine norteamericano. Creador de Lucas Films Ltd. Famoso por las películas de La Guerra de las Galaxias.
165 Arnold Schwarzenegger. Campeón mundial de fisicoculturismo, Estrella de Hollywood y Gobernador del estado norteamericano de California
166 Donald Trump. Magnate estadounidense que hizo una fortuna billonaria iniciando desde abajo, dos veces en su vida.
167 Napoleon Hill. Escritor norteamericano que trascendió por su examen del poder del pensamiento y las creencias personales
168 Victor Hugo. Poeta, novelista y dramaturgo francés (1802-1885) que cambió el pensamiento de su generación

Hay que tener sueños elevados, y necesidades pequeñas
Heinrich Von Stein[169]

El que puede cambiar sus pensamientos, puede cambiar su destino
Stephen Crane[170]

La vida de un hombre es lo que sus pensamientos hacen de ella
Marco Aurelio[171]

Las ideas tienen consecuencias. Te des o no cuenta de ello, eres lo
que piensas
Robert J. Birnbach[172]

Todo lo que eres es el resultado de lo que has pensado. Está fundado
en tus pensamientos y está hecho de tus pensamientos.
Buda[173]

Cual es su pensamiento en el corazón, tal es el hombre
Proverbios 23:7

Somos arquitectos de nuestro propio destino
Albert Einstein

---

169 Heinrich Von Stein. Político y militar alemán que inició la consolidación de Alemania.
170 Stephen Crane. Periodista y novelista norteamericano. Reconocido como uno de los escritores más innovadores de su tiempo.
171 Marco Aurelio Emperador de Roma de los años 161 al 180, filósofo y escritor. Su obra "Meditaciones" es considerada una joya de la literatura y monumento del gobierno perfecto.
172 Robert J. Birnbach. Presidente y director ejecutivo de Primordium Holdings LLC
173 Siddarta Gauthama ó Buda. Príncipe hindú que escapó de su palacio para encontrarse a sí mismo. Creador del budismo. Considerado uno de los hombres más sabios e iluminados de la historia.

La mente subconsciente es el arquitecto de tu cuerpo. Mantén pensamientos de salud perfecta y transmítelos a tu subconsciente antes de acostarte. Da las órdenes justas y razonables como a un sirviente y serás obedecido.
Joseph Murphy[174]

El mayor descubrimiento de mi generación es que un ser humano puede cambiar su vida cambiando su actitud mental.
William James[175]

Ten sólo pensamientos positivos, y girarás alrededor de ésos pensamientos
Michael Jordan[176]

Si eres un pensador positivo, basarás tus decisiones en la fe y no en el miedo
Robert H. Shuller[177]

Cada pensamiento es una causa y cada condición es un efecto
Joseph Murphy[178]

Cada pensamiento que tenemos está creando nuestro futuro
Louise L. Hay[179]

Si piensas en tu porvenir, lo tendrás
John Kenneth Galbraith[180]

---

174 Joseph Murphy. Psicólogo norteamericano, autor de varios Best Sellers sobre el poder de la mente.
175 William James. Psicólogo norteamericano que contribuyó con su trabajo a la psicología de la educación.
176 Michael Jordan. El mejor jugador de basquetbol de la historia
177 Robert H. Shuller. Predicador norteamericano
178 Joseph Murphy. Psicólogo norteamericano, autor de varios Best Sellers sobre el poder de la mente.
179 Louise L. Hay. Fundadora de Hay House, la compañía editorial.
180 John Kenneth Galbraith. Economista y escritor canadiense. Maestro de Harvard y uno de los principales impulsores del Liberalismo.

La imaginación es todo, es la antesala de lo que atraerás a tu vida
Albert Einstein[181]

El cuerpo humano es el carruaje; el espíritu, el hombre que lo conduce;
el pensamiento son las riendas, y los sentimientos los caballos.
Platón[182]

Cuando dejas de soñar dejas de vivir
Malcomb Forbes[183]

No le cortes las alas a tus sueños porque estos son los que le dan
libertad a tu alma
Flavia Weedn [184]

Los que sueñan de día descubren muchas cosas que escapan a los que
sólo sueñan de noche
Edgar Allan Poe[185]

Sueña profundo, que cada sueño precede al éxito
Ralph Vaull Starr[186]

Duerme para soñar, porque los sueños están para cumplirse
Walt Disney[187]

---

181 Albert Einstein. Físico alemán, una de las mentes más brillantes de la historia
182 Platón. Filósofo y matemático griego. Uno de los padres de la filosofía y uno de los personajes más trascendentes de la historia
183 Malcomb Forbes. Empresario norteamericano, creador de la revista Forbes
184 Flavia Weedn. Reconocida Pintora norteamericana
185 Edgar Allan Poe. Escritor y poeta norteamericano, pionero del género de ciencia ficción.
186 Ralph Vaull Starr. Escritor, precursor de la ley de la atracción
187 Walt Disney. Productor y director estadounidense. Creador de The Walt Disney Company

Nada es mejor para tu alma que tener lo que quieres. Una de las formas de asegurarse el éxito es tener sueños grandes.
Michael Korda[188]

Mi vida profesional está llena de situaciones que dependen de una esperanza o de un sueño, que siempre terminan en éxito.
Marilyn Carlson Nelson[189]

Si suena demasiado bueno para ser verdad probablemente lo sea
Garry Betty[190]

El futuro pertenece a los que creen en la belleza de sus sueños
Eleanor Roosevelt[191]

El que no cree en la magia, nunca la encontrará
Roald Dahi[192]

Si puedes soñarlo, puedes hacerlo
Goethe[193]

Si lo puedes soñar, lo puedes lograr
Walt Disney

Si tienes un sueño, dale la oportunidad de convertirse en realidad
Richard de Vos[194]

188 Michael Korda. Escritor de origen inglés, editor en jefe de Simon & Schuster, la compañía editorial norteamericana con sede en Nueva York.
189 Marilyn Carlson Nelson. Presidente de Carlson Companies.
190 Garry Betty. Presidente y director ejecutivo de Earth Link
191 Eleanor Roosevelt. Ex primera dama de los EEUU
192 Roald Dahi. Creador de historietas para niños, y del museo The Roald Dahl Museum and Story Centre.
193 Johann Goethe. Genio de la literatura de origen alemán
194 Richard de Vos. Fundador de Amway company

Haz lo necesario para lograr tu más ardiente deseo, y acabarás
lográndolo
Beethoven[195]

Nuestros deseos no son sino indicios de nuestras aptitudes innatas, y
nos anuncian lo que somos capaces de lograr.
Goethe[196]

Piensa en grande y tus hechos crecerán; piensa que puedes, y podrás.
Tienes que estar seguro de ti mismo, porque tarde o temprano, el que
gana, es aquel que cree poder hacerlo.
Napoleon Hill[197]

Cuando sueñes, sueña con todo tu ser
Marilyn Carlson Nelson[198]

Me gusta pensar en grande. Para mí es muy simple: si vas a soñar, al
menos sueña en grande
Donald Trump [199]

Ya sea que pienses que puedes, o que no puedes, estás en lo correcto
Henry Ford [200]

Sólo las personas que piensan que son capaces de lograr algo, lo
logran
Indira Gandhi[201]

---

195 L.V. Beethoven. Músico alemán, uno de los grandes genios de la música clásica
196 Johann Goethe. Genio de la literatura de origen alemán
197 Napoleon Hill. Escritor norteamericano que trascendió por su examen del poder
     del pensamiento y las creencias personales
198 Marilyn Carlson Nelson. Presidente de Carlson Companies
199 Donald Trump. Magnate estadounidense que hizo una fortuna billonaria iniciando
     desde abajo, dos veces en su vida.
200 Henry Ford. Fundador de Ford Motors Company
201 Indira Gandhi. Primera ministra de la India

No hay hombre que sea incapaz de hacer lo que él cree que puede
hacer
Henry Ford

Antes de decir que no puedes hacer algo, inténtalo
Sakichi Toyoda[202]

Lo único que separa a una persona de lo que quiere en la vida, es la
voluntad de intentarlo y la fe para creer que es posible.
Richard de Vos[203]

Las cosas son imposibles hasta que alguien las hace
Jill Sherwin[204]

Las hazañas mas grandes fueron obra de personas que no eran tan
listas para entender que eran imposibles.
Doug Larson[205]

¡Hice tantas cosas que todos decían que eran imposibles!
Donald Trump[206]

La diferencia entre lo imposible y lo posible está en el carácter y la
determinación de la persona
Tommy Lasorda[207]

Donde hay determinación, hay un camino
S. George Clason [208]

---

202 Sakichi Toyoda. Fundador de Toyota
203 Richard de Vos. Creador de Amway International
204 Jill Sherwin. Creador de la serie de TV Star Treck
205 Doug Larson. Atleta británico
206 Donald Trump. Magnate estadounidense que hizo una fortuna billonaria iniciando
     desde abajo, dos veces en su vida.
207 Tommy Lasorda. Beisbolista estrella de los Dodgers
208 S. George Clason. Escritor norteamericano, autor del best seller 'El Hombre Más
     Rico de Babilonia.'

La única posibilidad de descubrir los límites de lo posible, es aventurarse un poco más allá de ellos, hacia lo imposible.
Arthur C. Clarke[209]

Es intentando lo imposible como se realiza lo posible
Henri Barbusse[210]

La palabra imposible no está en mi vocabulario
Napoleón Bonaparte[211]

Nada se intentaría jamás si todas las posibles objeciones deben superarse primero
Samuel Johnson[212]

Señor, siempre permite que desee más de lo que puedo lograr
Miguel Angel Bounarroti[213]

Dentro de ti hay una poderosa fuerza, que una vez que sea desencadenada, puede hacer tus sueños y deseos más atrevidos realidad.
Anthony Robbins[214]

Ten cuidado con lo que deseas porque lo puedes conseguir
Mark Granata Jr [215]

209 Arthur C. Clarke. Inventor y autor británico de ciencia ficción para televisión y cine. Secretario de la Sociedad Interplanetaria de Inglaterra. Propuso el sistema de navegación por satélite en 1945.
210 Henri Barbusse. Militar y revolucionario francés
211 Napoleón Bonaparte. Uno de los más grandes estrategas de la historia y emperador de Francia.
212 Samuel Johnson. Escritor y Editor inglés del siglo 18
213 Miguel Angel Bounarroti. Pintor, escultor, arquitecto e ingeniero italiano. Considerado uno de los más grandes prodigios del arte de la historia.
214 Anthony Robbins. Escritor norteamericano
215 Mark Granata Jr. Presidente de RFR Realty, LLC

No hay alturas que no puedan ser escaladas por el hombre que conoce los secretos para hacer sus sueños realidad. Cuando creas en algo, créelo con todo, implícitamente y sin lugar a dudas.
Walt Disney[216]

Desde que tengo memoria, siento que he tenido esta gran fuerza creativa y espiritual dentro de mí que es más grande que la fe, más grande que la ambición, más grande que la confianza, más grande que la determinación, más grande que la visión. Es una combinación de todo esto. Mi cerebro se magnetiza con esta fuerza dominante que sostengo en mi mano.
Hellen Keller[217]

El universo es infinitamente generoso, simplemente pide de forma clara y todo lo que desea tu corazón te será dado.
Shakti Gawain[218]

Creas tu propio universo sobre la marcha
Winston Churchill[219]

El universo es infinito, entonces el centro del universo es cualquier lugar, luego yo soy el centro del universo y toda su energía fluye a través de mí.
Ueshiba Morihei[220]

---

216 Walt Disney. Productor y director estadounidense. Creador de The Walt Disney Company
217 Hellen Keller. La primera persona ciega y sorda en graduarse de la universidad. Escritora y Fundadora del instituto Hellen Keller International para la prevención de la ceguera.
218 Shakti Gawain. Escritora norteamericana de best sellers
219 Winston Churchill. Primer ministro de Inglaterra (1874-1965), una de las figuras de más trascendencia de la historia moderna.
220 Ueshiba Morihei. Creador del arte marcial Aikido, filósofo, político y militar japonés. Entrenador del ejército japonés durante la segunda guerra mundial. Considerado por muchos en oriente y occidente como el más grande artista marcial de la historia.

El universo es una esfera infinita cuyo centro está en todas partes
Blaise Pascal[221]

Toda la tierra está al alcance del sabio, ya que la patria de un alma elevada es el universo
Demócrito[222]

Mi padre me dijo que si no quería arrepentirme toda la vida no debía permitir que algo impidiera realizar mis sueños. Sus consejos y apoyo han sido una de las causas por las cuales mi vida ha sido coronada con el éxito y la buena fortuna
Lilian Vernon[223]

Fue mi sueño lo que me dio poder
Robert Kiyosaki [224]

---

221 Blaise Pascal. Genio Matemático francés.
222 Demócrito. Filósofo, Físico y Matemático griego contemporáneo a Sócrates. Viajó por todo el mundo en busca de conocimiento y es considerado uno de los grandes pensadores de los primeros siglos.
223 Lilian Vernon. Fundadora de Lillian Vernon Catalogs y de www.lillianvernon. com
224 Robert Kiyosaki. Empresario norteamericano, Inversionista y Experto en Educación Financiera, que se hizo millonario comenzando desde cero. Autor de best Sellers.

PERSEVERANCIA

Un ratón vivía en la bodega de un restaurante. Por las noches salía de su hoyo para buscar comida en la cocina. Una noche, durante su búsqueda de alimento, resbaló y cayó en un recipiente con leche. El ratón comenzó desesperadamente a tratar de salir de allí porque de lo contrario se ahogaría. Dos cocineros se dieron cuenta de que el ratón estaba ahogándose en el recipiente y luchando por salir. Apostaron y dijeron:

—No lo logrará. Jamás podrá salir

Y se fueron.

El ratón luchó y luchó y luchó sin rendirse, hasta que eventualmente, con el movimiento constante de sus patas, convirtió la leche en mantequilla. La ahora semisólida mantequilla en la que se encontraba le permitió impulsarse hacia afuera.

El éxito no siempre es de los más inteligentes, sino de los más constantes:

Richard Zanuck y David Brown fueron responsables de dos enormes desastres financieros en la Twentieth Century Fox, la compañía productora de cine. Sin embargo, años más tarde volvieron con 'Tiburón', uno de los mayores éxitos en la historia del cine.

Hace muchos años, el actor Clark Gable convenció a sus jefes de la productora Metro Goldwyn Mayer, de que lo dejaran actuar en la película 'Parnell', haciendo el papel de un estadista irlandés. Este era un papel totalmente alejado de su tipo. La película fue uno de los fracasos más grandes que se hayan conocido. Sin embargo, Gable trató una y otra vez, y no mucho tiempo después, le ofrecieron el papel de Rhett Butler en la película inmortal 'Lo que el viento se llevó', que es considerada hasta ahora una de las diez mejores en toda la historia del cine. Clark Gable se hizo inmortalmente famoso.

Lee Iacocca cometió errores como presidente de Ford Motors Company. Fue despedido de Ford y mucha gente pensó que Iacocca estaba terminado en el mercado de los automóviles. Pero Iacocca tomó el despido como una oportunidad, y consiguió trabajar como director de Chrysler, que estaba al borde de la quiebra, y llevó a esa empresa nuevamente al éxito. Iacocca lanzó al mercado la línea K de Chrysler, autos compactos y al mismo tiempo lujosos y potentes, que fueron muy bien aceptados en un mercado que estaba cambiando a finales de los ochentas. En pocos años Iacocca, desde el fondo de un despido, fue hasta la cima de la buena dirección y la máxima rentabilidad.

General Foods, Procter & Gamble, General Mills, 3M, Johson & Johnson, y muchísimas otras empresas, prueban constantemente nuevos productos. Un noventa por ciento no tienen éxito. Sin embargo, las empresas siguen probando una y otra vez hasta que dan con el producto ganador, que vale por todos los que no tuvieron éxito.

Así que recuerda: no has realmente perdido hasta que dejas de intentar.

Si no encuentras la solución a un problema por un lado, la encontrarás por otro. Tu ser espiritual tiene más creatividad, poder, sabiduría y recursos de lo que imaginas.

Thomas Alva Edison hizo cientos de intentos para crear la bombilla eléctrica. Estaba convencido de que podía lograrlo. Lo intentó una y otra y otra vez, de formas distintas y volvía a intentar. Finalmente, lo logró. El dijo:

"Cuando hayas agotado todas las posibilidades, recuerda esto: no todas"

La mayoría de la gente no tiene la fuerza para seguir intentando. En cuanto ven un obstáculo, pierden la valentía y el entusiasmo. Por eso, no llegan a la cima.

Tú, que estás en el camino de la superioridad, debes recordar esto siempre, así que lee con atención:

Los problemas son monstruos que nadie quiere enfrentar. ¿Por qué? Porque no saben que después de enfrentarlos te vuelves más fuerte. Más inteligente. Si comprendes esto, tú mismo buscarás a esos monstruos para vencerlos.

Hubo un hombre norteamericano que:

—Fracasó en los negocios a los 31 años
—Fue derrotado a los 32 como candidato a una legislatura
—Volvió a fracasar en los negocios a los 34
—Sobrellevó la muerte de su amada a los 35
—Sufrió un colapso nervioso a los 36
—Perdió en unas elecciones a los 38
—No consiguió ser elegido congresista a los 43
—No consiguió ser elegido congresista a los 46
—No consiguió ser elegido congresista a los 48
—No consiguió ser elegido senador a los 55
—A los 56 fracasó en el intento de ser vicepresidente
—De nuevo fue derrotado y no fue electo senador a los 58
—A los 60, fue elegido presidente de los Estados Unidos.

Se trataba de Abraham Lincoln.

La resolución de triunfar es más importante que cualquier cosa
Abraham Lincoln[225]

Los que logran el éxito no es por fuerza, ni inteligencia, sino por voluntad
Vince Lombardi[226]

------

225 Abraham Lincoln. 16° presidente de Estados Unidos
226 Vince Lombardi. Famoso entrenador de futbol americano por su liderazgo y capacidad ganadora

No he fallado, sólo he descubierto diez mil maneras que no funcionan
Thomas Alva Edison, después de muchos intentos fallidos de inventar la bombilla eléctrica

El verdadero error es dejar de intentarlo
B.F. Skinner[227]

El éxito consiste en seguir intentando
David J. Mahoney Jr.[228]

Puedo aceptar el fracaso, toda la gente falla en algo. Pero no puedo aceptar no intentarlo
Michael Jordan[229]

La diferencia entre un desierto y un jardín no es el agua, es el hombre
Proverbio Tunecino

Otros te pueden detener momentáneamente, sólo tú te puedes detener permanentemente:

La derrota es pasajera, rendirse la vuelve permanente
Milan Kundera [230]

El secreto para hacer los sueños realidad se resume en cuatro "Cs": Curiosidad, Confianza, Coraje y Constancia.
Walt Disney[231]

---

227 B.F. Skinner. Psicólogo creador del conductismo
228 David J. Mahoney Jr. Vicepresidente a sus 25 años, de la agencia de publicidad neoyorquina Ruthrauff & Ryan. Más tarde Vicepresidente Ejecutivo de Colgate-Palmolive.
229 Michael Jordan. El mejor jugador de basquetbol de la historia
230 Milan Kundera. Escritor checoslovaco que vivió en el exilio en Francia. Autor del famoso libro 'La Insoportable Levedad del Ser' (The Unbearable Lightness of Being).
231 Walt Disney. Productor y director estadounidense. Creador de The Walt Disney Company

---

Si el hombre fuese constante sería perfecto.
Shakespeare [232]

Las grandes obras no son hechas con la fuerza, sino con la perseverancia
Samuel Johnson [233]

Presencia de ánimo y valor en la adversidad, valen para conquistar el éxito más que un ejército
John Dryden [234]

Tengo la habilidad de aferrarme a un reto y lograrlo cuando todos los demás se rinden y lo abandonan.
Margaret Thatcher [235]

El éxito está conectado a la acción. La gente exitosa se sigue moviendo, comete errores, pero no se rinde.
Conrad Hilton[236]

Algunos se rinden sin saber que estaban a un metro de la meta
H. Ross Perot [237]

Perseverar es de valientes
Eurípides[238]

No hay otra cualidad más importante para el éxito que perseverar. La perseverancia supera casi todo, hasta la propia naturaleza.
John D. Rockefeller[239]

---

232 William Shakespeare. Genio de la literatura universal. Considerado el mejor escritor inglés y uno de los mejores del mundo de todos los tiempos

233 Samuel Johnson. Escritor inglés.

234 John Dryden. Poeta inglés de gran influencia durante la restauración de Inglaterra.

235 Margaret Thatcher. La primera y hasta ahora única mujer que ha sido Primer Ministro de Inglaterra.

236 Conrad Hilton. Fundador de Hoteles Hilton

237 H. Ross Perot. Fundador de EDS

238 Eurípides. Uno de los tres grandes poetas griegos de la antigüedad, junto con Esquilo y Sófocles.

239 John D. Rockefeller. Fundador de la compañía petrolera Exxon

Toda mi vida la gente me ha dicho que no iba a lograrlo
Ted Turner. Fundador de la cadena de televisión CNN [240]

El éxito es la consecuencia, lo que importa es el carácter
Vince Gill[241]

Mucho enseñó la vida a quien le enseñó a vencer el dolor
Arturo Graf [242]

Quien sabe de dolor, sabe de todo
Dante Alighieri[243]

Lo que falta a la mayoría es tener las agallas de seguir adelante sin
importar el dolor
Arnold Schwarzenegger [244]

El dolor hace al hombre pensar. El pensamiento hace al hombre sabio.
La sabiduría hace fácil la vida.
John Patrick Goggan[245]

Triunfarás si aceptas el dolor
Sylvester Stallone [246]

El dolor es el mejor maestro, pero nadie quiere ir a su clase
General Choi Hong Hi [247]

---

240 Ted Turner. Fundador de la cadena de televisión CNN
241 Vince Gill. Cantante y compositor estadounidense de música country, ganador del
Grammy.
242 Arturo Graf. Poeta italiano de ascendencia alemana. Fundador del Diario de
Literatura Italiana.
243 Dante Alighieri. Atuor de la Divina Comedia, considerada una obra maestra de
la literatura
244 Arnold Schwarzenegger. Campeón mundial de fisicoculturismo, Estrella de
Hollywood y Gobernador del estado de California
245 John Patrick Goggan. Prestigiado Dramaturgo y Escritor estadounidense de guiones
para cine y televisión
246 Sylvester Stallone. Estrella de Hollywood.
247 Choi Hong Hi. General de la Armada de Korea del Sur y uno de los padres del
Tae Kwon Do.

Usa el dolor como combustible, un recordatorio de tu fuerza
August Wilson[248]

Quien sabe aguantar el dolor, a todo puede atreverse
Marqués de Vauvenarques [249]

El dolor es inevitable, el sufrimiento es opcional
Buda[250]

Para valorar la riqueza, hay que conocer la adversidad
Charles Chaplin[251]

Cuando el hombre conoce lo no bello, conoce también lo bello.
Cuando conoce lo no bueno, conoce también lo bueno.
Lao Tsé [252]

La adversidad forma hombres. La riqueza no ganada forma
monstruos
Proverbio francés

Tan de valientes corazones es, señor mío, tener sufrimiento en las
desgracias como alegría en las prosperidades.
Miguel de Cervantes [253]

Lo más importante que se aprende cuando se triunfa, es que se puede
triunfar
Dave Weinbaun[254]

---

248 August Wilson. Periodista, ganador del premio Pulitzer
249 Marqués de Vauvenarques. Militar y Escritor francés
250 Siddarta Gauthama. Príncipe hindú que escapó de su palacio para encontrarse a sí mismo. Creador del budismo. Considerado uno de los hombres más sabios e iluminados de la historia.
251 Charles Chaplin. Actor, Compositor y Director de cine cómico. Cofundador de United Artists en 1919. Considerado el más grande genio del cine de comedia.
252 Lao Tsé. Grán filósofo chino de la antigüedad (604-531 a.C.) autor del Tao Te King.
253 Miguel de Cervantes Saavedra. Autor de El Quijote, una de las grandes obras maestras de la literatura
254 Dave Weinbaun. Empresario y Escritor estadounidense.

Comenzar está al alcance de todos. Continuar distingue a los hombres de carácter. Las más grandes victorias corresponden a quienes se preparan, luchan y perseveran.
Encontrado en la iglesia de Old Saint Paul, en Baltimore

La fuerza no proviene de la capacidad física, sino de la voluntad indomable
Mahatma Gandhi[255]

He aprendido, que la vida es dura . . . . ¡Pero yo lo soy más!
De la lista "Lo que he Aprendido" de Andy Rooney [256]

Cuando hayas agotado todas las posibilidades, recuerda esto: no todas
Thomas Alva Edison[257]

Las fortunas vienen y se van. Sólo eres financieramente autosuficiente si eres capaz de hacer las cosas nuevamente desde el principio. La confianza en ti mismo que nace de saberte capaz de repetir el éxito te da una tremenda fuerza mental.
Bradley S. Jacobs[258]

El elemento que más nos detiene en la vida es la falta de confianza en uno mismo. En cambio, el coraje nos impulsa hacia delante. Si se quiere ser exitoso, desde el punto de vista financiero, es necesario el coraje para tomar riesgos.
Robert Kiyosaki [259]

---

255 Mahatma Gandhi. Líder político y espiritual hindú durante el movimiento de independencia de la India.

256 Andy Rooney. Exitoso escritor y humorista de radio y televisión norteamericano, ganador de varios premios Emmy. Conocido por su show en vivo de la CBS, "A few minutes with Andy Rooney", desde 1978

257 Thomas Alva Edison. Inventor estadounidense, creador de más de mil inventos, como la bombilla eléctrica y el cinescopio

258 Bradley S. Jacobs. Presidente y director ejecutivo de United Rentals, Inc.

259 Robert Kiyosaki. Empresario norteamericano, Inversionista y Experto en Educación Financiera, que se hizo millonario comenzando desde cero. Autor de best Sellers.

El carácter de cada hombre es el árbitro de su fortuna
Publio Siro[260]

Muchos fracasan porque se rinden muy pronto, no tienen el valor
de resistir. Conquista tus miedos y lograrás cualquier cosa que te
propongas.
C.E. Welch[261]

El miedo es el peor enemigo. El miedo disminuye tus autodefensas.
¡Nada de miedo, nada de sumisión! Tranquilidad, convicción . . .
Ghislaine Lactot [262]

No existen los límites, sólo nuestros miedos nos detienen
George Lucas[263]

Los obstáculos son esas cosas que sólo se ven cuando quitas la vista
de la meta
Henry Ford [264]

Con frecuencia enfrentamos grandes oportunidades brillantemente
disfrazadas de problemas sin solución.
Lee Iacocca[265]

Hay una delgada diferencia entre un obstáculo y una oportunidad
Victor Kiam[266]

---

260 Publio Siro. Escritor latino de la antigua Roma
261 C.E. Welch. Fundador de jugos Welch
262 Ghislaine Lactot. Doctora norteamericana, autora del libro 'La Mafia Médica'.
Cuestionó y denunció la medicina actual, y la reemplazó por la medicina natural.
263 George Lucas. Director y Productor de cine norteamericano. Creador de Lucas
Films Ltd. Famoso por las películas de La Guerra de las Galaxias.
264 Henry Ford. Fundador de Ford Motors Company
265 Lee Iacocca. Director y salvador de la quiebra, de Chrysler en la década de los
ochentas
266 Victor Kiam. Director de Remington

No hay que correr de los problemas, sino caminar hacia las metas
Mildred Norman[267]

Si te esfuerzas constantemente, el éxito llegará a ti cuando menos te lo esperes
Michael Jordan[268]

Dios suele llover sus misericordias en el tiempo en que están más secas las esperanzas
Miguel de Cervantes [269]

La felicidad puede entrar de repente por una puerta que habías dejado abierta
John Barrymore[270]

Mi punto más importante es la persistencia. Nunca me rindo en un juego. Sin importar qué tan abajo estoy en el marcador, sigo peleando hasta la última bola. Varias veces he tornado una gran cantidad de juegos llamados por otros "derrotas inevitables" en victorias.
Bjorn Borg[271]

El arte de vencer se aprende en las derrotas
Simón Bolivar[272]

El experto en lo que sea, alguna vez fue un principiante
Rutherford B. Hayes[273]

267 Mildred Norman. Pacifista norteamericana. La primera mujer en recorrer a pie los Estados Unidos para expresar sus ideas sobre la paz.
268 Michael Jordan. El mejor jugador de basquetbol de la historia
269 Miguel de Cervantes Saavedra. Autor de El Quijote, una de las grandes obras maestras de la literatura
270 John Barrymore. Actor norteamericano, considerado el mejor de su generación
271 Bjorn Borg. Campeón mundial de tenis
272 Simón Bolivar. Político, militar y libertador hispanoamericano
273 Rutherford B. Hayes. Décimo noveno Presidente de los Estados Unidos

Fallar es la oportunidad de volver a empezar, pero más inteligentemente
Henry Ford [274]

Los errores son puentes entre la experiencia y la sabiduría
Phillys Theroux[275]

Los errores son los umbrales del descubrimiento
James Joyce [276]

No tengas miedo de cometer errores
Sakichi Toyoda[277]

No tengas miedo de cometer errores, ya tendrás tiempo de corregirlos.
Angelica Berrie[278]

Nunca tuve miedo de cometer un error
Michael Jordan[279]

Siempre pasas por el fracaso en el camino al éxito
Mickey Rooney[280]

Siempre he aprendido más de mis fracasos que de mis éxitos
John Scullley[281]

El éxito es aprender a ir de fracaso en fracaso sin desesperarse
Winston Churchill[282]

---

274 Henry Ford. Fundador de Ford Motors Company
275 Phillys Theroux. Columnista y Escritor de Best Sellers estadounidense
276 James Joyce. Escritor irlandés, considerado uno de los más influyentes del siglo 20
277 Sakichi Toyoda. Fundador de Toyota
278 Angelica Berrie. Directora ejecutiva de Russ Berrie and Company, Inc.
279 Michael Jordan. El mejor jugador de basquetbol de la historia
280 Mickey Rooney. Actor y Conductor de Televisión. Ganador del Oscar, un Globo de Oro y un premio Emmy.
281 John Scullley. Gerente de Apple computers
282 Winston Churchill. Primer ministro de Inglaterra (1874-1965), una de las figuras de más trascendencia de la historia moderna.

He visto más fracasos que éxitos
Sakichi Toyoda[283]

He fracasado una y otra y otra vez en mi vida y es por eso que triunfé
Michael Jordan[284]

No conozco una fórmula para el éxito, pero conozco muchas fórmulas para el fracaso
Roberto Gómez Bolaños (Chespirito)[285]

Toyota es percibida como una historia de éxitos, pero hemos tenido numerosos fracasos. Hemos usado éstas experiencias como herramientas de aprendizaje para nuestra gente. Así es como yo fui entrenado.
Sakichi Toyoda[286]

Experiencia es el nombre que todos dan a sus errores
Oscar Wilde[287]

No te lamentes de tus errores, aprende de ellos
Bill Gates[288]

No conozco don más indiscutible, en una mente soberana, que el de la tenacidad de propósito, que, a través de todos los reveses, vicisitudes y fortunas, jamás cambia, impávida en los buenos y malos pasos, venciendo toda la oposición hasta llegar al puerto.
Ralph Waldo Emerson[289]

---

283 Sakichi Toyoda. Fundador de Toyota
284 Michael Jordan. El mejor jugador de basquetbol de la historia
285 Roberto Gómez Bolaños (Chespirito). Comediante mexicano conocido en toda América Latina por el éxito de sus shows de TV
286 Sakichi Toyoda. Fundador de Toyota
287 Oscar Wilde. Genio de la literatura universal de origen inglés
288 Bill Gates. Creador de Microsoft
289 Ralph Waldo Emerson. Filósofo y escritor norteamericano. Creador del Trascendentalismo, movimiento que invitaba a pensar con individualidad.

Alguien que nunca cometió un error es porque nunca intentó nada nuevo
Albert Einstein[290]

Nada en el mundo puede sustituir la persistencia. El talento no la sustituirá; nada es más común que los hombres talentosos fracasados. El genio tampoco la sustituirá; el genio incomprendido es casi un proverbio. La instrucción no la sustituirá; el mundo está lleno de pelagatos instruidos. Únicamente la persistencia y la determinación son omnipotentes.
Calvin Coolidge[291]

Yo no creo que haya alguna otra calidad tan esencial al éxito, de cualquier tipo, como la cualidad de la perseverancia.
John D. Rockefeller[292]

Nunca, jamás, te des por vencido
Marilyn Carlson Nelson[293]

Sobre todas las cosas, nunca te rindas. Nunca, nunca, nunca te rindas. Los ganadores siempre siguen adelante. Nunca te rindas.
Donald Trump[294]

No abandones jamás. Jamás. Jamás abandones
Winston Churchill[295]

---

290 Albert Einstein. Físico alemán, una de las mentes más brillantes de la historia
291 Calvin Coolidge. Presidente de los Estados Unidos
292 John D. Rockefeller. Fundador de la compañía petrolera Exxon
293 Marilyn Carlson Nelson. Presidente de Carlson Companies
294 Donald Trump. Magnate estadounidense que hizo una fortuna billonaria iniciando desde abajo, dos veces en su vida.
295 Winston Churchill. Primer ministro de Inglaterra (1874-1965), una de las figuras de más trascendencia de la historia moderna.

VALENTÍA

En la selva, se encontraban los animales tranquilamente. Era un día muy caluroso, los rayos del sol pegaban con mucha fuerza. Estos, repentinamente ocasionaron que se encendiera una zona con maleza. El fuego fue creciendo y creciendo y las llamas comenzaron a devorar todo a su paso. Hasta que se convirtió entonces en un incendio grande y destructor.

Los animales corrieron llenos de temor, huyendo hacia una zona donde había un gran lago, y que difícilmente sería alcanzada por las llamas.

Había un pequeño gorrión, que volaba hacia el lago, llenaba su pequeño pico con agua, y regresaba a la zona del incendio y arrojaba algunas gotas de agua hacia las grandes llamas, tratando de apagarlas. Y así, el intrépido pajarito iba y venía. Una jirafa que huía lo vio, y le gritó:

—¡No seas tonto, huye, no lograrás nada, te vas a quemar!

El gorrión le contestó:

—¡No puedo, éste es mi hogar, tengo que salvarlo!

Llegó la noche y el animalito seguía luchando contra el fuego, arriesgando su vida en el intento.

Los dioses se conmovieron con su valentía y el amor que tenía por la selva, y enviaron una gran tormenta que apagó el incendio.[296]

---

296 Inspirado en una fábula de la cultura Inca (indios de Sudamérica).

Se dice que durante la Primera Guerra Mundial sucedió algo muy extraño, un evento notable que hasta el día de hoy sigue siendo un misterio para los historiadores franceses:

Durante la tarde del 8 de abril de 1915 un batallón del ejército francés estaba defendiéndose del ataque de los alemanes en los bosques de Bols-brulé. Los franceses habían peleado por tres días, y estaban siendo aniquilados por el bombardeo de los alemanes. En una trinchera, el teniente Jaques Pericard resistía el ataque alemán, defendiendo la posición francesa con unos cuantos hombres que quedaban vivos, mientras veía cómo el resto de su tropa caía muerta o gravemente herida.

Pericard fue alcanzado por el fuego, y quedó gravemente herido. Entonces se arrastró a una trinchera vecina para protegerse. Casi no quedaban hombres de pie. Pericard observó los cuerpos de los caídos, y se llenó de coraje y de fuerza para gritar:

— ¡Arriba los muertos! ¡Vamos a vencer!, ¡Arriba los muertos! ¡Vamos a vencer!

Increíblemente, los pocos que aun podían respirar se levantaron, y heridos y moribundos, pero montados en coraje y sin miedo a lo que les pudiera ocurrir, lograron detener el Ataque de los alemanes.

Hasta el día de hoy, es confuso para los historiadores qué fue exactamente lo que sucedió aquel día en Bols-brulé. Lo cierto es que se logró detener a los alemanes, pero la mayoría de los franceses habían sido heridos ó muertos. ¿Cómo fue posible? Ni siquiera el teniente Pericard sabía con exactitud qué sucedió. Él escribió después, todavía confundido:

"Una fuerza, un espíritu inexplicable se apoderó de mí, y de los heridos. Mis sentidos se agudizaron, mi fuerza aumentó, podía pelear con varios hombres a la vez, y veía cómo otros compañeros peleaban uno contra varios adversarios, venciéndolos. Incluso por un momento me pareció que hasta los caídos se levantaron de la muerte para luchar."

El New York Times publicó un artículo sobre la batalla de Bols-brulé, diciendo:

"Los franceses lucharon religiosamente, esto es, con amor."

El amor por su patria, por sus familias y por lo que es correcto, dio a Pericard y a sus hombres una fuerza inexplicable para luchar una batalla que parecía imposible, y ganarla.

La valentía da al que la tiene una sensación de gran satisfacción de saber que se está haciendo lo correcto. La valentía es un concepto confuso para algunos. Se cree comúnmente, que la valentía es sólo hacer cosas arrojadas, y hasta imprudentes. No es así. Verás:

La verdadera valentía es: hacer lo que es correcto aún cuando las consecuencias sean amenazadoras.

El valiente tiene una característica: no alardea. Su valentía es algo que sale a flote sólo cuando es necesario, en situaciones desafiantes que requieren acción. La verdadera valentía está ligada con la nobleza del corazón: el valiente generalmente es una persona pacífica, y sólo si la situación lo requiere, está dispuesto a hacer lo que sea, si es necesario, para defender aquello que ama, que es bueno ó que es correcto. Éste es el verdadero móvil para la valentía.

Sí, la valentía es insolente. Es arrogante. Es atrevida. Mas sólo con aquello que se opone a los buenos principios. La valentía es fuerza de carácter que viene del corazón.

Los valientes pasan a la historia. En la antigua Esparta, hubo 300 guerreros que lucharon contra miles de persas en uno de los capítulos de valentía de la historia más notables. Estos hombres no se amedrentaban ante nada, nada los detenía, nadie los intimidaba, sólo la muerte podía detenerlos. ¿Por qué? Porque luchaban por amor a Esparta. El rey de ésta nación no tenía el apoyo de los políticos para luchar contra los persas, que querían apoderarse de Esparta. Entonces tomó a 300 de sus mejores guerreros y fue al encuentro contra un ejército de miles de persas. Lo que los movió a atreverse a una hazaña de ése tamaño, fue el amor por sus familias y por su país. Su ejemplo de coraje y su sacrificio sirvieron de inspiración para que finalmente el resto del ejército de Esparta fuera a combatir a los persas.

El escocés William Walace logró una hazaña que parecía imposible: liberar al pueblo de Escocia de la dominación de Inglaterra, que era presuntamente invencible en batalla. Wallace tenía un espíritu indomable. El prefería morir luchando que vivir siendo un esclavo. La fuerza que obtuvo para lograrlo venía de su amor por su pueblo y el deseo de darle libertad.

Una persona valiente sigue adelante. Se vuelve a levantar. Lucha por lo que es correcto. Sólo las causas correctas dan tanta fuerza.

Los valientes son respetados hasta por sus enemigos.

Si los hombres sienten amor, tienen un móvil para la valentía
Lao Tsé [297]

Mostrar amor está reservado sólo para los valientes
Mahatma Gandhi[298]

Si estás peleando por algo en lo que crees, las cosas generalmente salen bien al final
Donald Trump[299]

De todas las cualidades, la valentía es la primera, porque de ella salen todas las demás
Winston Churchill[300]

El carácter es vital para un líder, la base de todo lo demás
Warren Bennis[301]

---

297 Lao Tsé. Grán filósofo chino de la antigüedad (604-531 a.C.) autor del Tao Te King.
298 Mahatma Gandhi. Líder político y espiritual hindú durante el movimiento de independencia de la India.
299 Donald Trump. Magnate estadounidense que hizo una fortuna billonaria iniciando desde abajo, dos veces en su vida.
300 Winston Churchill. Primer ministro de Inglaterra (1874-1965), una de las figuras de más trascendencia de la historia moderna.
301 Warren Bennis. Profesor distinguido y Consultor de Administración de Negocios

La victoria es por naturaleza insolente y arrogante
Marco Tulio Cicerón[302]

Aquel que es suficientemente valiente para tomar riesgos, logrará
mucho en la vida
Muhamed Alí[303]

La valentía da una gran satisfacción. No hay peor angustia que la de
ser un cobarde
Emma Godoy[304]

Los cobardes mueren muchas veces antes de su verdadera muerte, los
valientes gustan la muerte sólo una vez.
Shakespeare[305]

Los cobardes agonizan muchas veces antes de morir, los valientes ni
se enteran de su muerte
Julio César [306]

Es preciso saber lo que se quiere; cuando se quiere, hay que tener
el valor de decirlo; y cuando se dice, es menester tener el coraje de
realizarlo.
Georges Clemenceau [307]

El miedo al fracaso no debe ser nunca la razón para no intentar
algo
Frederick Smith[308]

y miembro fundador del Instituto de Liderazgo de la University of Southern
California.
302 Marco Tulio Cicerón. Político romano 106-43 a.C.
303 Muhamed Alí. Campeón mundial de box de peso completo, considerado el mejor
boxeador de la historia.
304 Emma Godoy. Escritora mexicana
305 William Shakespeare. Genio de la literatura universal. Considerado el mejor escritor
inglés y uno de los mejores del mundo de todos los tiempos
306 Julio César. Líder militar y político de la antigua Roma
307 Georges Clemenceau. Físico, estadista y escritor francés
308 Frederick Smith. fundador de Federal Express

En la vida no hay que temer. Sólo que entender
Marie Curie[309]

Conquista tus miedos y lograrás cualquier cosa que te propongas.
C.E. Welch[310]

El miedo es el peor enemigo. El miedo disminuye tus autodefensas.
¡Nada de miedo, nada de sumisión! Tranquilidad, convicción . . .
Ghislaine Lactot [311]

La fortuna favorece a los valientes
Virgilio[312]

No todo lo que se enfrenta puede cambiarse, pero nada puede
cambiarse hasta que no se enfrenta.
James Baldwin[313]

Para la mayoría, el miedo a perder es más grande que el deseo de
ganar, trabajan mas duro en aferrarse a lo que tienen que arriesgarse
por lograr sus sueños.
Anthony Robbins[314]

El fuerte determina los acontecimientos, el débil, sufre lo que el
destino le impone
Alfred de Vigny[315]

---

309 Marie Curie. La primera mujer profesora de la Universidad de París. La primera
     persona en ser premiada con dos premios Nobel. Descubrió el elemento de la tabla
     periódica, Radio.
310 C.E. Welch. Fundador de jugos Welch
311 Ghislaine Lactot. Doctora norteamericana, autora del libro 'La Mafia Médica'.
     Cuestionó y denunció la medicina actual, y la reemplazó por la medicina natural.
312 Virgilio. Antiguo Matemático, Filósofo y Escritor romano. Autor de la Eneida.
313 James Baldwin. Escritor estadounidense defensor de los derechos humanos
314 Anthony Robbins. Escritor norteamericano
315 Alfred de Vigny. Novelista Francés

Para crecer hay que renunciar temporalmente a la seguridad
Gail Sheehy[316]

El éxito es ese viejo trío: habilidad, oportunidad y valentía
Charles Luckman[317]

Valentía no es no sentir miedo, sino dominarlo
Chuck Norris[318]

No es valiente el que no siente miedo, sino el que sabe conquistarlo
Nelson Mandela[319]

Conquistar el miedo es el principio de la sabiduría
Bertrand Russell[320]

Lo que falta a la mayoría es tener las agallas de seguir adelante sin
importar el dolor
Arnold Schwarzenegger [321]

Mucho enseñó la vida a quien le enseñó a vencer el dolor
Arturo Graf [322]

Quien sabe de dolor, sabe de todo
Dante Alighieri[323]

---

316 Gail Sheehy. Escritor de Best Sellers y colaborador del New York Times
317 Charles Luckman. Arquitecto y Empresario estadounidense, presidente de Lever
     Brothers y del Comité de Derechos Humanos de los Estados Unidos.
318 Chuck Norris. Campeón internacional de Karate, estrella de cine de acción de
     Hollywood y político norteamericano
319 Nelson Mandela. Presidente de Sudáfrica de 1994 a 1999 y defensor de la
     democracia de éste país.
320 Bertrand Rusell. Matemático y Filósofo británico, uno de los fundadores de la
     filosofía analítica.
321 Arnold Schwarzenegger. Campeón mundial de fisicoculturismo, Estrella de
     Hollywood y Gobernador del estado de California
322 Arturo Graf. Poeta italiano de ascendencia alemana. Fundador del Diario de
     Literatura Italiana.
323 Dante Alighieri. Atuor de la Divina Comedia, considerada una obra maestra de
     la literatura

Quien sabe aguantar el dolor, a todo puede atreverse
Marqués de Vauvenarques [324]

El verdadero valor es hijo de la prudencia, no de la temeridad
Pedro Calderón de la Barca [325]

Si eres un pensador positivo, basarás tus decisiones en la fe y no en el miedo
Robert H. Shuller [326]

La historia admira a los sabios, pero eleva a los valientes
Edmund Morris[327]

No hay víctimas, sólo voluntarios
Proverbio

Nadie ataca a un león cuando el campo está lleno de ovejas
George Bernard Shaw [328]

No quiero estar libre de desafíos, sólo quiero el valor para afrontarlos
Mary Tyles Moore Marcel [329]

El miedo siempre ve las cosas peor de lo que son
Tito Livio[330]

Perseverar es de valientes
Eurípides[331]

324 Marqués de Vauvenarques. Militar y Escritor francés
325 Pedro Calderón de la Barca. Escritor y Dramaturgo de la era dorada de España.
326 Robert H. Shuller. Predicador norteamericano
327 Edmund Morris. Escritor Keniano, biógrafo de los presidentes de Estados Unidos y ganador del premio Púlitzer.
328 George Bernard Shaw. Premio Nobel de literatura en 1925
329 Mary Tyles Moore Marcel. Actriz de televisión norteamericana, ganadora del premio Emmy
330 Historiador romano
331 Eurípides. Uno de los tres grandes poetas griegos de la antigüedad, junto con Esquilo y Sófocles.

Haz lo que te da miedo, y la muerte del miedo es segura
Ralph Waldo Emerson[332]

Haz todos los días algo que te dé miedo
Eleanor Roosevelt[333]

Aquello que te da miedo es una indicación de lo siguiente que tienes que hacer
Emma Godoy[334]

Sólo merece la libertad quien sabe conquistarla
Goethe[335]

No nos atrevemos a muchas cosas porque son difíciles, pero son difíciles porque no nos atrevemos a hacerlas.
Séneca[336]

Vivid arduamente, no temáis nada y os sonreirá el triunfo
Winston Churchill[337]

Tu corazón es libre, ten valor para hacerle caso
William Wallace[338]

Cuando las cosas no se desean es cuando llegan. Cuando las cosas no se temen es cuando se alejan.
Lao Tsé [339]

332 Ralph Waldo Emerson. Filósofo y escritor norteamericano. Creador del Trascendentalismo, movimiento que invitaba a pensar con individualidad.
333 Eleanor Roosevelt. Ex primera dama de los EEUU
334 Emma Godoy. Escritora mexicana
335 Johann Goethe. Genio de la literatura de origen alemán
336 Lucio Séneca. Político y filósofo romano de la antigüedad.
337 Winston Churchill. Primer ministro de Inglaterra (1874-1965), una de las figuras de más trascendencia de la historia moderna.
338 William Wallace. Héroe nacional escocés que venció al poderoso ejército inglés (1272-1305)
339 Lao Tsé. Grán filósofo chino de la antigüedad (604-531 a.C.) autor del Tao Te King.

Decisión

En un pueblo lejano, durante la revolución industrial.

Un agricultor vivía cerca de las vías del tren. Una tarde, el hombre salió a buscar a su pequeño hijo porque éste había salido a jugar y no había regresado a tiempo para cenar. Cuando el hombre llegó a las vías del tren, alcanzó a escuchar a lo lejos los gritos de su pequeño hijo:

— ¡Ayuda! ¡Ayúdenme!

Entonces vio algo que hizo que su corazón brincara:

Al niño se le había atorado un pie en las vías, de tal forma que su cuerpo quedó exactamente encima de ellas. Y el tren venía en camino. Era cuestión de un minuto para que el tren pasara exactamente por donde el niño estaba.

El padre estaba considerablemente lejos del niño, y ya no tenía tiempo para llegar hasta donde estaba el muchacho y liberarlo. El tren venía a máxima velocidad, y con tanta inercia que ya no había tiempo para hacerle alguna señal de que se detuviera. Sin embargo, el agricultor estaba sólo a unos metros de la intersección y de la palanca que con sólo moverla, cambiaría el rumbo del tren hacia otra dirección. El granjero corrió hacia la palanca para moverla y cambiar la dirección del tren.

Pero había un problema: las vías alternas no se habían terminado de instalar aún, apenas había comenzado su construcción y el tramo era muy corto todavía. Si el hombre modificaba el rumbo del tren, lo llevaría a descarrilarse . . .

Uno de los constructores de las vías, se dio cuenta de lo que estaba pasando. Cuando vio que el granjero se disponía a mover la palanca, el constructor le gritó:

— ¡Espere, podría haber pasajeros en el tren!

Al oír esto, el granjero titubeó. Se trataba de sacrificar tal vez cientos de vidas, quizás niños, a cambio de salvar una.

Entonces pensó:

— Los trenes que pasan por aquí generalmente sólo tienen cargamento de mercancías y materiales.

También escuchó a su corazón, que le dictaba:

— Mi responsabilidad como padre es cuidar de mi hijo

Con determinación, tomó con fuerza la palanca, y la movió. El curso del tren fue desviado. Cuando el maquinista se dio cuenta de esto, él y su acompañante saltaron del tren.

El hombre salvó a su hijo. Y los vagones transportaban mercancías.

———————

Muchos habrían apoyado la decisión tomada por aquel padre. Otros muchos la habrían condenado, como lo hizo el constructor de las vías, que trató de disuadirlo. ¿A quién escuchar? La decisión le correspondía a él. La opinión del constructor de las vías era equivocada. En su corazón, el hombre sintió que debía salvar la vida de su hijo amado. Esa fue su decisión.

Una decisión es increíblemente parecida a la palanca que mueve los engranes de una vía de tren para cambiar su rumbo. Un tren que originalmente se dirigía al norte, puede terminar en el sur, tan sólo por haber movido ésa palanca. Parece un acto insignificante, muy fácil y rápido, pero es suficientemente trascendente como para cambiar totalmente el destino del tren. Una decisión aparentemente sin mucha trascendencia puede cambiar el destino de tu vida. Puedes terminar en otro lugar muy alejado del aquel al que querías llegar.

Toda acción tiene consecuencias que repercuten en la eternidad. Si tú sabes a dónde te diriges, y si sabes lo que quieres, debes mover aquella palanca para que el tren de tu vida se dirija a donde tú quieres ir. Tú puedes saber cuál camino es correcto elegir: el que va a donde quieres ir.

Muchas decisiones importantes se toman con el corazón. Por ejemplo, la actividad profesional a la que te vas a dedicar. No hay mucho que pensar, el corazón sabe lo que quiere.

Ahora, hay decisiones que se toman fríamente, con la razón, como las decisiones financieras: hacer un negocio, firmar un contrato.

Si necesitas tomar una decisión en un campo que no conoces, toma sólo en cuenta los hechos. Éste tipo de decisiones deben basarse en hechos, o sea, en información real, y no en las opiniones de quienes no saben lo que hablan. No en rumores. Escucha sólo la opinión de la gente que tiene experiencia en ése campo. De gente que sabe de lo que está hablando. Tal vez ellos puedan darte algunos consejos que te ayuden para bien a tomar la mejor decisión.

Sin embargo, ten cuidado, escucha sólo la opinión de la gente sabia y que vive en carne propia las experiencias y los hechos relacionados con tu decisión. No bases tus decisiones en rumores y opiniones. Tus decisiones tienen que estar basadas en hechos. En información real y cierta.

Es común enterarse de decisiones incorrectas, basadas en suposiciones ó falta de carácter. Por ejemplo:

Pregunta: — ¿Porqué estudiaste ésa carrera, si no te gusta?
Respuesta: — Porque mi padre me presionó, él y mi abuelo se dedicaban a lo mismo

Pregunta: — ¿Porqué te casaste con ése hombre, si no te trata bien?
Respuesta: — Creí que iba a cambiar

Pregunta: — ¿Porqué compraste ésa propiedad, si la zona se estaba devaluando?
Respuesta: — Porque mi cuñado me lo aconsejó

Pregunta: — ¿Porqué compraste ése coche, si sale tan malo?
Respuesta: — Porque el vendedor me aseguró que salía muy bueno

La opinión de los sabios y los triunfadores es importante, sin embargo, no permitas que nadie que no respetes ó que no sea sabio trate de manipularte.

Quien realmente es sabio y tiene estimación por ti, no te forzará a tomar una decisión, sólo te protegerá. Recuerda: el que tiene un fuerte carácter de decisión, es dueño de sí mismo, sus dueños no son aquellos que lo convencen de pensar y de vivir como ellos quieren, sino su propio corazón.

La indecisión es peor que cometer un error
Gerald Ford[340]

La peor decisión es la indecisión
Benjamin Franklin[341]

Quedarse parado en medio de la autopista es muy peligroso, te atropella el tráfico de ambos sentidos.
Margaret Thatcher [342]

No tengas miedo de cometer errores, ya tendrás tiempo de corregirlos. Lo importante es enfrentar los hechos y tomar decisiones. Recuerda que no tomar una decisión ya es una decisión.
Angelica Berrie[343]

La falta de una decisión firme, es un enemigo que cada persona exitosa debe vencer. Las personas exitosas tienen el hábito de tomar decisiones eficientemente.
Napoleon Hill[344]

---

340 Gerald Ford. 38° presidente de los EEUU
341 Benjamin Franklin. Filósofo, político y científico estadounidense, uno de los personajes más trascendentes en la historia de los Estados Unidos de Norteamérica.
342 Margaret Thatcher. La primera y hasta ahora única mujer que ha sido Primer Ministro de Inglaterra.
343 Angelica Berrie. Director ejecutivo de Russ Berrie and Company, Inc.
344 Napoleon Hill. Escritor norteamericano que trascendió por su examen del poder del pensamiento y las creencias personales

—

Reflexiona con lentitud, pero ejecuta tus decisiones
Isócrates[345]

La calma es una fortaleza. La tranquilidad produce buenas inclinaciones que benefician los más altos intereses, hace decidir atinadamente los negocios más importantes e ilumina el talento.
Fenelón [346]

Decidir requiere de una mente clara. "Ver tu problema claramente es liberarte de él"
Ken Keyes Jr. [347]

Lo peor que puedes hacer en un trato, es parecer desesperado.
Donald Trump[348]

Si te decides sobre qué hacer con tu vida y después trabajas hacia esa meta, de alguna forma, siempre lo obtendrás.
Ronald Reagan[349]

He aprendido que siempre que tomo una decisión con el corazón abierto, generalmente tomo la decisión correcta.
Maya Angelou[350]

Tu corazón es libre, ten valor para hacerle caso
William Wallace[351]

345 Isócrates. Político y Educador de la antigua Grecia
346 Francois Fenelón. Teólogo y Poeta francés.
347 Ken Keyes Jr. Escritor estadounidense
348 Donald Trump. Magnate estadounidense que hizo una fortuna billonaria iniciando desde abajo, dos veces en su vida.
349 Ronald Reagan. Ex presidente de los EEUU de América
350 Maya Angelou. Bailarina, cantante de opera, actriz de Broadway, poetisa, productora de TV, política norteamericana y primera afroamericana en ser nominada para el premio Pulitzer.
351 William Wallace. Héroe nacional escocés que venció al ejército inglés (1272-1305)

Escucha a tu corazón y mente, que ellos te guiarán por la dirección correcta
Diane N. Bark [352]

Cuando tengamos que tomar una decisión importante, escuchemos a nuestro corazón, a nuestra sabiduría interior.
Brian Weiss[353]

Muchas veces debes depender de tu intuición
Bill Gates[354]

Pocos son los que ven con sus propios ojos y sienten con su propio corazón
Albert Einstein[355]

A donde el corazón se inclina, el pie camina
Refrán

Jamás negociemos con miedo, pero jamás temamos a negociar
John F. Kennedy[356]

La mayoría de la gente teme tomar decisiones, teme ganar. Eso le da a la gente como yo una gran ventaja.
Donald Trump [357]

---

352 Diane N. Bark. Presidente de DHB Financial Services, Inc.

353 Brian Weiss. Psiquiatra, director del hospital Mount Sinai en Miami y Autor de varios best sellers.

354 Bill Gates, fundador de la compañía Microsoft, el hombre más rico del mundo en la década de los noventas y principios del siglo 21

355 Albert Einstein. Físico alemán, una de las mentes más brillantes de la historia

356 John F. Kennedy. 35º presidente de los Estados Unidos

357 Donald Trump. Magnate estadounidense que hizo una fortuna billonaria iniciando desde abajo, dos veces en su vida.

Comienza a pensar desde el punto de vista de las verdades eternas y de los principios de la vida, y no desde los puntos de vista del miedo, la ignorancia y la superstición. No permitas que otros piensen por ti. Elije tus propios pensamientos y toma tus propias decisiones.
Joseph Murphy[358]

Es preciso saber lo que se quiere; cuando se quiere, hay que tener el valor de decirlo; y cuando se dice, es necesario tener el coraje de realizarlo.
Georges Clemenceau [359]

Quien toma una decisión no debe escuchar muchas opiniones. Las distintas opiniones afectan tu libertad de pensar.
Napoleon Hill[360]

Sólo escucha la opinión de aquellos a quienes respetas. Si hiciera caso de lo que todo el mundo dice, no seria una buena artista.
Lady Gaga [361]

Las opiniones son como los traseros, cada quien tiene la suya
Clint Eastwood[362]

Pregúntate antes si la información en que fundas tu decisión está conformada por hechos, u opiniones.
Robert Kiyosaki [363]

---

358 Joseph Murphy. Psicólogo norteamericano, autor de varios Best Sellers sobre el poder de la mente.
359 Georges Clemenceau. Físico, estadista y escritor francés
360 Napoleon Hill. Escritor norteamericano que trascendió por su examen del poder del pensamiento y las creencias personales
361 Lady Gaga (Stefani Germanota). Compositora, Cantante y Bailarina de pop estadounidense, varias veces ganadora del Grammy. En entrevista para CNN.
362 Clint Eastwood. Actor, Director y Productor de Hollywood, ganador de cinco premios Oscar.
363 Robert Kiyosaki. Empresario norteamericano, Inversionista y Experto en Educación Financiera, que se hizo millonario comenzando desde cero. Autor de best Sellers.

Hago preguntas y preguntas, y sólo hasta que empiezo a tener un buen presentimiento sobre algo, es cuando tomo una decisión.
Donald Trump[364]

Si confiamos únicamente en lo que nos digan los demás, es probable que cometamos errores graves. Nuestro corazón sabe lo que necesitamos. Los demás tienen otros intereses.
Brian Weiss [365]

Cuando tomas decisiones difíciles, nunca vas a agradar a todos
Timothy H. Ling[366]

Tomamos decisiones grandes todos los días y lo cierto es que no todos se van a volver felice al escucharlas.
Dennis M. Mullen[367]

Ignoro la llave del éxito, pero conozco la llave del fracaso: tratar de complacer a todo el mundo.
Rich Reese[368]

Si trataras de agradar a todos, tendrías que comprometerte a todo y en cualquier momento, y no lograrías nada.
Margaret Thatcher [369]

Todos tenían planes para mí, pero yo ya tenía mis propios planes
Michael Jordan[370]

364 Donald Trump. Magnate estadounidense que hizo una fortuna billonaria iniciando desde abajo, dos veces en su vida.
365 Brian Weiss. Psiquiatra, director del hospital Mount Sinai en Miami y Autor de varios best sellers.
366 Timothy H. Ling. Presidente de Union Oil of California
367 Dennis M. Mullen. Presidente de Birds Eye Food, Inc.
368 Rich Reese. Presidente de Jim Bean Brands Worldwide, Inc.
369 Margaret Thatcher. La primera y hasta ahora única mujer que ha sido Primer Ministro de Inglaterra.
370 Michael Jordan. El mejor jugador de basquetbol de la historia

Si dejas que otros tomen decisiones por ti, estás perdido
Robert Greene [371]

Lo valioso de saber decir No:

Cuando no es necesario tomar una decisión, es necesario No tomar una decisión
Lord Falkland[372]

Se necesita valor para decir No, cuando todos dicen que sí
Montaigne[373]

"No" es la mejor palabra del vocabulario de los negocios. Si no estás dispuesto a decir No a los malos acuerdos para concentrarte en mejores oportunidades nunca podrás ganar.
William T. Monahan[374]

No hagas ningún trato si no tienes la ventaja
Donald Trump[375]

Una decisión crucial en la vida:

Equivócate en lo que quieras, menos en esto: decidir profesión y matrimonio
Anónimo

---

371 Robert Greene. Editor y Escritor norteamericano, en 'Las 48 Leyes del Poder'.
372 Lucius Cary Falkland (Lord Falkland). Literario y Estadista inglés del siglo 17.
373 Montaigne. Escritor francés, creador del ensayo como estilo literario
374 William T. Monahan. Presidente de Imation Corporation
375 Donald Trump. Magnate estadounidense que hizo una fortuna billonaria iniciando desde abajo, dos veces en su vida.

Antes que te cases, mira lo que haces
Proverbio

El matrimonio es una puerta al cielo o al infierno
Hugh Prather [376]

Matrimonio sin amor termina en amor sin matrimonio
Benjamin Franklin [377]

---

376 Hugh Prather. Escritor estadounidense, autor de best sellers
377 Benjamin Franklin. Filósofo, político y científico estadounidense, uno de
     los personajes más trascendentes en la historia de los Estados Unidos de
     Norteamérica.

Pasión

Una mujer se encontraba en su casa, cuando notó a través de la ventana, una extraña luz blanca que brillaba en su jardín. Entonces salió, y sorprendida, vio a tres ángeles parados ahí. Vestían túnicas blancas como el color de su cabello.

Se quedó muda de la impresión. Uno de los ángeles le habló y le dijo:

— Hemos venido a bendecir tu hogar, si tú y tu familia así lo desean

Ella les dijo:

— Por favor, entren en mi casa

El ángel contestó:

— No podemos entrar a una casa los tres juntos

— ¿Por qué?

Preguntó ella

El ángel apuntó hacia otro de sus compañeros, y explicó:

— El es el ángel de la riqueza

Luego señaló al otro . . .

— El es el ángel del éxito

Continuó:

— Y yo soy el del amor

— Ahora ve adentro y decide con tu marido a cual de nosotros tres ustedes desean invitar a su casa.

La mujer entró en la casa y le contó a su marido lo que estaba pasando. El hombre se asomó por la ventana y se puso feliz. Y dijo:

— ¡Qué bueno! Invitemos al ángel de la riqueza. Dejemos que entre y llene nuestra casa de prosperidad.

Su esposa no estuvo de acuerdo:

— Querido, ¿Por qué no invitamos al ángel del éxito? La riqueza por sí sola no trae la satisfacción del éxito.

La hija del matrimonio estaba escuchando. Y emocionada, les dijo:

— ¿No sería mejor invitar al ángel del amor? Nuestro hogar estaría entonces lleno de amor

El esposo contestó:

— Nuestra hija tiene razón. Invitemos al ángel del amor para que sea nuestro huésped

El hombre salió y se dirigió a los tres ángeles:

— ¿Cuál de ustedes es el ángel del amor? Por favor, pase, para que sea nuestro invitado

El ángel del amor comenzó a caminar hacia la casa. Entonces, los otros dos ángeles, el del éxito y el de la riqueza, caminaron detrás de él, y también entraron en la casa.

La familia estaba sorprendida. Entonces, la esposa le dijo al ángel del amor:

— No entiendo. Creí que sólo uno de ustedes podía entrar en la casa . . .

El ángel le explicó:

— Si hubieras invitado a riqueza, o éxito, los otros dos hubiéramos permanecido afuera. Pero ya que invitaste a amor, donde sea que yo vaya, los otros dos vienen conmigo.

Para tener éxito en lo que sea, es necesario que ames lo que haces. O aún mejor: que hagas lo que amas. Esto se llama pasión. Si lo que haces te apasiona, tienes muchas más posibilidades de hacerlo bien, de ser constante y de atraer el éxito. Cuando algo te apasiona, no te pueden detener los obstáculos, porque por amor a lo que haces, siempre volverás a seguir intentando. Y lo harás porque simplemente no puedes dejar de hacerlo.

A qué dedicarte, es una de las decisiones más importantes de tu vida. El trabajo es un ingrediente básico en la receta de la felicidad, sí, pero si se trata del trabajo que te da satisfacción. Equivócate en lo que quieras, menos en esto: decidir qué quieres hacer para vivir, esto debe siempre obedecer a tú vocación y a lo que te gusta, no a cuánto vas a ganar ó si está de acuerdo con los parámetros de lo que los demás esperan de ti.

Piensa en esto: tú no vas a un restaurante y ordenas el platillo que los demás quieren que comas, sino el que te gusta a ti. Cuando compras tu ropa, no escoges la que los demás quieren que te pongas, sino la que te gusta a ti. Al final, el que la va a usar eres tú, no los demás. El mismo sentido tendría escoger un oficio ó profesión ó actividad, basándote en lo que los demás esperan de ti. Recuerda: tu misión en la vida es ser feliz. Debes hacer lo que te haga feliz.

En la navidad de 1922, nació en la ciudad de Nueva York un niño muy especial. Se llamaba Stanley. Sus padres eran inmigrantes de Rumania. Su papá era un obrero, y perdió su trabajo en la época de la gran depresión económica. Debido a su situación económica, él y su familia se vieron obligados a ir a vivir al Bronx, un barrio pobre.

Stanley era un niño amable, muy creativo, tenía una gran imaginación, un extraordinario entusiasmo y un ingenioso sentido del humor.

Su padre conseguía un trabajo temporal y luego estaba desempleado otra vez. Los padres de Stanley y su hermanito menor, Larry, vivían con el miedo constante de no poder pagar la renta. Tal vez por eso su hermano Larry siempre fue un muchacho muy tímido y con poca confianza en si mismo. Sin embargo, la madre de Stanley, Celia, amaba mucho a su pequeño hijo, y le decía siempre:

— Stan, tú eres un niño muy especial. Eres todo lo que un buen hijo podría ser. Tú puedes lograr cualquier cosa.

Celia hizo sentir al pequeño Stanley que él era capaz de cualquier hazaña.

Su papá tenía la esperanza de que el niño saliera adelante si algún día lograba ir a la Universidad. Sin embargo, el pequeño Stanley ya tenía sus propios planes. Deseaba más que todo, ser escritor. Inventar historias originales, divertidas y creativas. Esa era su pasión. Desde niño, buscaba la manera de relacionarse con el entorno de los escritores. Escribía cartas a los escritores de columnas de las revistas, y a los editores.

Cuando terminó la escuela secundaria, Stanley supo de una vacante en la editorial Timely Publications, que se dedicaba a editar revistas de cine, revistas para hombres e historias de detectives y héroes de acción. Sin pensarlo más fue por el trabajo. Y así, comenzó a los 17 años como asistente. Gracias a su creatividad y a su ingenio, muy pronto le dieron la oportunidad de escribir algunos libretos. Stanley estaba fascinado haciendo lo que más amaba, profesionalmente.

Dos años después, la compañía necesitó un editor y director de arte. Entonces, Joe Simon, el director, llamó al joven Stanley, y le preguntó:

— ¿Crees que puedas encargarte del trabajo mientras consigo un adulto para el puesto?

Stanley contestó, con su clásico entusiasmo:

— ¡Claro, puedo hacerlo!

A sus 19 años, el joven Stanley ya era el editor y director creativo de Timely Publications. Sin embargo, no estaba conforme con lo que había logrado. Su pasión era escribir. El tenía una fascinación por crear historias, era lo que más amaba. Sin embargo, había un obstáculo: no lo dejaban escribir y publicar lo que él quería. Toda su creatividad y su ingenio no encontraban en Timely Publications la forma de salir. Así que pensó en renunciar. Pero antes, pensó que sería más inteligente escribir y publicar lo que él quería, y si al director de la editorial no le gustaba, ¿qué podía pasar? ¿Que lo corrieran? De cualquier manera él iba a renunciar . . . .

En ésa época, las publicaciones y revistas de más éxito eran las de detectives como Dick Tracy y héroes como Flash Gordon y Superman. Personajes perfectos, galanes, invencibles y sin ningún problema mayor. Stanley creía que el público necesitaba personajes más humanos y sensibles. Entonces creó una historia basada en su propia familia. Una familia común de la clase obrera de Nueva York, y el personaje central era un muchacho tímido, inspirado en su hermano Larry. Sin embargo, se transformaba en él mismo, Stanley, un muchacho atrevido, simpático y capaz de cualquier hazaña.

Stanley le habló de su publicación al dueño de la editorial, Martin Goodman, diciéndole:

— Tengo un personaje que tiene muchos problemas, es un adolescente, y no es muy guapo, y con una doble identidad es un héroe que ayuda a las personas . . . .

Goodman, muy molesto, le contestó:

— ¡Por favor, nadie va a comprar la revista. No puede ser un adolescente, ni puede tener muchos problemas, los héroes no tienen problemas! Además, ¿Te has vuelto loco?, toda la gente odia a las arañas . . . ¡no lo puedes llamar el Hombre Araña!

Si. Stanley Lieber escribía bajo el seudónimo de Stan Lee, porque suena como Stanley. Él fue el creador del Hombre Araña, Los 4 Fantásticos, Hulk, Daredevil, Hombres X y los Avengers.

Timely Publications cambió su nombre a Marvel Comics, y Stan Lee la convirtió en una empresa generadora de millones de dólares al mes, hasta el día de hoy.

Marie Sophie Germain fue una niña francesa que pertenecía a una familia acomodada en la época de la revolución francesa (más o menos entre 1789 y 1799). Cuando ya era una adolescente, debido a la revolución, sus padres trataron de protegerla, manteniéndola encerrada en su casa. Su padre tenía una biblioteca muy grande y extensa y Sophie encontró entretenimiento en leer los libros de la biblioteca. Lo que más le gustaba leer era textos clásicos de matemáticas. Se dio cuenta que tenía mucho talento para las matemáticas, y le gustaban mucho, pues le encantaba resolver los problemas matemáticos como si fueran crucigramas. Sus padres le prohibieron seguir estudiando matemáticas, porque no lo consideraban apropiado para mujeres. A la mayoría de los niños de hoy les hubiera encantado tener padres así, pero a Sophie, por su talento natural para la ciencia, y su pasión por los números, no le gustó ésta prohibición. Sus padres le quitaban las lámparas para que no pudiera estudiar por las noches. Sin embargo, Sophie se las arregló para meter lámparas de contrabando a su dormitorio, se cubría con sábanas, y seguía estudiando.

En aquella época las mujeres no podían ir a la universidad. Sin embargo, el deseo de Sophie de seguir aprendiendo era tanto, que cuando tenía 19 años, fue a una de ellas, la universidad École Polytechnique, para pedir prestadas las notas de las conferencias de los profesores. A partir de ahí, comenzó a cartearse con los profesores, compartiendo con ellos sus propias notas sobre problemas matemáticos. Esto lo hacía haciéndose pasar por un hombre, firmando sus cartas como un tal "M. Le Blanc." Se carteaba con un profesor muy conocido, llamado J. Lagrange, quien quedó muy impresionado con sus cartas, y se las contestaba, enseñándole cosas nuevas. Cuando Lagrange descubrió que era mujer, dejó de ser su maestro.

Sin embargo, Sophie también mantenía correspondencia con el famoso matemático Carl Gauss, quien pensaba que sus observaciones eran muy interesantes. Cuando Gauss se enteró de que era mujer, la felicitó y le dijo cuánto la admiraba. Unos años después, Sophie presentó un trabajo suyo a la Academia Francesa de las Ciencias, pero los científicos y matemáticos de aquella época la criticaron por ser mujer. Por otro lado, no fue aceptada en la sociedad de mujeres cultivadas, por no haberse educado en las cosas que las mujeres normalmente hacían, como cocinar, bordar, servir el té, etcétera. Estas eran las cosas que sus padres, y también la sociedad, esperaban que ella hiciera.

Pero en lugar de esto, en 1816 presentó otro trabajo. Y ésta vez, ganó el primer lugar en el Premio Extraordinario de las Ciencias Matemáticas de la Academia de Ciencias de París. A partir de ahí, fue considerada como uno de los mejores matemáticos. Todo lo que siguió en la vida de Sophie, fue reconocimiento, invitaciones a ceremonias, éxito, satisfacción y progreso. El fruto de su talento y su pasión lo puedes ver hoy en día: sus trabajos son la base de las matemáticas utilizadas hoy en la construcción de rascacielos.

Si tienes un talento para algo, y eso te da satisfacción, y lo aprovechas para hacer algo útil, estarás cumpliendo con tu misión en la vida. El mejor plan de vida es el que es inspirado por aquello que te hace feliz. Haz así tu plan, tal como tú lo quieras, tal como a ti te encante y te apasione, y apégate él, con entusiasmo, con fe y con determinación. ¿Cuál es tu pasión? Sólo encontrarás la plenitud de la vida si obedeces a lo que te hace realmente feliz.

Muchos hacen lo que no les gusta porque van persiguiendo el dinero. O porque hacen lo que los demás esperan de ellos. Frecuentemente llevan vidas carentes de satisfacción. Y a veces, ni el dinero les llega como esperaban. El mayor error del ser humano es querer sacarse de la cabeza aquello que hay en el corazón. Verás:

El éxito, la satisfacción y el dinero no vienen porque se estudie tal o cual profesión. O porque se ponga tal o cual negocio. O porque te dediques a tal o cual actividad. El éxito y la satisfacción vienen cuando haces aquello para lo que tienes talento y vocación. Cuando haces lo que amas y lo haces bien. Lo que trae dinero a los bolsillos es la excelencia y la inteligencia, sin importar a qué te dediques. No te preocupes tanto por el dinero que seas capaz de hacer con tu oficio ó profesión. Si además adquieres una educación financiera, serás capaz de hacer riqueza. Existen fuentes de conocimiento para eso. El mejor sistema de educación financiera es el programa Padre Rico, de Robert Kiyosaki.

Sólo encontrarás la felicidad plena si haces lo que amas.

Esto es absolutamente necesario para lograr el éxito en grande: ten pasión. Tienes que amar lo que haces si quieres ser exitoso. Nunca serás exitoso, saludable y feliz a menos que hagas lo que amas.
Donald Trump[378]

Primero identifica qué quieres ser, y luego haz lo que tengas que hacer
Epícteto[379]

Apasiónate de tu trabajo y tu vida será más placentera
Diane N. Bark [380]

---

378 Donald Trump. Magnate estadounidense que hizo una fortuna billonaria iniciando desde abajo, dos veces en su vida.
379 Epícteto. Esclavo romano de origen griego, que se convirtió en un prominente filósofo (55-135 d.C.)
380 Diane N. Bark. Presidente de DHB Financial Services, Inc.

El talento es la semilla de la pasión, y si algo tiende a gustarte, es que eres bueno en eso
Mark Hellerstein[381]

No tengo ningún talento especial. Sólo soy apasionadamente curioso
Albert Einstein[382]

Nuestros deseos son indicios de nuestras aptitudes innatas, y nos anuncian lo que somos capaces de lograr.
Goethe[383]

Debes de tener una cabeza fría, y un corazón caliente
Confucio[384]

No hay incendio como la pasión
Buda[385]

El trabajo más productivo es el que sale de las manos de un hombre contento
Victor Pauchet [386]

He aprendido que ganarse la vida no es lo mismo que vivir una vida
Maya Angelou[387]

---

381 Mark Hellerstein. Presidente y director ejecutivo de St. Mary's Land Exploration Company
382 Albert Einstein. Físico alemán, una de las mentes más brillantes de la historia
383 Johann Goethe. Genio de la literatura de origen alemán
384 Confucio ó Kung-fu-tzu. Filósofo chino de la antigüedad, uno de los más influyentes de la historia.
385 Gauthama Sidharta ó Buda. Príncipe hindú que decidió escapar de su palacio para encontrarse a sí mismo. Fundador del Budismo.
386 Victor Pauchet. Cirujano francés, pionero de la cirujía quirúrjica.
387 Maya Angelou. Bailarina, cantante de opera, actriz de Broadway, poetisa, productora de TV, política norteamericana y primera afroamericana en ser nominada para el premio Pulitzer.

Solamente hay un éxito: poder vivir la vida a tu gusto
Christopher Morley[388]

La felicidad no consiste en esto o aquello, sino en conseguir y gozar
de lo que a cada uno le gusta
Baltasar Gracián [389]

Dedícate a ti mismo y a lo bueno que mereces y que quieres. Mereces
ser feliz, mereces estar alegre.
Mark Victor Hansen[390]

Sí, me gusta ganar, pero lo que más amo es jugar
Boris Becker[391]

Sólo juego, me divierto y disfruto el juego. Cuando sea viejo y no
pueda jugar, seguiré amando el juego.
Michael Jordan[392]

La gente rara vez trabaja en lo que cree, hacen lo que les conviene y
después se arrepienten.
Bob Dylan[393]

Nuestra misión en la tierra es descubrir nuestro propio camino. Nunca
seremos felices si vivimos un tipo de vida ideado por otra persona.
James Van Praagh[394]

He aprendido, que todos quieren vivir en la cima de la montaña...pero
toda la felicidad pasa mientras la escalas.
De la lista "Lo que he Aprendido" de Andy Rooney [395]

---

388 Christopher Morley. Periodista y poeta estadounidense
389 Baltasar Gracián. Escritor aragonés, considerado uno de los más grandes genios
     de su tiempo
390 Mark Victor Hansen. Escritor estadounidense
391 Boris Becker. Campeón mundial de tenis
392 Michael Jordan El mejor jugador de basquetbol de la historia
393 Bob Dylan. Cantante y compositor, leyenda de la música
394 James Van Praagh. Metafísico norteamericano, escritor de varios libros sobre la
     comunicación entre espíritus.
395 Andy Rooney. Exitoso escritor y humorista de radio y televisión norteamericano,

Se trata del sueño de querer hacer algo de ti. Ser apasionado. Mi pasión por la música y el arte está tan profundamente en mi sangre que podría llorar sólo hablando de ello.
Lady Gaga [396]

Prefiero ser un fracaso en algo que me gusta que un éxito en algo que odio
George Burns[397]

Escoger una actividad que te guste puede ser la diferencia entre disfrutar un día de la semana o siete.
Jean G. Leon[398]

La gente se retira de un trabajo. Yo hago lo que amo, así que no necesito retirarme
Stan Lee[399]

Jugaré futbol hasta que las piernas no me respondan
David Beckham[400]

Escoge lo que amas, ama lo que haces, y no tendrás que trabajar ni un solo día de tu vida
Jeff Mallett[401]

Haz sólo lo que amas y serás feliz. El que hace lo que ama está benditamente condenado al éxito
Facundo Cabral [402]

---

ganador de varios premios Emmy. Conocido por su show en vivo de la CBS, "A few minutes with Andy Rooney", desde 1978

396 Lady Gaga (Stefani Germanota). Compositora, Bailarina y Cantante de pop estadounidense, varias veces ganadora del Grammy. En entrevista para el programa de tv noisevox.

397 George Burns. Comediante, actor y escritor estadounidense

398 Jean G. Leon. Director ejecutivo de Kings County Hospital

399 Stanley Lieber ó Stan Lee. Editor y Director de Arte de Marvel Comics. Creador del Hombre Araña.

400 David Beckham. Futbolista inglés, considerado uno de los mejores de la historia.

401 Jeff Mallett. Creador de Yahoo.

402 Facundo Cabral. Músico argentino

Si el placer acompaña al trabajo, se olvida la fatiga
Horacio[403]

Con el poder de la convicción no hay sacrificio
Pat Benatar [404]

Lo más importante en la vida es que ames lo que haces. Porque ésa
es la única forma en que serás realmente bueno en eso.
Fred Trump [405]

Lo más importante es tener vocación. Esto nos ayuda a disfrutar lo
que hacemos y a que nos tomemos nuestras obligaciones como si
fueran vacaciones. Debemos disfrutar de lo que hacemos.
Bernabé Tierno[406]

Encuentra la felicidad en el trabajo y serás feliz
Cristóbal Colón[407]

Si el amor y el deber se encuentran, empieza el estado de gracia y se
llega a una felicidad sin límites.
William Somerset Maugham[408]

El amor por el trabajo no lo obtendrás en los negocios ni en la
universidad, es algo que tienes que sentir en tu corazón, donde todo
comienza.
Steven T. Florio[409]

---

403 Horacio. Poeta romano de la antigüedad
404 Pat Benatar. Estrella de rock y ganadora de Grammys en la década de los
ochentas
405 Fred Trump. Constructor y Padre de Donald Trump.
406 Bernabé Tierno. Especialista en Psicopedagogía y autor de libros sobre el tema
407 Cristóbal Colón. Navegante italiano, descubridor de América
408 William Somerset Maugham. El escritor mejor pagado de Inglaterra en los años
1930's
409 Steven T. Florio. Vicepresidente de la compañía norteamericana Advance Magazine
Group

Si la gente joven es capaz de elegir correctamente una profesión o negocio que les guste, seguramente tendrán éxito tanto material como intelectualmente.
Frances Gershon[410]

Da lo mejor que puedas de ti mismo sin importar el trabajo que realices
Robert B. Catell[411]

Todos tenían planes para mí, pero yo ya tenía mis propios planes
Michael Jordan[412]

Si no tienes un plan para ti, alguien te hará parte de su plan
Alex Dey[413]

El hombre que tiene un plan guía el camino
Paul R. Gudonis[414]

El que sabe lo que quiere, acaba donde quiere estar
Robert Greene [415]

Sólo hay viento favorable para quien sabe a dónde va
Séneca[416]

---

410 Frances Gershon. Fundador y director ejecutivo de U.S., Toy Company / Constructive Playthings
411 Robert B. Catell. Presidente y director ejecutivo de KeySpan Corporation
412 Michael Jordan. El mejor jugador de basquetbol de la historia
413 Alex Dey. Fundador del Dey Institute de capacitación profesional en ventas con presencia en Estados Unidos y América Latina. Siendo de origen humilde, fue nombrado miembro de la mesa redonda del millón de dólares en ventas de seguros para la empresa American Fidelity, a los 23 años.
414 Paul R. Gudonis. Presidente y director ejecutivo de Genuity, Inc.
415 Robert Greene. Editor y Escritor norteamericano, autor de 'Las 48 Leyes del Poder'.
416 Lucio Séneca. Político y filósofo romano de la antiguedad.

Sé consciente de hacia donde te diriges y los demás te seguirán
Donald Trump[417]

Quien tiene un porqué para vivir, encontrará casi siempre el cómo
Nietzche [418]

Allá afuera hay hombres con más talento nato para el golf que Jack
Nicklaus, ó mujeres con mayor habilidad que Chris Evert para el
tenis, pero nunca abanicarán un palo de golf o una raqueta y por eso
nunca descubrirán lo grandes que pudieron haber sido.
Donald Trump [419]

Todos tenemos un talento o genio único. Si la gente quiere ser rica
necesita encontrar un entorno que le permita desarrollar y aplicar su
genio.
Robert Kiyosaki [420]

No hagas nada por obligación ni por compromiso, sino por amor
Facundo Cabral [421]

---

417 Donald Trump. Magnate estadounidense que hizo su fortuna iniciando desde cero, dos veces en su vida.
418 Friedrich Nietzche. filósofo, poeta, músico y filólogo alemán, considerado uno de los pensadores modernos más influyentes del siglo XIX.
419 Donald Trump. Magnate estadounidense que hizo una fortuna billonaria iniciando desde abajo, dos veces en su vida.
420 Robert Kiyosaki. Empresario norteamericano, Inversionista y Experto en Educación Financiera, que se hizo millonario comenzando desde cero. Autor de best Sellers.
421 Facundo Cabral. Músico argentino

Determinación

En una antigua aldea japonesa, vivía un feroz samurai. Tenía un hijo muy joven, Keisuke.

El samurai estaba muy decepcionado de Keisuke porque el muchacho era muy torpe con la espada. Los otros muchachos se burlaban cruelmente de él, y lo criticaban constantemente por su torpeza y falta de habilidad para las proezas físicas.

Un día, el samurai tomó a su hijo y fue a buscar al mejor espadachín de Japón, el gran maestro Katsumoto, y le explicó el problema de Keisuke, para tratar de convencerlo de que diera unas lecciones al muchacho, con la esperanza de que aquel gran maestro tal vez aceptara hacer algo por él.

El maestro Katsumoto miró profundamente a los ojos de Keisuke, que lo conmovieron porque había una nobleza especial en su mirada, y dijo al samurai:

— Enseñaré al muchacho. Pero tendrá que vivir en mi casa, y servirme.

Katsumoto llevó a Keisuke a su casa, y lo instruyó sobre sus tareas y responsabilidades en su nuevo hogar. Keisuke preguntó:

—¿Cuándo comienza mi entrenamiento?

A lo que Katsumoto respondió:

—Comenzará cuando estés listo.

Katsumoto puso a Keisuke a hacer tareas forzadas y difíciles. Cargar, correr, etcétera.

También enseñó al muchacho a meditar. Durante sus meditaciones, lo hacía verse a sí mismo como un gran guerrero.

Un día, mientras Keisuke preparaba arroz, Katsumoto entró sigilosamente en el lugar. Caminó lenta y silenciosamente detrás de él, empuñando una espada de práctica, o sea de madera, que comúnmente se llama bokken, en las manos. Entonces, dio un fuerte golpe a Keisuke que lo dobló del dolor, e inmediatamente después de eso, el maestro desapareció rápidamente.

Cierta mañana, mientras Keisuke lavaba ropa, Katsumoto llegó inesperadamente por detrás, dándole con el bokken un fuerte golpe en una pierna. En otra ocasión, Keisuke venía de cosechar la tierra, pasaba por el jardín, cuando súbitamente Katsumoto salió de entre un matorral, acertando un duro golpe en el pecho de Keisuke, quien cayó en el piso. Así continuaron repitiéndose los ataques sorpresivos de Katsumoto, haciéndose cada vez más frecuentes.

Cierta tarde, Keisuke estaba parado en la orilla del río. En eso, sintió la presencia de Katsumoto detrás de él. Keisuke vio venir un fuerte ataque a la zona de su cintura, y lo esquivó con un repentino y ágil salto hacia atrás. Otro día, Keisuke cocinaba arroz, y volvió a sentir la presencia de Katsumoto, instintivamente, tomó un recipiente de metal que había cerca, y con él detuvo el ataque de Katsumoto. Y así siguieron por mucho tiempo.

Keisuke llegó a convertirse en el mejor espadachín de Japón. [422]

Sin importar si los demás creen que eres capaz de lograrlo o no, sin importar las críticas, se puede aprender y progresar, con los métodos adecuados, con carácter, con seguridad, y creyendo en ti mismo.

La fortaleza y la determinación pueden convertir al débil en fuerte, a pesar de la opinión de los llamados expertos.

422 Inspirado en una fábula de la filosofía Zen. Adaptado por el autor

Esto es verdad. Y ha sido demostrado por muchos grandes. ¿Qué te parece esto?:

+ Uno de los maestros del niño Albert Einstein, decía que el muchacho no tenía cualidades para hacer cálculos matemáticos y que no era apto para las ciencias.

+ Un maestro de administración de la universidad de Yale, calificó con una C al estudiante Fred Smith, después de revisar su proyecto, en el que propuso un sistema de mensajería privada, que no existía en aquélla época. El maestro le dijo que el concepto era interesante, pero para obtener algo mejor que una C, su idea tenía que ser "factible" Fred Smith fue más tarde el fundador de Federal Express Corporation, la compañía pionera en servicios de mensajería.

+ Cuando la compañía de discos Decca terminó de escuchar en una audición a cuatro jóvenes músicos que comenzaban su carrera y buscaban una oportunidad, su dictamen fue: "no nos gusta como suenan y la música de guitarra ya está pasando de moda." Esos cuatro muchachos eran Los Beatles.

+ Un joven estudiante de secundaria del colegio Lanely, en Carolina del Norte, fue rechazado para jugar en el equipo de basketball, porque estaba "verde, y corto de estatura." Aquel joven era Michael Jordan, quien a raíz de éste rechazo entrenó tan duro que se convirtió en el mejor jugador de basketball de todos los tiempos.

+ Un pequeñito y flaquito niño de China, del que se burlaban porque tenía una pierna más corta que la otra, y al que rechazaban por ser rebelde e indisciplinado, llegó a ganar la reputación del más grande artista marcial. Ése niño era Bruce Lee.

+ Stan Lee, un joven editor neoyorquino, fue regañado por su jefe por "haberse vuelto loco" al crear a un héroe adolescente con problemas llamado "el hombre araña."

+ En una ocasión, Charles Chaplin participó de forma anónima en un concurso de imitadores de Charles Chaplin, y cuando los jueces dieron el resultado, no lo ganó. Y así demostró que los jueces a veces no saben lo que dicen.

+ Cuando el brillante científico Galileo Galilei inventó el telescopio, y con él descubrió que los planetas giran alrededor del sol, fue llevado al tribunal de la inquisición y se le dijo que eso era una blasfemia que contradecía a todos los sabios y eclesiásticos. Años después, con el avance de la ciencia, se demostró que los "sabios y eclesiásticos" estaban equivocados.

En la universidad de Harvard se hizo un experimento muy interesante en 1996. Los profesores Robert Rosenthal y Leonore Jacobson tuvieron ésta idea: a varios profesores se les dijo que a ciertos estudiantes de sus clases se les habían hecho pruebas, y resultó que eran genios. Claro que no era verdad. Sin embargo, en la mayoría de los casos, éstos muchachos recibieron calificaciones muy altas. Lo que el experimento demostró es que la percepción que tenga una "autoridad" de la inteligencia de alguien, influye mucho en cómo lo califica.

Rick Hoyt fue un niño norteamericano de Massachusetts, que nació con varias discapacidades que no le permitían caminar ni hablar. Los médicos decían que el muchacho llevaría una vida vegetativa. Sin embargo, el pequeño Rick fue entrenado por su padre en deportes aeróbicos de alto rendimiento. Años después, Rick y su padre Dick formaron el equipo llamado "Team Hoyt," de atletismo. Ellos compitieron en 66 maratones, 229 triatlones, 6 iron mans, y otras competencias deportivas. Rick acompañaba a su padre Dick en todas estas competencias en una silla de ruedas, o en un bote cuando nadaban o en un asiento especial en una bicicleta. Años después, un grupo de ingenieros de la universidad de Tufts logró desarrollar una computadora que le permitió a Rick comunicarse mediante movimientos de su cabeza. Rick logró graduarse de la Boston University y trabajar más tarde en Boston College.

El gran amor que éste extraordinario papá tenía por su hijo, convirtió a Rick en un triunfador, cuando todos los doctores aseguraron que el muchacho sería casi un vegetal. ¿Cómo lo logró? ¿Y cómo lograron todos los grandes hombres que fueron subestimados por los "críticos y expertos", convertirse en triunfadores?

Éste es el secreto:

La determinación para lograr las hazañas que te propongas, y la confianza en ti mismo, tienen un gran poder.

Déjame explicarte porqué:

La ciencia ha descubierto que el cerebro humano tiene dos hemisferios: el derecho y el izquierdo. Algunas personas tienen más desarrollado el derecho, otras, el izquierdo. El hemisferio izquierdo es el que usas para leer y escribir, es la parte lógica de tu cerebro. Las personas que tienen más desarrollado el hemisferio izquierdo, pueden ser buenos escritores, científicos, abogados, contadores o maestros. El hemisferio derecho tiene que ver con el arte, la música, la creatividad y la imaginación. Los que tienen más desarrollado éste hemisferio, son buenos como arquitectos, diseñadores ó músicos.

Nadie tiene totalmente desarrollado ninguno de los dos lados, y nadie tiene totalmente dormido ninguno de los dos lados.

En su libro *Frames Of Mind, The Theory Of Multiple Intelligences* (Estructuras de la Mente, La Teoría de las Inteligencias Múltiples), el doctor Howard Gardner dice que hay siete inteligencias:

Lingüística
Lógica-matemática
Musical
Corporal-quinestésica
Espacial
Interpersonal
Intrapersonal

Algunas personas tienen más desarrolladas algunas de estas inteligencias. Por eso son naturalmente talentosos para algo. Por ejemplo, la inteligencia interpersonal nos permite entender a los demás. Los que tienen más desarrollada ésta inteligencia son buenos líderes, maestros, políticos, locutores y vendedores. Los que tienen inteligencia intrapersonal, pueden controlar sus emociones y su conducta. Son disciplinados y conservan la compostura ante situaciones difíciles. Estos son buenos policías, militares, negociantes, rescatistas ó cirujanos.

Es por eso que alguien que sacaba excelentes calificaciones como estudiante a veces no es bueno para los negocios. O alguien que tenía pésimas notas en la escuela, resulta un genio para los negocios. Alguien que es extremadamente hábil para el futbol podría no tener facilidad para aprender a tocar guitarra, y alguien que tiene un gran talento musical puede no ser muy bueno para las ciencias.

Algunos seres humanos tienen una inteligencia integral. Esto significa que tienen talento para todo. Son buenos para los deportes, para la música, las matemáticas, para aprender idiomas, para los negocios . . .

Ahora, un secreto:

—

Asistí a un show de hipnosis cuando era joven. Una persona del público fue invitada a pasar adelante. Yo la conocía bien, así que sé que no se trataba de una actriz. Ya en estado hipnótico, el hipnotizador le dijo que ella era dura como una viga de metal. Entonces, los asistentes la cargaron, y colocaron su cabeza en la orilla del respaldo de una silla, y sus pies en la orilla de otra silla. Aquella escena era increíble. Su cuerpo estaba realmente duro como el acero. Incluso un asistente se sentó en su abdomen. Ella seguía inerte. Parecía ser mucho más fuerte aún que el peso de aquel asistente. Yo no podía creer lo que mis ojos estaban viendo. Lo había visto en la televisión pero nunca en vivo y en directo y con una persona que yo conocía bien. ¿Cómo logró tanta fuerza y concentración? La respuesta es: su mente subconsciente creía que su cuerpo era de acero. El subconsciente hizo el trabajo.

El descubrimiento más interesante que la ciencia ha hecho sobre la mente es la existencia del subconsciente. La mente subconsciente es mucho más grande que los dos hemisferios.

En la película "Demolition Man", un peligroso delincuente es sometido a un experimento con su mente. Su subconsciente es programado para hacer algunas cosas, y no hacer otras. Cuando el tipo intenta disparar su arma contra el gobernador de la ciudad, no puede jalar el gatillo. Lo intenta, pero no puede hacerlo. Más tarde descubre que su subconsciente fue programado para no lastimar al gobernador.

El subconsciente no piensa, pero tiene el poder de dirigir tus acciones, y tu vida.

El subconsciente no se guía por la razón, sino por emociones. Lo que hay en tu mente subconsciente es lo que define tu vida. Por ejemplo, si tu subconsciente cree que no puedes aprender a hablar alemán, no lo harás. Conscientemente tú sabes que sí es posible, y tal vez conscientemente desees hacerlo. Sin embargo, si de alguna manera llegó al subconsciente la idea de que no es posible, no lo harás. ¿Te imaginas un gran poder en manos de alguien que no piensa? ¿Peligroso, no? Es como un tanque de guerra desbocado y disparando, sin nadie al volante. Sin embargo, puedes hacer que tu subconsciente trabaje a tu favor. Y éste es el poder de la fe en ti mismo.

La historia de Keisuke está basada en una antigua leyenda de la filosofía zen. El muchacho no tenía habilidad atlética de manera natural. O sea, él no tenía muy desarrollada la inteligencia corporal-quinestésica. Los demás creían que era torpe, y se burlaban de él. El dolor de ésta experiencia, la emoción de tristeza, hizo que la idea llegara a su mente subconsciente con mucha fuerza. Y el subconsciente se guía por emociones. La verdad es que el muchacho tenía más desarrolladas otro tipo de inteligencias, igual que cualquier ser humano. Lo que hizo Katsumoto, que era un gran maestro, con Keisuke, fue cambiar su mente subconsciente. Esto lo logró con las meditaciones y con los ataques repentinos. La experiencia vívida de ser atacado repentinamente, y el dolor físico que esto le provocaba, modificaron a su mente subconsciente. El subconsciente no piensa. No entiende razones. Se guía por emociones y experiencias vividas con anterioridad. Su subconsciente sabía que en cualquier momento vendría un ataque, una amenaza, que le provocaría dolor. Y así, lo mantenía alerta. Su mente subconsciente fue modificada. Ahora su subconsciente sabía que tenía que ser hábil para evitar los ataques. El necesitaba una experiencia aún más significativa y traumática que las burlas de los otros jóvenes y el rechazo de su padre. Una experiencia usada en forma positiva. Y así, lo ayudaba a sacar la gran fuerza, rapidez y precisión para defenderse y reaccionar.

¿Mozart ó Beethoven?

Mozart y Beethoven son considerados por muchos, como los dos más grandes genios de la música clásica. Sin embargo, entre ellos dos había una notable diferencia: Mozart nació con un extraordinario talento natural. Esto lo demostró desde muy niño, para sorpresa de su padre. El hombre tal vez nunca imaginó que tendría un hijo prodigio. Por su lado, Beethoven era un niño normal, sin embargo, provenía de una familia de músicos. Su padre, su tío y su abuelo fueron músicos. Su padre lo hacía estudiar, practicar y esforzarse arduamente para ser un gran músico. Desde su niñez, la mente de Beethoven fue programada para eso. Y se convirtió en un genio de la música. El gran Beethoven es un modelo de grandeza lograda a base de principios correctos. El era un hombre sabio. Llegó a ser grande porque sus pensamientos eran grandes. Tenía una mentalidad muy elevada. Un espíritu muy evolucionado. Sus frases célebres lo demuestran.

¿Entiendes? En el mundo hay dos tipos de personas que triunfan: los "Mozarts", que nacen con un talento natural, y los "Beethovens", que tienen la determinación de ser grandes. A veces, la constancia y la determinación pueden ser tan valiosas como el talento.

Por lo tanto, ¿qué debes hacer? Cierra tu mente a las críticas, y a las opiniones negativas, como si cerraras las ventanas en invierno para que no entre aire frío. Debes hacer como en la fábula siguiente:

Había un joven sapito que vivía en un estanque con otros sapos. Cerca de ahí había un riachuelo que separaba su hogar de un bosque tropical grande y bonito, con muchos lagos. El sapito veía hacia el otro lado del río, y con mucho entusiasmo, pensaba que sería muy bueno ir hacia aquel lugar. Un día, se decidió a cruzar el río. Y ahí estaba, parado en la orilla, decidido a cruzar. Los otros sapos se dieron cuenta de la intención del sapito, y entonces, comenzaron a murmurar entre ellos:

— Pero ¿qué es lo que está pensando éste pequeño? ¿Acaso cree que puede cruzar el río sin ahogarse?

Entonces, comenzaron a gritarle al intrépido pequeño:

— ¡Espera, no lo hagas, es muy peligroso!

Sin embargo, el sapito saltó hacia una roca del río.

Al ver esto, los otros sapos se exaltaron, y continuaron gritándole, aún con más fuerza:

— ¡No seas tonto, eres muy pequeño, si sigues intentando, te vas a ahogar!

Y el sapito dio otro salto. Ésta vez aterrizó en una gran hoja que flotaba en el río.

En ése momento los sapos se exaltaron aún más. Aquella situación no podía seguir así. Siguieron gritándole que regresara. Entonces, uno de los sapos dijo:

— Iré a avisarle a la mamá del pequeño lo que está sucediendo. Tal vez a ella sí la escuche.

Y el sapito seguía saltando hacia su destino. Ya casi llegaba al otro lado. Estaba parado en un tronco, listo para dar el último salto. Al ver ésta escena, los sapos miedosos ya estaban a punto de un paro cardiaco. Y le gritaban:

— ¡No lo hagas! ¡No puedes lograrlo, regresa! ¡Es muy peligroso!

El sapito dobló las ancas, y saltó con todas sus fuerzas. ¡Y aterrizó en la otra orilla! Tal como él lo sospechaba, era un bosque muy bonito.

Los sapos del otro lado, lo veían con la boca abierta y los ojos saltones. Lo había logrado. En eso, la mamá del sapito llegó muy apurada a ver qué estaba sucediendo. Los otros sapos, muy nerviosos, le explicaron:

— ¡Tratamos de disuadirlo, pero no nos escuchó!

La mamá sapa contestó:

— ¡Pues claro que no los escuchó! ¡Es sordo!

Debes tener oídos sordos a los intentos de los demás de disuadirte de triunfar. Tratarán de desanimarte, te darán sus mejores motivos de porqué no debes atreverte a luchar por una meta mayor. Y sin embargo, lo harán por miedo, incluso por envidia. Más, si tú sigues siempre los principios correctos, el éxito llegará.

Debes repetirle a tu mente constantemente que tú eres grande. Tú eres inteligente. Tú eres bueno para aquello que amas. Tú tienes un potencial enorme. Mantén éstos pensamientos en tu mente durante el día, y por la noche, cuando estés en tu cama listo para dormir. Repítelos con pasión en tu mente, para que se vayan a tu subconsciente. Y él hará el trabajo. El poder de la mente es grande. Úsalo a tu favor.

Eso, es lo que logra la determinación y la seguridad en ti mismo. Siempre debes ser seguro de ti mismo y de tu potencial.

Robert Kiyosaki, el millonario inversionista y empresario norteamericano, que fue pobre de joven, en su libro *"Incrementa tu IQ financiero"*, confiesa que él fue un niño torpe y regordete, sin popularidad, y malo para los estudios. Sacaba malas notas. Cuando él decidió convencerse a sí mismo de que podía ser delgado, inteligente, triunfador, carismático e incluso rico, lo que pasó con él fue una transformación. Se convirtió realmente en todas esas cosas.

Recuerda esto siempre:

Pensamientos positivos atraen cosas positivas. Tu mente es capaz de lograr cualquier cosa.

Y aún más. Este es el secreto mayor. Así que lee con atención:

Las investigaciones más recientes de la psicología están revelando que existe una inteligencia superior a la mental. Aún más poderosa. Es la inteligencia espiritual. Los principios de la Mano Maestra están relacionados a la inteligencia espiritual. Léelos con atención.

Sin importar lo que los demás opinen, aún si son expertos en el tema o autoridades respetadas, tú puedes alcanzar la grandeza. No importa qué tan bueno seas, sino qué tan bueno quieras ser.

Le hago más caso a mi conciencia que a todos los juicios que los hombres hagan por mí
Marco Tulio Cicerón[423]

La confianza en sí mismo es el primer secreto del éxito
Ralph Waldo Emerson[424]

La confianza en ti mismo que nace de saberte capaz de repetir el éxito te da una tremenda fuerza mental.
Bradley S. Jacobs[425]

Toda mi vida la gente me dijo que no iba a lograrlo.
Ted Turner, fundador de la cadena de televisión CNN

Yo recibo un millón de 'nos' y sigo adelante, porque para triunfar se necesita solamente un 'si'
Diane Bennett [426]

---

423 Marco Tulio Cicerón. Político romano 106-43 a.C.
424 Ralph Waldo Emerson. Filósofo y escritor norteamericano. Creador del Trascendentalismo, movimiento que invitaba a pensar con individualidad.
425 Bradley S. Jacobs. Presidente de la compañía norteamericana United Rentals
426 Diane Bennett. Escritora y Empresaria estadounidense.

Si una persona es perseverante, aunque sea débil, se transformará en fuerte
Leonardo Da Vinci[427]

El que cree en sí mismo, no necesita que los demás crean en él
Miguel de Unamuno[428]

Sólo valora la opinión de aquellos que respetas, y de aquellos que no respetes, no hagas caso de su opinión de ti, o de cualquier otra cosa.
Lady Gaga [429]

Podéis recorrer el mundo entero y no encontraréis una estatua a la memoria de un crítico
Jean Sibelius[430]

No tomo en serio a los críticos. En mi opinión sólo escriben para impresionar. Si los críticos se convirtieran en desarrolladores, serían un gran fracaso.
Donald Trump[431]

Casi siempre la palabra burla significa pobreza de espíritu
Jean de La Bruyere[432]

Si los que hablan mal de mi supieran lo que yo pienso de ellos, hablarían peor
Sacha Guitry[433]

---

427 Leonardo Da Vinci. Uno de los más grandes genios de la historia. Pintor, arquitecto, músico, científico, matemático, ingeniero, inventor y escritor.
428 Miguel de Unamuno. Escritor español
429 Lady Gaga (Stefani Germanota). Compositora, Cantante y Bailarina de pop estadounidense, varias veces ganadora del Grammy. En entrevista para CNN.
430 Jean Sibelius. Compositor clásico.
431 Donald Trump. Magnate estadounidense que hizo una fortuna billonaria iniciando desde abajo, dos veces en su vida.
432 Jean de La Bruyere. Escritor francés, su obra es de las más reconocidas del siglo 17
433 Sacha Guitry. Director, escritor y actor de cine

Si mis críticos me vieran caminando sobre el río Támesis dirían que es porque no sé nadar
Margaret Thatcher [434]

El amor mira a través de un telescopio, y la envidia a través de un microscopio
Josh Billings[435]

Yo soy más importante que mis problemas
José Ferrer[436]

Busca rosas en diciembre o hielo en junio, espera encontrar constancia en el viento o grano en la paja, cree en cualquier cosa, pero no te fíes de los críticos.
Lord Byron[437]

La humanidad progresa, hoy solamente queman mis libros, hace trescientos años, me hubieran quemado a mí.
Sigmund Freud[438]

Los espíritus brillantes siempre se han encontrado con la violenta oposición de la crítica de los mediocres.
Albert Einstein[439]

Cuando aparece un gran genio en el mundo, se puede reconocer por ésta señal: todos los mentecatos se confabulan contra él.
Jonathan Swift[440]

---

434 Margaret Thatcher. La primera y hasta ahora única mujer que ha sido Primer Ministro de Inglaterra.
435 Josh Billings. El humorista y escritor más famoso de los Estados Unidos del siglo 19, después de Mark Twain.
436 José Ferrer. Primer actor y director puertorriqueño en ganar el premio Oscar.
437 Lord Byron. Poeta inglés y figura central del romanticismo.
438 Sigmund Freud. Padre de la psiquiatría y el psicoanálisis, uno de los personajes más destacados de la historia
439 Albert Einstein. Físico alemán, una de las mentes más brillantes de la historia
440 Jonathan Swift. Escritor Irlandés.

El genio en su país es como el oro en la mina
Benjamin Franklin[441]

A los hombres fuertes les pasa lo que a los papalotes, se elevan cuando
mayor es el viento que se opone a su ascenso.
José Ingenieros[442]

Cuanto más se eleva un hombre, más pequeño les parece a los que
no saben volar
Nietzche[443]

¡Nos ladran, Sancho!, señal de que avanzamos
Miguel de Cervantes [444]

El subconsciente puede ser tu peor enemigo o tu mejor amigo. Para
cambiar tu vida, cambia tu entorno.
Robert Kiyosaki [445]

Cuando nuestra intuición, nuestros sentimientos más viscerales y
nuestro espíritu saben algo más allá de cualquier duda, no debemos
permitir que las razones de los demás, construidas sobre sus propios
miedos, nos influyan. Sean o no buenas sus intenciones, pueden
llevarnos por el mal camino y alejarnos del camino de la felicidad.
Brian Weiss[446]

---

441 Benjamin Franklin. Filósofo, político y científico estadounidense, uno de
los personajes más trascendentes en la historia de los Estados Unidos de
Norteamérica.
442 José Ingenieros. Físico, Filósofo y Escritor argentino. Creador del Instituto de
Criminología y de la Sociedad Psicológica Argentina.
443 Friedrich Nietzche. filósofo, poeta, músico y filólogo alemán, considerado uno de
los pensadores modernos más influyentes del siglo XIX.
444 Miguel de Cervantes Saavedra. Autor de El Quijote, una de las grandes obras
maestras de la literatura
445 Robert Kiyosaki. Empresario norteamericano, Inversionista y Experto en Educación
Financiera, que se hizo millonario comenzando desde cero. Autor de best Sellers.
446 Brian Weiss. Psiquiatra, director del hospital Mount Sinai en Miami y Autor de
varios best sellers.

El gran secreto de los hombres célebres de todas las épocas, fue su habilidad para entrar en contacto con los poderes de su mente subconsciente, liberándolos. Tú puedes hacer lo mismo que ellos hicieron, con fe, tenacidad, convencido de tus firmes propósitos.
Joseph Murphy[447]

Me apoderaré del destino, agarrándolo por el cuello
Beethoven[448]

---

447 Joseph Murphy. Psicólogo norteamericano, autor de varios Best Sellers sobre el poder de la mente.
448 LudwigVan Beethoven. Genio de la música, considerado uno de los más grandes músicos de la historia

INTEGRIDAD

Año 250 a.C. En la antigua China

Un príncipe de la región norte del país estaba por ser coronado emperador, pero de acuerdo con la ley, para ello, él debía casarse. Entonces, el príncipe decidió hacer una competencia entre las muchachas de la corte para ver quién sería digna de su propuesta. Al día siguiente, el príncipe anunció que recibiría en una celebración especial a todas las pretendientes y lanzaría un desafío.

Una anciana que servía en el palacio hacía muchos años, escuchó los comentarios sobre los preparativos. Sintió una leve tristeza porque sabía que su joven hija, tenía un sentimiento profundo de amor por el príncipe. Al llegar a la casa y contar los hechos a la joven, se asombró al saber que ella quería ir a la celebración. Sin poder creerlo le preguntó:

— ¿Hija mía, pero qué vas a hacer allá? Todas las muchachas más bellas y ricas de la corte estarán allí. Sé que estás muy emocionada, pero no permitas que ésa emoción te haga perder la cordura.

Y la hija respondió:

— No, querida madre, no estoy perdiendo la cordura. Pero es mi oportunidad de estar por lo menos por algunos momentos cerca del príncipe. Eso me hará feliz.

Por la noche la joven llegó al palacio. Allí estaban todas las muchachas más hermosas, vistiendo también las ropas más bellas, y usando las joyas más preciosas. Y con las más determinadas intenciones.

Entonces el príncipe anunció el desafío:

— Daré a cada una de ustedes una semilla. Aquella que me traiga la flor más bella dentro de seis meses será elegida por mí, para ser mi esposa y futura emperatriz de China.

La propuesta del príncipe seguía las tradiciones de aquel pueblo, que valoraba mucho la especialidad de cultivar algo: flores, arroz, etcétera. Aquella era una población en la que se dominaba el arte de la floricultura en especial, por lo que la competencia sería muy reñida.

Sin embargo, la muchacha no tenía habilidad en las artes de la jardinería, así que se esforzó mucho por cuidar con mucha paciencia y ternura de su semilla, pues sabía que si la belleza de la flor surgía como su amor, no tendría que preocuparse con el resultado.

Pasaron tres meses y nada brotó. La joven intentó todos los métodos que investigó, pero nada había nacido. Día tras día veía más lejos su sueño. Por fin, pasaron los seis meses y nada había brotado. Entonces, consciente de su esfuerzo y dedicación, la muchacha le comunicó a su madre que sin importar las circunstancias, ella regresaría al palacio en la fecha y hora acordadas, sólo para estar cerca del príncipe por unos momentos.

En la hora señalada estaba allí, sin su vaso. Ella sólo quería estar cerca del príncipe por última vez. Todas las otras pretendientes tenían una flor, cada una más bella que la otra, de las más variadas formas y colores. Ella estaba admirada. Nunca había visto una escena tan bella. Se sentía tan apenada, que tomó el último lugar en la fila. Ella sabía que iba a ser muy penoso tener que dar una explicación. Estaba a punto de salir de ahí y regresar a su casa, cuando el príncipe llegó al lugar.

Finalmente, llegó el momento esperado y el príncipe observó a cada una de las pretendientes, que le sonreían amablemente; y también observaba sus respectivas flores. Pasó caminando delante de cada una, observando sus vasos, y luego miraba a los ojos a cada chica.

Cuando llegó hasta el lugar en donde estaba la joven, vio extrañado que no tenía su vaso. Entonces dirigió su mirada de extrañeza hacia los ojos de la joven, que se sentía apenada. El príncipe le preguntó:

— Dime, ¿Por qué no has cultivado una flor?

Ella, muy apenada, le respondió:

— Me esforcé por cultivar y cuidar la semilla, pero por más que traté, la flor no brotó.

Entonces el príncipe anunció su resultado:

— Esta es la mujer con la que me casaré.

Si. Su futura esposa sería aquella bella joven sin el vaso.

La muchacha no podía creer lo que escuchó. Y todos los presentes comenzaron a murmurar. Nadie entendía por qué él había escogido justamente a aquella que no había cultivado nada.

Entonces, con calma, el príncipe explicó:

— Esta fue la única joven que cultivó la flor que la hizo digna de convertirse en emperatriz: la flor de la honestidad. Todas las semillas que entregué eran estériles. [449]

Una de las naciones más prósperas y admirables desde hace aproximadamente cinco mil años, es Japón.

El imperio japonés de la época del feudalismo tenía unos extraordinarios guardianes, unos guerreros invencibles y temidos, con un estilo de vida y un código de honor y valores tan altos y honrosos, que llegaron a ser considerados casi dioses: eran los samurai. Las tradiciones de los samurai y su admirable e inquebrantable código de honor llegaron a influir profundamente en la cultura japonesa, al grado de que su espíritu sobrevive todavía en el corazón de Japón.

Para los samurai, el honor estaba por encima de la vida y la muerte. El samurai daría su vida antes que faltar a su código de honor, al que llamaban: Bushido.

---

449 Basado en un antiguo cuento chino

Este código era sagrado. Inquebrantable. Tenía los más altos valores: valentía, lealtad, amistad, el amor por la familia, el amor por el país y el amor por la naturaleza. Los samurai tenían un profundo respeto por la justicia y la rectitud. Debían ser amables, rectos, honorables, dignos de confianza y capaces de dominar sus impulsos. Y en momentos difíciles, eran feroces, imperturbables y valientes. Tenían una gran disciplina. Se esforzaban por ser cada vez mejores en todo lo que hacían, como guerreros y también como defensores de su pueblo y de la justicia.

Uno de éstos formidables guerreros daría primero su vida antes que faltar a su código de honor, antes de hacer algo que no fuera bueno para su país, ó para los miembros honorables de su pueblo, sus amigos, su familia, e incluso, para la naturaleza. Así de grandes eran. Ellos creían que el hombre debía cuidar de la tierra y no la tierra al hombre. Aunque buscaban el orden, la perfección y la belleza en todas sus actividades, construir sus casas, fabricar su ropa, sembrar su grano, preparar sus alimentos; también les importaba la riqueza espiritual. Nunca se quejaban y siempre mostraban una conducta prudente y compostura mental. Su conducta debía ser la de un príncipe. Estos principios dieron al Japón su grandeza.

En éste código sagrado, había un valor muy especial. Uno de gran importancia para el samurai:

La honestidad

Un samurai siempre decía la verdad. Los samurai eran bien conocidos por ser seres confiables en todo trato con ellos. La palabra de un samurai era suficiente, no se requería sellar ningún contrato. Tratar de corromper a un samurai era una gran ofensa. Los samurai no toleraban lo que no fuera recto, y terminaban con ello. Era como cortar la yerba mala de tajo.

Cuando Japón se abrió al comercio con países occidentales, terminó el feudalismo. La influencia de la tecnología militar de Estados Unidos y la voluntad del imperio de terminar con las guerras, abolió el modo de vida del samurai en 1870.

Si hoy todos los seres humanos tuvieran la integridad del samurai, el mundo sería un lugar mucho más próspero, verde y puro.

Ser honesto es la técnica que mejor funciona. De inmediato y de frente, dile a la gente lo que quieres lograr y lo que estás dispuesto a hacer para lograrlo.
Lee Iacocca[450]

Siempre es el momento apropiado para hacer lo que es correcto
Martin Luther King[451]

El más envidiable de todos los títulos es el carácter de un hombre honrado
George Washington[452]

Intenta no volverte un hombre de éxito, sino un hombre de valor
Albert Einstein[453]

Trata lo más posible con personas buenas y honradas. Si lo haces, no necesitas hacer contratos; y si negocias con personas malas ningún contrato te protegerá.
Adam M. Aron[454]

Los negocios son asuntos de confianza. Si quieres estar dentro del juego por mucho tiempo, lo que la gente piensa y dice de ti importa mucho, cuando la gente invierte dinero contigo está tomando un riesgo y quiere estar segura que eres confiable.
Bradley S. Jacobs[455]

---

450 Lee Iacocca. Director y salvador de la quiebra, de Chrysler en la década de los ochentas
451 Martin Luther King.Líder y político estadounidense, defensor de los derechos de los afroamericanos
452 George Washington. Comandante de guerra y primer presidente de Estados Unidos
453 Albert Einstein. Físico alemán, una de las mentes más brillantes de la historia
454 Adam M. Aron. Presidente y director ejecutivo de Vail Resorts Inc.
455 Bradley S. Jacobs. Presidente y director ejecutivo de United Rentals, Inc.

Cualquier relación buena se funda en la confianza
Henry R. Silverman[456]

Haz negocios sólo con gente buena. Sé una de ésas personas buenas
y la gente hará negocios contigo.
Thomas F. Darden[457]

Es más probable hacer negocios con alguien que sabe que puede
confiar en ti
Bradley S. Jacobs [458]

Mientras que los demás digan cosas buenas de ti, todo lo demás se
solucionará naturalmente
Peter G. Riguardi[459]

Una evidente falta de integridad es la sentencia de muerte en los
negocios
Thomas M. Joyce[460]

Quisiera trabajar con aquellos que siguen un código de honor
comercial, una absoluta honestidad en todos los tratos que realizan.
John C. Brown[461]

Cualquier cosa que hagas, hazla con integridad.
Marilyn Carlson Nelson[462]

456 Henry R. Silverman. Presidente de Cendant Corporation
457 Thomas F. Darden. Presidente de Quicksilver Resources
458 Bradley S. Jacobs. Presidente y director ejecutivo de United Rentals, Inc.
459 Peter G. Riguardi. Presidente de Jones Lang Lasalle de Nueva York
460 Thomas M. Joyce. Presidente y director ejecutivo de Knight Trading Group
461 John C. Brown. Presidente de Alex Brown and Sons, más tarde conocido como
     Bankers Trust, el banco de inversiones independientes más antiguo de los Estados
     Unidos.
462 Marilyn Carlson Nelson. Presidente de Carlson Companies

Todas las experiencias que he tenido me han hecho ver la necesidad de rodearme de personas que posean una integridad a toda prueba.
John H. Myers[463]

Tienes que ser honesto o nunca lograras nada
Del Smith[464]

La integridad no es una palabra condicionada. No sopla en el viento ni cambia con el clima. Es la misma imagen interior de ti mismo, y si miras y ves a un hombre que no defrauda, entonces sabes que nunca lo hará.
John D. MacDonald[465]

La grandeza de un hombre está en su fuerza moral
John F. Kennedy[466]

La conciencia del hombre recto se ríe de los engaños de la fama
Ovidio [467]

Con estos tres pasos llegarás más cerca de los dioses: Primero: **habla con la verdad**. Segundo: no te dejes dominar por el enojo. Tercero: da, aunque tengas poco que dar.
Buda[468]

463 John H. Myers. Presidente de General Electric Asset Management Incorporated
464 Del Smith. Fundador de Evergreen International Aviation, Inc.
465 John D. MacDonald. Escritor estadounidense, ganador del American Book Award en 1980.
466 John F. Kennedy. 35º presidente de los Estados Unidos
467 Ovidio. Antiguo poeta romano, famoso por la obra "Metamorfosis".
468 Siddarta Gauthama. Príncipe hindú que escapó de su palacio para encontrarse a sí mismo. Creador del budismo. Considerado uno de los hombres más sabios e iluminados de la historia.

Siempre he actuado según el principio de que es preferible perder dinero que la confianza. Siempre le di más prioridad a la integridad de mis promesas, la fe en el valor de mis productos y mi palabra de honor que a una ganancia transitoria.
Robert Bosch [469]

No ocultar nunca la verdad, ni aún ante el trono divino
Beethoven[470]

Sé honesto, y habrá en el mundo un pícaro menos
Tomas Karlyle[471]

La honradez reconocida es el más seguro de los juramentos
Benjamin Franklin[472]

Ser honrado equivale a ser un hombre escogido entre diez mil
William Shakespeare [473]

Sé honesto y haz lo correcto en lugar de ceder a lo que los demás creen que debes hacer. Así, de muy distintas e inesperadas maneras, aparecerán naturalmente cosas buenas.
Robert J. Birnbach[474]

Los hombres honrados no temen ni a la luz ni a la oscuridad
Thomas Fuller [475]

---

[469] Robert Bosch. Fundador de Bosch, una de las compañías de tecnología más importantes de la actualidad.
[470] LudwigVan Beethoven. Genio de la música, considerado uno de los más grandes músicos de la historia
[471] Tomas Karlyle. Escritor escocés de gran influencia en Europa
[472] Benjamin Franklin. Filósofo, político y científico estadounidense, uno de los personajes más trascendentes en la historia de los Estados Unidos de Norteamérica.
[473] William Shakespeare. Genio de la literatura universal. Considerado el mejor escritor inglés y uno de los mejores del mundo de todos los tiempos
[474] Robert J. Birnbach. Presidente y director ejecutivo de Primordium Holdings LLC
[475] Thomas Fuller. Escritor inglés.

Si no quieres que se sepa, no lo hagas
Proverbio chino

Los niños son profundamente afectados por el ejemplo y sólo superficialmente por las explicaciones. Enséñales a decir verdad, a ser honestos y sinceros, eso cubre todo.
Rodney Collin [476]

Los hombres que siempre hablan verdad son los que más se aproximan a Dios
Pitágoras[477]

La conciencia es la presencia de Dios en el hombre
Victor Hugo[478]

Los ideales que iluminan mi camino y una y otra vez me han dado coraje para enfrentar la vida con alegría, son: la amabilidad, la belleza y **la verdad**.
Albert Einstein[479]

Pocas cosas son tan difíciles de ignorar como un buen ejemplo
Mark Twain[480]

La verdad nunca daña a una causa justa
Mahatma Gandhi[481]

Hay un arma mucho más terrible que la calumnia: la verdad
Maurice de Talleyrand[482]

---

476 Rodney Collin. Escritor inglés.
477 Pitágoras. Matemático, astrónomo, músico y filósofo (585aC – 495aC)
478 Victor Hugo. Poeta, novelista y dramaturgo francés (1802-1885) que cambió el pensamiento de su generación
479 Albert Einstein. Físico alemán, una de las mentes más brillantes de la historia
480 Mark Twain. Escritor y Humorista norteamericano, creador de Huckleberry Finn y Tom Sawyer
481 Mahatma Gandhi. Líder político y espiritual hindú durante el movimiento de independencia de la India.
482 Maurice de Talleyrand. Ministro y embajador francès 1754-1838

¿Cómo podemos enfrentar los exabruptos de nuestro sistema financiero? ¿En qué podemos confiar? La respuesta es muy simple: en nuestra integridad. Tenemos la obligación de decir la verdad, de decirla completa y de decirla ahora.
Henry R. Silverman[483]

Honestidad. Integridad. Al principio, al final, siempre.
Lloyd L. Hill[484]

---

483 Henry R. Silverman. Presidente de Cendant Corporation
484 Lloyd L. Hill. Presidente y director ejecutivo de Applebee`s International, Inc.

ALEGRÍA

En un pueblo de la India, un respetado gurú estaba en una plaza buscando algo. Como era un hombre respetado en el pueblo, una mujer curiosa se acercó y le preguntó qué había perdido.

— Una moneda de oro

Respondió el gurú

Entonces muchas personas amables se apresuraron a ayudarlo a buscar la valiosa moneda.

Pasó un buen rato y nadie podía encontrar la tal moneda, y así llegó el atardecer. Ya estaban todos cansados de la búsqueda inútil, y un hombre, ya impaciente, le preguntó:

—¿Dónde la ha perdido exactamente?

El gurú respondió:

—Dentro de mi casa. Pero como aquí en la luz hay más claridad, pensé en buscarla aquí.

Entonces, una mujer le dijo:

—¿Cómo nos hace perder tanto tiempo buscando afuera algo que perdió dentro?

El gurú se rió y respondió:

—Es curioso, ustedes pierden la felicidad en sus corazones y van a buscarla en el mundo exterior. Cometen el mismo error por el que ahora me juzgan a mí. Así es su vida: buscan fuera lo que perdieron dentro. Pues sepan que solamente en el silencio de sus corazones podrán encontrar la alegría perdida.

———

Investigadores del laboratorio de neurociencia afectiva de la universidad de Wisconsin hicieron un gran descubrimiento. En el momento en que hicieron sus investigaciones, estos fueron los resultados: el hombre más feliz del planeta era un individuo que vivía en un pequeño cuarto en el Tíbet. Este hombre no tenía celular, ni autos lujosos ni ropa de diseñador, ni popularidad ni dinero. Su nombre era Mathieu Ricard, francés, convertido al budismo.

Los 256 sensores y decenas de resonancias magnéticas a las que Ricard se sometió para el experimento, arrojaron un resultado sorprendente: de todos los voluntarios a las pruebas, fue el único que su cerebro no sólo alcanzó la máxima calificación de felicidad provista por los científicos, sino que excedió los límites del "felizómetro." Allí donde los niveles de las personas normales es muy alto en estrés y frustración, en el cerebro de Ricard, estas sensaciones negativas no existían. No eran niveles bajos, simplemente no existían. Por otro lado, allí donde la mayoría de voluntarios mostró bajísimos niveles de satisfacción y plenitud, Ricard superó todos los índices, esto es, en todas las sensaciones positivas. Y así se ganó el título del hombre más feliz del planeta.

Ricard es hijo del miembro emérito de la academia francesa Jean Francois Revel. Era un joven científico con un futuro brillante, pero sus estudios de genética celular en el Instituto Pasteur no le daban la satisfacción que él deseaba. Con el mundo a sus pies, un día decidió que eso no era lo que él quería para su vida. Se fue al Himalaya, e inició una nueva vida. Se convirtió en la mano derecha del Dalai Lama y ha donado millones de euros, producto de la venta de sus libros, a obras de caridad.

Pero ésa no es la causa de su felicidad. Es la consecuencia. Según el jefe del estudio, Richard J. Davidson, la causa no es un misterio: se llama plasticidad de la mente. Es la capacidad humana de cambiar el cerebro, por medio de los pensamientos que elegimos tener.

Igual que los músculos del cuerpo, el cerebro desarrolla y fortalece las neuronas que más utilizamos. A más pensamientos negativos, mayor actividad en la parte del cerebro en la que están la ansiedad, depresión, envidia y agresividad. Dicho de otra forma: más infelicidad.

Y quien trabaja en pensamientos positivos, ejercita el lado correcto, elevando las emociones placenteras y la felicidad. Claro, no se trata de decidir ver la vida color de rosa de un día para otro, sino de practicar, poco a poco, en hacer fuertes ésos músculos de la felicidad.

Así, la ciencia confirmó esto: la felicidad es un asunto del espíritu.

Casi siempre, no hay mejor lugar en el mundo en donde se pueda encontrar la felicidad que en el lugar donde te encuentras. El mejor lugar y momento para encontrarte contigo mismo es aquí y ahora. ¿Por qué? Porque el estado de alegría espiritual es una actitud.

Haz una pausa en tu vida. Sumérgete dentro de ti. Ten el valor de permanecer sólo y en silencio por un momento. Por medio de la meditación uno puede entrar en la infinita belleza de su propio ser. Al principio el silencio puede parecer extraño porque uno está acostumbrado a la actividad y las ocupaciones diarias, pero esto es sólo el comienzo de la meditación. Luego, poco a poco viene la paz y la alegría del encuentro con el universo. Con aquello que no se ve con los ojos. Si tú llevas la alegría contigo mismo las vas a encontrar en cualquier parte.

El Poder de Reír

La risa tiene un poder curativo. Un poder que incluso la ciencia médica está muy interesada en estudiar. Jeffrey Burgdorf, profesor de ingeniería biomédica en la Northwestern University, halló que la risa podría producir una substancia química parecida a la insulina que actúa como antidepresivo y reduce la ansiedad.

Reír y estar alegre es el reflejo de un alma sana. Una persona alegre sonríe con mucha facilidad. Los seres humanos, espiritualmente sanos, buscamos el estado espiritual de alegría instintivamente: cuando tenemos el estado de ánimo correcto y ya nos sentimos confiados con la gente que nos rodea, tenemos una inclinación natural de sociabilizar, bromear, y hacer amigos. En el salón de clase, en el trabajo, en una conferencia; en las fiestas, reuniones, y en casi todos los lugares. Casi siempre al sociabilizar reímos, y con frecuencia bromeamos. Es nuestra naturaleza. Sólo que en algún momento la perdemos cuando nos sentimos agobiados por los problemas, ó porque nos hacemos una idea falsa de lo que debe darnos alegría. He visto gente llena de aburrimiento y hastío en medio de fiestas formidables en lugares lujosos. Y he visto gente reír a carcajadas en sus pequeños cubículos de oficina cuando platican con sus compañeros. ¿Qué es lo que cambia? Es la actitud.

Así que recuerda:

La vida es 10% lo que te pasa, y 90% cómo reaccionas a ello.

Así que busca siempre la forma de divertirte. La forma de reír más. La excusa para estar contento. La felicidad es pequeños momentos de alegría en la vida. El que tiene más de esos momentos, es la persona más feliz.

Aprenda de su pasado y déjelo ir, esté aquí, en el momento presente, que es el único lugar en el que va a encontrar la felicidad.
Brian Weiss[485]

El dolor es inevitable, el sufrimiento es opcional
Buda[486]

La alegría es el paso del hombre de una perfección menor a una mayor
Baruch Spinoza [487]

Decide ahora mismo ser feliz. La felicidad es una adquisición
Facundo Cabral [488]

---

485 Brian Weiss. Psiquiatra, director del hospital Mount Sinai en Miami y Autor de varios best sellers.
486 Siddarta Gauthama. Príncipe hindú que escapó de su palacio para encontrarse a sí mismo. Creador del budismo. Considerado uno de los hombres más sabios e iluminados de la historia.
487 Baruch Spinoza. Filósofo alemán de origen portugués, considerado uno de los grandes del racionalismo.
488 Facundo Cabral. Músico argentino

La infelicidad es un crimen de necedad
Baltasar Gracián [489]

Tú tienes el poder de escoger. Escoge la salud y la felicidad.
Joseph Murphy[490]

Diez veces por día debes reír y regocijarte
Nietzche[491]

La actividad hace feliz al hombre
Goethe [492]

La alegría es la piedra filosofal que todo lo convierte en oro
Franklin D. Roosevelt[493]

Nunca dejes de sonreír, ni siquiera cuando estés triste, porque nunca
sabes quien se puede enamorar de tu sonrisa.
Gabriel García Márquez[494]

Un corazón alegre es la mejor medicina
Proverbios 17:22

La capacidad de entusiasmo es un símbolo de salud espiritual
Gregorio Marañón [495]

El único secreto real del éxito es el entusiasmo
Walter Chrysler[496]

---

489 Baltasar Gracián. Escritor aragonés, considerado uno de los más grandes genios de su tiempo
490 Joseph Murphy. Psicólogo norteamericano, autor de varios Best Sellers sobre el poder de la mente.
491 Friedrich Nietzche. filósofo, poeta, músico y filólogo alemán, considerado uno de los pensadores modernos más influyentes del siglo XIX.
492 Johann Goethe. Genio de la literatura de origen alemán
493 Franklin D. Roosevelt. 32º presidente de Estados Unidos
494 Gabriel García Márquez. Periodista y Novelista colombiano, uno de los más reconocidos talentos literarios de la lengua española de la segunda mitad del siglo XX.
495 Gregorio Marañón. Científico y Filósofo español.
496 Walter Chrysler. Fundador de Chrysler

La felicidad no viene por grandes golpes de fortuna que ocurren varias veces, sino por pequeñas cosas que ocurren todos los días.
Benjamin Franklin[497]

La felicidad no existe, existe el deseo de ser feliz
Antón Chéjov[498]

He aprendido, que todos quieren vivir en la cima de la montaña ... pero toda la felicidad pasa mientras la escalas.
De la lista "Lo que he Aprendido" de Andy Rooney [499]

La alegría y el amor son dos alas para las grandes acciones
Goethe[500]

La prueba más clara de sabiduría es una alegría continua
Benjamin Franklin

Pocas cosas bastan para hacer feliz a un hombre sabio
Rochefoucauld [501]

La felicidad es placer de los sabios
Jules Barbey Dáureville[502]

El tiempo que pasa uno riendo es tiempo que pasa con los dioses
Proverbio chino

La mejor manera de alegrarte es intentar alegrar a alguien
Mark Twain[503]

---

497 Benjamin Franklin. Filósofo, político y científico estadounidense, uno de los personajes más trascendentes en la historia de los Estados Unidos de Norteamérica.

498 Antón Chéjov. Escritor ruso

499 Andy Rooney. Exitoso escritor y humorista de radio y televisión norteamericano, ganador de varios premios Emmy. Conocido por su show en vivo de la CBS, "A few minutes with Andy Rooney", desde 1978

500 Johann Goethe. Genio de la literatura de origen alemán

501 Francois de la Roche Foucauld. Escritor francés.

502 Jules Barbey Dáureville. Novelista y Crítico francés.

503 Mark Twain. Escritor y Humorista norteamericano, creador de Huckleberry Finn y Tom Sawyer

---

La felicidad es algo que puede ocurrir en cualquier momento
Jorge Luis Borges[504]

Casi todas las personas son tan felices como se deciden a serlo
Abraham Lincoln[505]

El hombre feliz es aquel que siendo rey o campesino, encuentra paz
en su hogar
Goethe[506]

Una persona feliz no es una persona en determinadas circunstancias,
sino con determinadas actitudes.
Hugh Downs [507]

La felicidad es un hábito
Aristóteles[508]

El camino seguro a la alegría, es actuar y hablar con alegría, como si
la alegría ya estuviera con nosotros.
William James[509]

La felicidad está en el corazón, no en las circunstancias
Proverbio

Sólo puede ser feliz siempre el que sepa ser feliz con todo
Confucio[510]

---

504 Jorge Luis Borges. Escritor argentino y una de las grandes figuras de la literatura
505 Abraham Lincoln. 16º presidente de Estados Unidos
506 Johann Goethe. Genio de la literatura de origen alemán
507 Hugh Downs. Productor y Conductor de televisión, norteamericano.
508 Aristóteles. Formalizador de la lógica, economía y astronomía. Precursor de la
     anatomía y la biología. Uno de los padres de la filosofía y una de las mentes más
     brillantes de la historia.
509 William James. Psicólogo y escritor norteamericano
510 Confucio ó Kung-fu-tzu. Filósofo chino de la antigüedad, uno de los más influyentes
     de la historia.

El éxito consiste en obtener lo que se desea. La felicidad, en disfrutar lo que se tiene
Ralph Waldo Emerson[511]

Hazles comprender que no tienen en el mundo otro deber que la alegría
Paul Claudel [512]

Dios te puso un ser humano a cargo, y eres tú mismo. Debes hacerte libre y feliz
Facundo Cabral [513]

La tranquilidad y el trabajo es lo que proporciona la felicidad
Napoleón Bonaparte[514]

La felicidad consiste en ser libre
Epícteto[515]

A fin de cuentas, todo es un chiste
Charles Chaplin[516]

A ninguna mente brillante le falta sentido del humor
Samuel Taylor Coleridge [517]

Nunca pierdas tu sentido del humor
Jerry Perenchio[518]

---

511 Ralph Waldo Emerson. Filósofo y escritor norteamericano. Creador del Trascendentalismo, movimiento que invitaba a pensar con individualidad.
512 Paul Claudel. Poeta y Diplomático francés.
513 Facundo Cabral. Músico argentino
514 Napoleón Bonaparte. Uno de los más grandes estrategas de la historia y emperador de Francia.
515 Epícteto. Esclavo romano de origen griego, que se convirtió en un prominente filósofo (55-135 d.C.)
516 Charles Chaplin. Actor, Compositor y Director de cine cómico. Cofundador de United Artists en 1919. Considerado el más grande genio del cine de comedia.
517 Samuel Taylor Coleridge. Escritor y Filósofo inglés.
518 Jerry Perenchio. Presidente de Univision Communications, Inc.

El buen humor nos trae cosas buenas. La sencillez nos mantiene en ellas
Neil Simon [519]

La sonrisa es el lenguaje de los hombres inteligentes
Victor Ruiz Iriarte[520]

La gente buena, si se piensa un poco en ello, es la que está siempre alegre
Ernest Hemingway[521]

No podemos estar enojados mucho tiempo con alguien que nos hace reír
Jay Leno [522]

Cuando la vida te presente mil razones para llorar, demuéstrale que tienes mil razones para sonreír.
Facundo Cabral [523]

Quienes no saben llorar, tampoco saben reír
Golda Meir [524]

Me apresuro a reírme de todo, para no verme obligado a llorar
Pierre A. Beaumechais [525]

---

519 Neil Simon. Escritor de teatro de Broadway.
520 Victor Ruiz Iriarte. Dramaturgo y comediante español
521 Ernest Hemingway. Escritor estadounidense de gran influencia (1899-1961)
522 Jay Leno. Comediante y Conductor de televisión norteamericano.
523 Facundo Cabral. Músico argentino
524 Golda Meir. Cuarto primer ministro del estado de Israel y la tercera mujer en el mundo en tener un puesto presidencial de una nación.
525 Pierre A. Beaumechais. Músico, Inventor y Espía francés.

Cuando dejemos de pensar en lo que ya ha ocurrido, cuando dejemos de preocuparnos por lo que todavía no ha pasado, estaremos en el presente. Sólo entonces empezamos a experimentar la alegría de vivir.
Brian Weiss[526]

¡Alegría, Alegría, hija de Eliseo!
Beethoven[527]

---

[526] Brian Weiss. Psiquiatra, director del hospital Mount Sinai en Miami y Autor de varios best sellers.
[527] LudwigVan Beethoven. Genio de la música, considerado uno de los más grandes músicos de la historia

SERENIDAD

Hace varios siglos, en un pueblito pequeño, había una pareja muy joven de recién casados. Estaban muy enamorados, sin embargo eran muy pobres.

Un día, el joven marido, desesperado y decidido a salir adelante, le hizo ésta propuesta a su esposa:

— Querida, voy a viajar lejos, para encontrar un trabajo. Voy a trabajar hasta tener las condiciones para regresar y darte una vida más cómoda y digna. No sé cuánto tiempo voy a estar lejos, así que sólo te pido una cosa: que me esperes y mientras yo esté lejos, seas fiel a mí, y yo te seré fiel a ti.

Así, siendo muy joven aún, viajó mucho hasta encontrar a un agricultor, dueño de un gran rancho. Aquel hombre necesitaba de la ayuda de un par de brazos fuertes para las labores del rancho. El joven le pidió trabajo y fue aceptado.

El muchacho pidió a su patrón hacer un trato. El pacto fue el siguiente:

— Déjeme trabajar por el tiempo que yo quiera y cuando yo considere que debo irme, usted me liberará de mis obligaciones. Yo no quiero recibir mi salario. Le pido a usted que lo guarde para mí hasta el día que yo me vaya. Aquel día, usted me dará el dinero que yo haya ganado.

Estando ambos de acuerdo, aquel joven trabajó durante quince años, sin vacaciones y sin descanso. Después de quince años, se acercó a su patrón y le dijo:

— Patrón. Ha llegado el día de irme. ¿Podría darme mi dinero?, pues quiero regresar a mi casa.

El patrón, sabiendo que el viaje de regreso sería peligroso, y siendo un hombre inteligente, le respondió:

— Muy bien. Hicimos un trato y voy a cumplirlo. Sólo que antes quiero hacerte una propuesta: ¿qué te parece? Yo te doy el dinero y tú te vas, ó bien, te doy tres consejos y no te doy el dinero y te vas. Si yo te doy el dinero, no te doy los consejos, y viceversa. Mis consejos te ayudarán a tener una vida feliz. Vete a tu cuarto, piénsalo, y despúes me das tu respuesta.

El patrón era un hombre muy conocido por su sabiduría. Sabiduría que lo había llevado a ser el hombre próspero que ahora era. Se había convertido en un mentor y casi un padre para el muchacho. Así que él lo pensó durante dos días. Finalmente buscó al patrón y le dijo:

— Quiero los tres consejos.

El patrón le recordó:

— Si te doy los consejos, no te doy el dinero.

Y el muchacho respondió:

— Quiero los consejos.

El patrón entonces lo sentó en su mesa. Abrió su boca y le dijo:

— Estos son los consejos:

1. Sé ecuánime, para que actúes con inteligencia. Nunca tomes atajos fáciles en tu vida. Caminos más cortos y desconocidos, aparentemente muy seductores, te pueden costar la vida.

2. Sé tranquilo y sobrio. Si eres de naturaleza pacífica evitarás lugares y situaciones que te metan en problemas. Cuando quieran meterte en un pleito, sólo retírate y no te quedes a mirar cómo termina, pues la curiosidad por la violencia puede ser fatal.

3. Ten paz en tu corazón. A pesar de cualquier situación que se te presente, siempre conserva la paz y sólo permite cabida a sentimientos positivos.

Después de darle los consejos, el patrón le dijo al muchacho, que ya no era tan joven:

— Aquí tienes tres panes. Estos dos son pequeños, y son para comer durante el viaje, y el tercero, el más grande, es para comer con tu esposa cuando llegues a casa, para que me recuerdes y lleves alimento de mi casa a la tuya, como un regalo para tu esposa en muestra de mi agradecimiento por tu trabajo y por tu lealtad.

El muchacho entonces siguió su camino de vuelta a su esposa que él tanto amaba.

En el segundo día de viaje, encontró a un hombre que le preguntó:

—¿Para dónde vas?

El le respondió:

— Voy a un lugar muy distante que queda a más de veinte días de viaje

El hombre le respondió:

— Muchacho, yo te puedo llevar en mi camión, así llegarás en pocos días a tu casa

El muchacho se alegró, estaba a punto de decir que sí, cuando se acordó del primer consejo:

"Sé ecuánime, para que actúes con inteligencia. Nunca tomes atajos fáciles en tu vida. Caminos más cortos y desconocidos, aparentemente muy seductores, te pueden costar la vida."

Entonces sintió que era muy raro que alguien tuviera interés en llevarlo hasta su casa, a cambio de nada. Rechazó la oferta, y siguió por su camino normal. Al día siguiente se enteró que una banda de ladrones que ofrecía llevar viajeros en su camión, habían asaltado y despojado a un hombre de todo lo que tenía. Era una trampa.

Después de tres días de viaje, y extremadamente cansado y sediento, encontró un bar a la orilla del camino. Tenía mucha sed y decidió entrar a buscar algo para tomar. Allí lo invitaron unos hombres a sentarse en su mesa y platicaron un buen rato. Ya pasados de copas, un tipo de un grupo de otra mesa cercana, comenzó a provocar y a hacerse de palabras con uno de los que estaban en su mesa. El sintió mucha indignación ante la prepotencia de aquél sujeto. El muchacho cargaba un cuchillo que acostumbraba usar en sus labores en el campo, y pensó en sacarlo por si las cosas empeoraban.

Entonces se acordó del segundo consejo:

"Sé tranquilo y sobrio. Si eres de naturaleza pacífica evitarás lugares y situaciones que te metan en problemas. Cuando quieran meterte en un pleito, sólo retírate y no te quedes a mirar cómo termina, pues la curiosidad por la violencia puede ser fatal."

Se levantó y dijo:

— Ahora regreso, tengo que ir a las letrinas . . .

Salió por la puerta de atrás, y no se quedó a ver cómo terminaba la historia. Pasó la noche en una posada cercana. Al día siguiente, el conserje le platicó cómo en el bar habían sido asesinados varios hombres involucrados en un pleito.

El muchacho siguió su camino. Estaba emocionado por llegar a casa. Después de varios días y noches de tomar trenes y de largas caminatas, finalmente llegó a su pueblo. Ya era el atardecer. Vio a lo lejos su casa, y entre los árboles humo saliendo de la chimenea. Caminó y alcanzó a ver desde donde estaba, a su amada esposa. Se emocionó mucho, hasta que ésa emoción se vio bruscamente interrumpida. Ella no estaba sola. Caminó un poco más y vio que había un hombre acostado en sus piernas, al que le estaba acariciando el cabello. Cuando vio aquella escena, su corazón comenzó a llenarse de amargura y de rencor. Y apresuró su paso al encuentro de los dos, mientras sacaba su cuchillo, decidido a lo peor.

Entonces recordó el tercer consejo:

"Ten paz en tu corazón. A pesar de cualquier situación que se te presente, siempre conserva la paz y sólo permite cabida a sentimientos positivos."

Se detuvo. Respiró profundo. Ya con la cabeza fría, decidió marcharse para siempre. Pero antes, pensó:

— Voy a hablar con mi patrón y a pedirle que me acepte de vuelta. Sólo que antes, quiero ver a mi esposa a los ojos para decirle que yo siempre le fui fiel a ella.

Pasó la noche en el pueblo. A la mañana siguiente, con una serenidad absoluta, se dirigió a la puerta de la casa y tocó. Cuando la esposa le abre la puerta, y lo reconoce, se cuelga de su cuello y lo abraza con fuerza. El trata de quitársela de encima, y con tristeza le dice:

— Yo te fui fiel y tú me traicionaste.

Ella, sorprendida le contesta:

— ¿Como? yo nunca te traicioné, te esperé durante quince años.

El entonces le preguntó:

—¿Y quién era ese hombre que acariciabas ayer por la tarde?

Ella le respondió:

— Ese joven es nuestro hijo. Cuando te fuiste, descubrí que estaba embarazada. Hoy él tiene quince años de edad.

Entonces el marido entró, conoció a su hijo, que era su viva imagen, y lo abrazó. Y les contó a los dos toda su historia, mientras ella preparaba la cena.

Se sentaron a comer el último pan juntos. El partió el pan, y al abrirlo, con gran emoción encontró que en lugar del migajón, contenía una bolsa. Extrañado, abre la bolsa. Estaba llena de monedas de oro. El pago a sus quince años de dedicación.

Muchas personas atraen a sus vidas consecuencias graves y de muchos años, por un sólo momento en el que perdieron el control. La serenidad en un día de tráfico en las calles, ó en la oficina, ó en el negocio, ó en el hogar, ha sido la diferencia entre tener un amigo o un enemigo; aumento ó pérdida de clientes;

familias unidas ó desunidas; e incluso tener una vida tranquila o vivir con el peso de una tragedia.

La serenidad de la mente y del espíritu es como un lago: cuando el agua está quieta puedes ver el reflejo del cielo y de los árboles claramente. Si arrojas una piedra al agua, ó si se la mueves con violencia, las ondas que el movimiento produce, distorsionan la imagen del reflejo, y esto ya no te permite ver con claridad. Con una mente tranquila se pueden ver las cosas tal como son. En momentos críticos, se piensa mejor y se actúa con más inteligencia y eficacia cuando hay serenidad.

La acción efectiva no requiere de la ira, ni de la contención, ó de estar alterado para funcionar.

Un espíritu pacífico trata de evitar siempre la contención. Y si es necesario actuar ante una situación amenazante, la serenidad te dará la sangre fría y la inteligencia que necesitas para actuar de la mejor forma posible.

Conozco el caso de una joven ejecutiva de ventas, una chica tranquila y de una gran calidad humana. Ella fue insultada y humillada a gritos por su jefe. Todo comenzó cuando el sujeto le quitó a un importante cliente. Ella tenía un segundo trabajo por las tardes como maestra de inglés, y una tarde, su jefe tomó un recado que era para ella, de parte de un cliente muy importante, su cliente, y así, aprovechando la ausencia de ella, asistió a dar él la presentación de ventas que le correspondía dar a ella. Cuando ella lo cuestionó sobre el porqué había actuado así, él reaccionó muy agresivamente, la insultó y la amenazó.

Y sin embargo, ella permanecía tranquila. En silencio. Más tarde, denunció a su jefe con el gerente.

Entonces el gerente los llamó a los dos a su oficina para aclarar la situación. El jefe hipócrita, fingiendo humildad, lo negó todo, y además, comenzó a difamarla, y a acusarla de que era irresponsable, de que tenía problemas de actitud y de que descuidaba a sus clientes. Con ésta conducta astuta, él pretendía que ella se enojara, y entonces hiciera algo imprudente.

Esta es una vieja estrategia para lograr vencer a alguien, usada por los astutos. Sun Tzu, considerado el más grande estratega de guerra de la historia, dice en su libro *El Arte de la Guerra*: "Si tu enemigo es fácilmente movido a la ira, irrítalo."

Esto es, claro, para que pierda el control. Sin embargo, la muchacha permanecía serena. Ella no se inmutaba. Sólo permanecía en silencio y lo miraba a los ojos con su elegante feminidad. El gerente, extrañado porque ella no se defendía ni decía ninguna palabra, le preguntó:

—Y tú, ¿hay algo que quieras decir?

Entonces, ella sacó una pequeña grabadora de bolsillo. Como también era maestra de inglés, acostumbraba usarla para grabar conversaciones con sus alumnos. Ante la mirada atónita de aquel mentiroso, oprimió un botón, y la grabadora comenzó a reproducir todas las bajezas y patanerías que el tipo le había gritado unas horas antes. Aquel cobarde sintió tanta vergüenza que sólo salió del lugar. El fue despedido, y ella conservó a su cliente.

No discutas, demuestra

Sir Christopher Wren fue un caballero y un gran arquitecto inglés. Dominaba las ciencias de las matemáticas y la física. Durante su carrera como el mejor arquitecto de Inglaterra, con frecuencia sus clientes le pedían cambios a sus diseños. Jamás discutió con ellos o los ofendió. Tenía otras maneras más sabias de demostrar que él tenía la razón. Y la más genial fue en 1688: Wren diseñó un magnífico ayuntamiento para la ciudad de Westminster. El alcalde, sin embargo, no quedó satisfecho. Estaba nervioso. Le dijo a Wren que temía que el segundo piso no fuera seguro y se desplomara sobre su oficina en el primero. Entonces, le solicitó agregar dos columnas de piedra como soporte adicional. Wren era un gran ingeniero, y sabía que esas columnas no servirían para nada, y que los temores del alcalde eran infundados. Sin embargo las construyó. Y el alcalde se mostró agradecido.

Años después, hubo necesidad de hacer unos arreglos al techo. Unos trabajadores en un andamio alto vieron que las columnas terminaban justo antes de tocar el techo. Ni siquiera hacían contacto con él. Eran falsas. Sin embargo ambos hombres obtuvieron lo que querían: el alcalde pudo relajarse, y Wren supo que todos entenderían luego que su diseño original era perfecto, y las columnas no eran necesarias.

Demostrar es infinitamente más convincente que discutir

Una mente inteligente prefiere convencer que vencer. Una persona sabia no interrumpe ni alza la voz para imponer sus ideas. Una discusión no la gana nadie. Y casi siempre es el tiempo el que nos dice quién tenía la razón. Los mejores guerreros no se alteran ante los insultos, los gritos y el alarde. Ellos permanecen inmutables, siempre bajo control, y actúan sólo según sea necesario en cumplimiento del deber. Y algunos han incluso llegado a la conclusión de que el mejor camino para vencer es mantener la serenidad.

Ésta historia lo explica mejor:

Hiroshi era un guerrero retirado. Ya casi tenía cuarenta años. Vivía en las afueras de una aldea japonesa, en una granja muy bonita que construyó para su esposa y su pequeño hijo. Todos lo conocían, porque Hiroshi había sido un gran samurai durante la guerra. Su fama se había extendido por toda la región por dos cosas: su habilidad como guerrero y su gran serenidad y amabilidad. Sus ojos reflejaban paz, tranquilidad.

Estaba Hiroshi tomando té en un lugar de la aldea donde se reunían los amigos por las tardes. En eso entró al lugar un joven guerrero, que portaba su espada. Con paso rápido, se dirigió a la mesa de Hiroshi y se sentó frente a él. Aquel joven, con un tono altanero, le preguntó:

— ¿Tú eres Hiroshi, el hombre que es conocido como el mejor guerrero de ésta zona?

Hiroshi tomó un trago a su bebida. Volteó a ver al joven. Con su voz suave y tranquila, le preguntó:

— ¿Quién eres?

El guerrero joven le respondió:

— Soy Shun. Vine a probarme contra ti

Shun era un joven guerrero que servía al emperador. Era hábil en extremo y despiadado como un león destazando a su presa. Desafortunadamente, el padre de Shun había tenido algunas diferencias con Hiroshi en el pasado.

Hiroshi respondió:

— Ah. Entiendo. Escucha Shun: estoy retirado. Ya no peleo.

La gente que ahí estaba, miraba y escuchaba con atención lo que estaba sucediendo. Hiroshi dio otro trago a su bebida. Su mirada estaba dirigida a su vaso. El maestro estaba tranquilo. Ignoraba completamente a Shun. Como si no existiera.

Entonces, ante ésta actitud de indiferencia, el joven guerrero estalló en ira, y con la velocidad de un relámpago, y la certeza de una flecha que da en el blanco, dio una fuerte palmada al vaso de Hiroshi, arrebatándolo de su mano. La bebida se derramó. La gente observaba expectante, en silencio, y atemorizada.

Hiroshi permanecía tranquilo. Inmutable. Su mirada seguía serena, y dirigida el frente, ignorando completamente a su agresor.

Shun, alzando la voz, le dijo:

— ¡Estaré afuera esperándote!

Hiroshi pidió otra tasa de té. La disfrutaba lentamente. El joven guerrero seguía afuera, esperando con ansiedad. Sin embargo, el maestro no salió. Entonces, Shun volvió a entrar al lugar, y le dijo en voz alta:

— Si no te atravieso con mi espada en este instante es porque no habría honor en eso. Viajé hasta aquí para probarme contra ti. ¡No podrás evitarme siempre!

Y salió del lugar. Hiroshi terminó su bebida como si nada hubiera pasado.

En los días siguientes, el joven guerrero siguió provocando a Hiroshi para que peleara contra él. Y siempre obtenía el mismo resultado. O más bien, no obtenía resultados. Hiroshi lo ignoraba. Ni siquiera volteaba a mirarlo. La reacción del maestro enojaba profundamente a Shun. Sin embargo, Shun no lo atacaría a menos que fuera en un combate justo.

Shun estaba obsesionado con probarse contra Hiroshi y proclamarse como el mejor guerrero. Un día se enteró de que vivía con su familia en una granja en las afueras. Entonces, cabalgó hasta su casa y entró en su propiedad. Hiroshi estaba cultivando arroz con su pequeño hijo. El joven guerrero se dirigió a él:

— Hiroshi. He venido a decirte que si no peleas contra mí, lastimaré entonces a tu familia.

Hiroshi volteó a verlo. Al fin Shun había logrado una reacción. Entonces, le respondió:

— Pelearé contigo. Pero si pierdo, y me matas, no quiero que sea delante de mi familia. Así que pelearemos en la colina cercana. Necesito prepararme, así que nos veremos ahí cuando el sol se esté ocultando.

Hiroshi señaló a Shun la colina en donde pelearían.

Cuando Shun llegó a la cita, Hiroshi ya lo estaba esperando ahí, con su atuendo de samurai y con su espada, con los que ganó tantas batallas. Esto complació al joven guerrero. Hiroshi estaba meditando en un área rodeada de árboles en forma de círculo. Shun bajó de su caballo. Su furia estaba ansiosa de ser calmada. Entonces gritó: — ¡Hiroshi! — Caminó con paso rápido hacia el viejo guerrero y desenvainó su espada. Hiroshi se puso de pie y en posición de combate. Tenía su mano derecha en la empuñadura de su espada, aún sin desenvainar, pero estaba listo para hacerlo. Shun apresuró su paso aún más. Hiroshi sólo lo miraba, quieto y concentrado. Shun corrió y dio un grito de guerra, levantando su espada sobre su cabeza, en un movimiento que era una clara amenaza de ataque. Unos cuatro metros antes de alcanzar a Hiroshi, el suelo se desvaneció bajo los pies de Shun y éste cayó en un profundo hoyo.

Era una trampa. Hiroshi había estado preparándola desde el día en que conoció a su joven adversario. Cavó una zanja profunda y ancha, y la ocultó bajo una delicada alfombra de maleza y ramas que parecía ser suelo firme. Shun cerró la trampa con una reja metálica y una cadena. Entonces, sabiendo que la palabra de un samurai era sagrada, le dijo a su joven adversario:

— Sólo saldrás de ahí si juras no volver a molestarme ni a mí ni a mi familia

Nunca se volvió a ver por ahí a aquel joven y altanero guerrero.

Una persona agresiva no puede ver más de tres pasos al frente, ni las consecuencias de sus actos. Constantemente reacciona con precipitación, y desata consecuencias imprevistas. Su energía agresiva se vuelve contra ella. Así que no confundas la acción agresiva con la efectiva. En la mayoría de los casos, la acción más efectiva es tener calma, y dejar que los demás se frustren ante tu tranquilidad.

Ante la acción agresiva de otro, no reacciones como espera. Conviértete en un témpano de tranquilidad y de paz. Descubrirás que esto tiende a neutralizar a tus adversarios, que se quedarán perplejos. Tu falta de resistencia los confunde. Aunque en realidad, estás en control de la situación. Si es necesario actuarás.

Mas tu inteligencia y serenidad te ayudarán a ver la forma más inteligente de actuar. Te harán ser efectivo y contundente.

Ante enemigos peligrosos, a veces la mejor acción es no actuar en ése momento, y retirarse. Más tarde encontrarás la forma de actuar con la ventaja. Ya sé, tal vez pienses que éste principio de No-acción contradice al de la Acción. No es así. Verás: el principio de la acción sirve para lograr tus sueños. El de la No-acción, para evitar un confrontamiento cuando estás en desventaja, y retirarte a preparar la mejor estrategia.

Los grandes espíritus han identificado una costumbre humana mucho más dañina de lo que imaginamos, esto es: competir con los demás.

Moriehi Ueshiba fue un granjero, político y militar japonés que creó el aikido. Aunque muchos suponen que el aikido es un arte marcial, ó un arte de guerra, Ueshiba lo llamaba el arte de la paz. Todo lo contrario. Con 1.60 metros de estatura, y un cuerpo esbelto, Ueshiba es considerado por muchos el más grande artista "marcial" de todos los tiempos. Era, literalmente, invencible. El fue retado muchas veces por maestros de espada; atacado repentinamente por otros militares compañeros suyos; desafiado por los mejores artistas marciales de todo el mundo; incluso sometido a ser tacleado por jugadores profesionales de futbol americano durante una exhibición en los Estados Unidos. Todo esto para comprobar si la leyenda de su poderío y de su superioridad era cierta. Una y otra vez, aceptó todos los retos. Y cada una de ésas veces venció a sus oponentes con una facilidad sobre humana. Con una gran tranquilidad los sometía sin esfuerzo alguno, con la misma naturalidad que uno respira. Y sin ni siquiera lastimarlos. Para él era tan fácil como impedir que un bebé le diera un pellizco. Era un hombre gentil y respetuoso, aún con quienes lo retaban. Nadie se explicaba cómo lo hacía, su arte era formidable, asombroso, superior. No basado en fuerza física, sino en inteligencia pura. ¿Su secreto? Su arte consistía en no confrontar a su oponente, sino en dirigir su fuerza hacia otra dirección. Su inspiración era el universo. Moriehi Ueshiba predicaba que la furia, y competir con otros, son actitudes que bloquean la mente y el espíritu, y esto impide comprender algo que es muy importante, y esto es:

El verdadero poder proviene de estar en armonía con el universo y la divinidad.

La serenidad de la mente y del corazón te permite ponerte en contacto con tu subconsciente, y con la sabiduría del universo. El universo y su sabiduría no ignoran que existen las tempestades y la furia. Sin embargo, su poder está por encima de ellas.

Cuentan que hubo un rey que ofreció una recompensa al artista que pintara el mejor cuadro sobre la serenidad y la paz. Muchos concursaron. De entre cientos de cuadros, sólo dos fueron elegidos como finalistas, y puestos en exhibición.

El primer cuadro era sobre un lago tranquilo, en medio de unas montañas hermosas que parecían servir al lago de protección contra los vientos. El cielo era azul, quieto y despejado, y era el amanecer.

El segundo cuadro, era grande e imponente. También tenía un lago y montañas. Sólo que las montañas estaban llenas de peligros: acantilados, rocas, declives . . . En el cielo nublado y gris se veían relámpagos, que amenazaban con una tormenta. Había unas cataratas, y el agua caía sobre el lago con gran fuerza.

Finalmente, el rey eligió el segundo cuadro.

Todos se preguntaban cómo era posible que tal obra fuera elegida como la que mejor retrataba la serenidad y la paz. Entonces, el rey pidió a los asistentes que miraran más de cerca, con cuidado, el cuadro . . .

Detrás de la gran cascada, había un pequeño arbusto que había nacido en una roca. En el arbusto, un ave mamá había construido un nido. Ahí, justo en medio de la peligrosa montaña y la impresionante caída de agua enfurecida, se sentó el ave en perfecta paz.

El rey explicó:

— Paz no es estar en un lugar donde no hay ruido, problemas o peligros. Paz es estar entre éstas cosas y aún así tener serenidad en tu corazón. Ése, es el verdadero significado de paz.

Los espíritus más avanzados, los corazones más nobles y las mentes más sabias son de naturaleza pacífica.

El signo más cierto de sabiduría es la serenidad
Montaigne[528]

A la mente que está quieta, el universo entero se le rinde
Lao Tsé [529]

Debes de tener una cabeza fría, y un corazón caliente
Confucio[530]

Si eres paciente en un momento de ira, escaparás a cien días de tristeza
Proverbio chino

Lo que comienza con ira, termina en pena
Benjamin Franklin[531]

La ira es como el fuego, si no la controlas, te quemará
Sun Tzu[532]

La libertad consiste en el dominio absoluto de sí mismo
Montaigne[533]

El sabio rechaza la violencia y se afirma en la calma
Lao Tsé [534]

---

528 Montaigne. Escritor francés, creador del ensayo como estilo literario
529 Lao Tsé. Grán filósofo chino de la antigüedad (604-531 a.C.) autor del Tao Te King.
530 Confucio ó Kung-fu-tzu. Filósofo chino de la antigüedad, uno de los más influyentes de la historia.
531 Benjamin Franklin. Filósofo, político y científico estadounidense, uno de los personajes más trascendentes en la historia de los Estados Unidos de Norteamérica.
532 Sun Tzú. Antiguo General de guerra de China, considerado el mejor estratega de guerra de la historia
533 Montaigne. Escritor francés, creador del ensayo como estilo literario
534 Lao Tsé. Grán filósofo chino de la antigüedad (604-531 a.C.) autor del Tao Te

La paz es la luz que ilumina la inteligencia
Proverbio

La calma es una fortaleza. La tranquilidad produce buenas inclinaciones que benefician los más altos intereses, hace decidir atinadamente los negocios más importantes e ilumina el talento.
Fenelón [535]

No te enojes ni te pongas a la defensiva por las calumnias de tus enemigos; esto revela inseguridad, no confianza en tu reputación. Al contrario, sigue el camino superior, y jamás parezcas desesperado por defenderte.
Robert Greene [536]

Nunca debes parecer desesperado durante una negociación
Donald Trump [537]

Las empresas exitosas lo son porque ante situaciones de alarma, actúan con madurez y no se dejan llevar por el miedo.
Juan Manuel Ferrón[538]

Con estos tres pasos llegarás más cerca de los dioses: Primero: habla con la verdad. **Segundo: no te dejes dominar por el enojo.** Tercero: da, aunque tengas poco que dar.
Buda[539]

King.

535 Francois Fenelón. Teólogo y Poeta francés.

536 Robert Greene. Editor y Escritor norteamericano, en 'Las 48 Leyes del Poder'.

537 Donald Trump. Magnate estadounidense que hizo una fortuna billonaria iniciando desde abajo, dos veces en su vida.

538 Juan Manuel Ferrón. Socio líder de Asesoría de Negocios de la firma PricewaterhouseCoopers

539 Siddarta Gauthama. Príncipe hindú que escapó de su palacio para encontrarse a sí mismo. Creador del budismo. Considerado uno de los hombres más sabios e iluminados de la historia.

El más elevado honor que la historia puede conceder a un hombre, es el título de pacificador
Richard Nixon [540]

No hay camino para la paz, la paz es el camino
Mahatma Gandhi[541]

La paz de tu alma será tu salud, porque tu cuerpo es el reflejo natural de tu alma. Si te reencuentras con tu alma, si la pacificas, no habrá enfermedad.
Ghislaine Lactot [542]

La blanda respuesta calma la ira, mas la palabra áspera hace subir el furor
Proverbios 15:1-2

Mejor que mil palabras vacías, es una palabra que traiga paz
Buda[543]

Perseverar en el cumplimiento del deber y guardar silencio es la mejor respuesta a la calumnia
George Washington[544]

La mejor manera de replicar en una polémica es callar
Nietzche[545]

---

540 Richard Nixon. 37º presidente de los Estados Unidos.
541 Mahatma Gandhi. Líder político y espiritual hindú durante el movimiento de independencia de la India.
542 Ghislaine Lactot. Doctora norteamericana, autora del libro 'La Mafia Médica'. Cuestionó y denunció la medicina actual, y la reemplazó por la medicina natural.
543 Siddarta Gauthama. Príncipe hindú que escapó de su palacio para encontrarse a sí mismo. Creador del budismo. Considerado uno de los hombres más sabios e iluminados de la historia.
544 George Washington. Comandante del ejército y primer presidente de Estados Unidos
545 Friedrich Nietzche. filósofo, poeta, músico y filólogo alemán, considerado uno de los pensadores modernos más influyentes del siglo XIX.

El argumento más difícil de refutar es el silencio
Josh Billings[546]

Contra el callar no hay castigo ni respuesta
Miguel de Cervantes [547]

Nunca discutas, sólo da resultados
Benjamin Disraeli [548]

No es más fuerte la razón porque se diga a gritos
Alejandro Casona [549]

La verdad no está de parte de quien grite más
Rabindranath Tagore[550]

Quien de verdad sabe de qué habla, no encuentra razones para
levantar la voz
Leonardo Da Vinci[551]

La ignorancia y el error gritan, el saber y la razón hablan
Arturo Graf [552]

Es posible conseguir algo luego de tres horas de pelea, pero es casi
seguro que se podrá conseguir con apenas tres palabras impregnadas
de afecto.
Confucio[553]

---

546 Josh Billings. El humorista y escritor más famoso de los Estados Unidos del siglo
    19, después de Mark Twain.
547 Miguel de Cervantes Saavedra. Autor de El Quijote, una de las grandes obras
    maestras de la literatura
548 Benjamin Disraeli. Primer ministro británico y escritor del siglo 19
549 Alejandro Casona. Poeta y escritor español
550 Rabindranath Tagore. Premio Nobel de literatura en 1913
551 Leonardo Da Vinci. Uno de los más grandes genios de la historia. Pintor, arquitecto,
    músico, científico, matemático, ingeniero, inventor y escritor.
552 Arturo Graf. Poeta italiano de ascendencia alemana. Fundador del Diario de
    Literatura Italiana.
553 Confucio ó Kung-fu-tzu. Filósofo chino de la antigüedad, uno de los más influyentes
    de la historia.

Nada tan necio como vencer; el verdadero triunfo está en convencer
Victor Hugo[554]

Es mejor encender una luz que maldecir la oscuridad
Proverbio árabe

No hay ninguna persona suficientemente importante para hacerme
enojar
Carlos Castañeda (en Las Enseñanzas de Don Juan) [555]

El arte de la paz es invencible porque contiende contra nada
Ueshiba Morihei[556]

El guerrero que siempre gana es el que pelea contra nadie
Ueshiba Morihei

Una pelea no la gana nadie
John Vogel [557]

He aquí la máxima destreza: vencer al enemigo sin pelear
Sun Tzu[558]

La perfección del que quiere vencer es no luchar
Lao Tsé [559]

---

554 Victor Hugo. Poeta, novelista y dramaturgo francés (1802-1885) que cambió el pensamiento de su generación

555 Carlos Castañeda. Antropólogo y Escritor peruano. Autor del controversial libro "Las Enseñanzas de Don Juan".

556 Ueshiba Morihei. Creador del arte marcial Aikido, filósofo, político y militar japonés. Entrenador del ejército japonés durante la segunda guerra mundial. Considerado por muchos en oriente y occidente como el más grande artista marcial de la historia.

557 John Vogel. Cineasta norteamericano, escritor de la película The Road House, en la que su personaje Dalton dijo éstas palabras.

558 Sun Tzu. Antiguo General de guerra de China, considerado el mejor estratega de guerra de la historia

559 Lao Tsé. Grán filósofo chino de la antigüedad (604-531 a.C.) autor del Tao Te King.

Cuando obligas a otra persona a actuar, tienes el control. Siempre es mejor hacer que tu adversario vaya hacia ti, renunciando a sus planes en el proceso. Atráelo con beneficios fabulosos, y luego sorpréndelo. Tú tienes la ventaja.
Robert Greene [560]

Los buenos guerreros inducen a otros a acercarse, no van tras ellos. Cuando induces a tu adversario a acercarse a ti, su fuerza esta vacía. En tanto no vayas tras ellos, tu fuerza está llena. Atacar lo vacío con lo lleno es como arrojar piedras sobre huevos.
Chang Yu [561]

El único que escucha a ambas partes en una discusión es el vecino
Ruth Brown [562]

No trates de convencer a nadie sobre nada. Mejor encuentra algo de lo que estés realmente convencido.
Bradley S. Jacobs[563]

Es mejor conquistarte a ti mismo que ganar mil batallas. Entonces la victoria es tuya, y nadie te la puede quitar, ni ángeles ni demonios.
Buda[564]

560 Robert Greene. Editor y Escritor norteamericano, en 'Las 48 Leyes del Poder'.
561 Chang Yu. Comentarista del siglo XI de "El Arte de la Guerra" de Zun Tzu.
562 Ruth Brown. Cantante, Compositora y Productora norteamericana de música pop.
563 Bradley S. Jacobs. Presidente y director ejecutivo de United Rentals, Inc.
564 Siddarta Gauthama. Príncipe hindú que escapó de su palacio para encontrarse a sí mismo. Creador del budismo. Considerado uno de los hombres más sabios e iluminados de la historia.

Cualquier cosa que imprimas en tu mente subconsciente se proyecta en la pantalla del espacio como acontecimientos y experiencias. Por lo tanto, debes escoger cuidadosamente las mejores ideas y pensamientos que alimentan la paz interior y el amor.
Joseph Murphy[565]

La tranquilidad y el trabajo es lo que proporciona la felicidad
Napoleón Bonaparte[566]

---

565 Joseph Murphy. Psicólogo norteamericano, autor de varios Best Sellers sobre el poder de la mente.
566 Napoleón Bonaparte. Uno de los más grandes estrategas de la historia y emperador de Francia.

SENCILLEZ

En la antigüedad. En el viejo continente . . .

Un joven, casi un niño, caminaba por el bosque. Después de un día entero de caminar, llega a una zona de campesinos. Estaba cansado, y tenía hambre y sed.

Va hasta una huerta donde ve a un anciano levantando la siembra . . .

— Buena tarde, señor

El anciano hace una pausa. Se limpia el sudor y voltea a ver al muchacho. Éste continúa:

— Busco trabajo. ¿Necesita usted ayuda?

— ¿Cómo te llamas muchacho?

— Louis

Su mirada era limpia y su sonrisa reflejaba una extraña sinceridad

— Sí, necesito ayuda. Ven, parece que necesitas comer algo y descansar

El anciano le preparó al muchacho una cama de paja en el establo. Le pidió a su esposa algo de comer y leche fresca, y le llevó los alimentos.

— Empiezas mañana. Descansa.

El muchacho aprendió a cuidar a los animales, a cosechar, y a construir. Pasaron algunas semanas, y se volvió de gran ayuda para el anciano. Con los meses, llegó a ser casi como un hijo para aquél matrimonio de campesinos.

Después del trabajo, Louis iba por las tardes a nadar en el lago con sus nuevos amigos. Y a veces, se iba con ellos a tomar cerveza y a divertirse. Por la noche, visitaba a Helen, una linda chica, en secreto, porque sus padres no le permitían tener novio.

Una tarde, llega a la comarca una escolta del rey. Se detienen en la granja del anciano. Un soldado, con autoridad le dice:

— Nos han dicho que aquí está el príncipe Louis

— ¿Príncipe?

Pregunta el anciano, extrañado.

— Sí, lo estamos buscando, en el nombre del rey

En ése momento, la silueta de un joven se alcanza a ver entre los árboles. Era Louis, corriendo como un relámpago.

— ¡Allí está, atrápenlo!

Los guardias atrapan al muchacho, y lo llevan de regreso al palacio, ante su padre, el rey. Éste, muy enojado, lo reprende:

— Hijo. No puedo creer que hayas escapado. Eres el heredero al trono. Aquí tienes poder, riqueza. Todos me temen, me admiran y se inclinan ante mí. Y un día tú estarás en mi lugar. ¿Quién en su sano juicio cambiaría todo esto por ir a convivir con los plebeyos? ¿Has perdido la razón? Dime, ¿qué te motivó a hacer algo así?

El joven príncipe le responde:

— Padre,

Aquí estoy rodeado de techos altos, y grandes y lujosos muros. Allá, los muros son los árboles y las montañas, y mi techo era el cielo, y las estrellas.

Aquí, tengo sirvientes que me atienden. Allá conocí la felicidad de ayudar a otros.

Aquí tengo platillos exóticos a mi alcance cuando lo desee. Allá la leche fresca más deliciosa que he probado después de la sed que da el trabajo, y en compañía de la gente que aprendí a amar.

Aquí tengo consejeros que cumplen con su deber. Allá, tenía amigos sinceros que hubieran dado su vida por mí.

Aquí tengo grandes fuentes. Allá tenía un gran lago con peces.

Aquí tengo una guardia real que me protege. Allá tengo la gran sabiduría de un anciano que me ha enseñado a cuidarme solo, y a cuidar a otros.

Aquí, tengo el compromiso de casarme con la hermosa y deseable princesa de otro reino. Allá tenía a la chica más linda que he conocido, un ángel que me robó el corazón.

Aquí soy una pieza importante en la lucha por el poder. Allá . . . soy un alma libre en contacto con la divinidad. [567]

Siddhartha Gautama, ó Buda, fue un príncipe acostumbrado a la riqueza y la opulencia. Sin embargo, como él nació rico y no conocía nada más, no valoraba su riqueza material. La opulencia no lo llenaba. El sentía que su vida era vacía. Así que escapó de su hogar para vivir en el mundo verdadero y buscar progreso espiritual.

Sin embargo, es importante que sepas, que al contrario de lo que muchos suponen, Buda era un hombre rico, poderoso, limpio, alto y atlético físicamente por su entrenamiento marcial como un hombre de una casta superior. Algunos escritos revelan que era muy bien parecido y excesivamente carismático. No es precisamente el perfil que uno espera de uno de los más grandes guías espirituales que han existido, ¿verdad?

Y aunque buscaba la excelencia en todo lo que hacía, era sencillo al hablar. Usaba mucho la comparación con la naturaleza para enseñar de la forma más clara posible.

---

567 Inspirado en Buda

Algo parecido sucede con la imagen que la mayoría tiene de Jesús de Nazaret: extremadamente delgado, pálido y siempre triste. Sin embargo, Josefo, el historiador de los judíos de la antigüedad, registró en sus escritos la descripción del Nazareno como un hombre tan alto que sobresalía de la multitud. Su cuerpo era fuerte, y su piel bronceada por el sol. Su cabello del color de una avellana madura, y brillante como su mirada. Su atuendo era limpio, y por lo que dice el registro bíblico, acostumbraba lavar sus pies, y ungir su cuerpo con aceites. Su forma de hablar era sencilla y de tal forma que los que lo escuchaban podían entenderlo. Usaba pequeñas historias para comunicar una enseñanza. Y le gustaba andar entre la gente a pesar de ser ante ellos un descendiente directo del Rey David.

¿Entiendes? sencillez no es andar por ahí vestido con unos trapos raros y predicando cosas que nadie entiende. Algunos le llaman "espiritualidad" a éstos comportamientos extraños. Sin embargo, la verdadera espiritualidad y la verdadera conexión con el creador, es ser alegre, disfrutar la vida. La sencillez no tiene que ver con ser rico ó pobre. Hay pobres prepotentes y ricos humildes. Muchos grandes han confesado que la sencillez es uno de los principios que los llevaron al éxito.

La verdadera sencillez es simplemente la capacidad de disfrutar la vida.

Hay una película alemana formidable, en la que Johan, un joven y rico empresario, se hace pasar por empleado de un hotel, del que él era en realidad el dueño. Allí hace buenos amigos, se divierte como nunca y se enamora de una linda "compañera de trabajo." Mientras tanto, los miembros de la mesa directiva de su compañía están muy preocupados por Johan porque no saben donde está.

La sencillez sólo puede originarse interiormente. Mientras más sensible es una persona, más sencilla es. La sencillez permite ser sensible a la naturaleza, a las personas y a todas las cosas que hay. A una persona sencilla casi nadie le pasa desapercibido. Los que son sencillos tienen muchos amigos, de todas las clases y tipos. Tienen muchas actividades, porque les gusta hacer muchas cosas.

Sencillez es decir mucho con pocas palabras. Enseñar mucho con sólo un ejemplo. Usar un lenguaje simple y claro. Sólo hablar y demostrar lo que es necesario. Las personas sencillas generalmente son muy inteligentes y las más sanas espiritualmente.

Para encontrar la sencillez hay que ser libre. Cuando eres libre de prejuicios, y sabes que vales mucho como ser humano, no tienes que demostrar nada. Ni impresionar a nadie. Demostrar que uno es inteligente, o bueno para algo, o mejor que el vecino, no da la felicidad. El intelectualismo no da la felicidad. Lo mejor es simplemente disfrutar la vida.

Se cuenta sobre un hombre que era muy culto y altanero. Y era un crítico de arte. Y padecía de un severo caso de miopía. Un día, pierde sus lentes, justo el día de una exposición de pintura moderna, a la que se le pidió que asistiera como crítico. Sin embargo, esto no lo detuvo. Le pidió a su esposa que manejara el auto y llegó a la exposición. Ahí, comenzó a criticar muy duro todas las obras. Usaba un lenguaje rimbombante como todo un maestro de arte, y encontraba un pero a cada pintura. Había una en especial, era grande. Así que desde unos metros, se quedó quieto para no chocar con algo. La observó, y queriendo impresionar a todos, dijo:

— Ése marco es totalmente inapropiado para ése estilo de obra. Las formas no son armónicas. Y la figura del personaje es corriente, común y torcida. No inspira nada más que repugnancia. Es un verdadero insulto al buen gusto . . .

La gente empezó a murmurar, y sonreían. Su esposa, se acercó a él y le dijo en el oído, suavemente:

— Querido, estás parado enfrente de un espejo . . .

Siempre recuerda esto:

La complejidad es sólo un recurso que tienen los corruptos para confundir. Un truco de los astutos para engañar.

En el aspecto profesional, la sencillez es importante. Mejor dicho: la combinación de sencillez con genialidad:

En arquitectura, los mejores proyectos y los más bonitos son los más sencillos. Tengo un amigo arquitecto, y el lema de su compañía constructora es: "menos es más."

En moda, los diseños de buen gusto y los más elegantes son los más sencillos.

En mercadotecnia y publicidad, los mensajes que mejor llegan al público son los más simples.

En finanzas, los reportes y los informes más fáciles de comprender son los que presentan la información de la forma más clara y sencilla de leer.

Los mejores discursos políticos de la historia son los que llegaron al corazón de la gente por su sinceridad y lenguaje fácil.

El éxito de las páginas web está en la sencillez para navegar en ellas.

En el mundo laboral, los curriculums que más probabilidades tienen de ser leídos son los más fáciles de leer, sencillos y breves.

Sencillez es aprender de todos.

La sencillez de corazón también está relacionada a la humildad. ¿Por qué? Porque una persona sencilla, al ser libre de complejos, ve a los demás seres humanos como seres con potencial y talentos especiales. Y en su relación con los demás, se da cuenta de que se puede aprender algo de cualquier persona.

Hasta los más grandes se inspiran en alguien. Hasta los mejores aprenden de otros:

+ Napoleón Bonaparte, considerado el más grande estratega, admiraba al general chino Sun Tzu.

+ Pelé, el más grande futbolista de la historia, admiraba a un futbolista peruano llamado Lolo Fernández, a quien emulaba.

+ Michael Jackson confesó que le copió al mimo francés Marcel Marceau su famoso paso "Moonwalk" (caminata en la luna).

+ Bruce Lee, con la reputación de ser invencible, fue vencido por un peleador de Judo llamado Gene Lebell, y Lee, en lugar de sentirse mal por eso, abrió los ojos, se convirtió en su humilde alumno, y con sus nuevas bases creó un arte marcial mixto llamado Jet Kune Do.

Los grandes hombres se caracterizan porque aprenden muchas cosas de aquellos que aparentemente son inferiores. Los grandes empresarios tienen la filosofía de aprender muchas cosas de sus empleados y obreros.

Lo primero que necesitas para adquirir sabiduría, es humildad de corazón. La humildad No es bajar la cabeza ni someterse, no. La humildad es aceptar que hay mucho que aprender, mucho que mejorar. Al que supone que ya lo sabe todo, o que es infalible, no le será fácil tener la disposición para aprender cosas nuevas de los demás. No le será fácil reconocer que siempre hay una fuente de sabiduría superior.

La sencillez es señal de inteligencia. De sabiduría. De genialidad.

Si los hombres no son humildes, no progresan, porque no ven una meta por encima de sí mismos
Lao Tsé [568]

Debo ser: fuerte pero gentil. Amable pero firme. **Humilde pero atrevido**. Agradecido pero valiente
Anónimo

Hay que tener sueños elevados, y necesidades pequeñas
H. Stein [569]

Aprendan de mí, que soy humilde de corazón
Jesús de Nazaret

Sólo con ojos humildes podrás ver el mundo tal como es en realidad y de este modo saborear el éxito.
Gerald D. Edwards[570]

La humildad une a los hombres
Sócrates [571]

---

568 Lao Tsé. Grán filósofo chino de la antigüedad (604-531 a.C.) autor del Tao Te King.
569 William H. Stein. Premio Nobel de química, 1972.
570 Gerald D. Edwards. Presidente y director ejecutivo de Engineered Plastic Products, Inc.
571 Sócrates. Filósofo griego, maestro de Platón y uno de los más grandes de la filosofía universal

Todos los hombres que conozco son superiores a mí en alguna cosa, y eso es lo que aprendo de ellos.
Ralph Waldo Emmerson[572]

Las palabras elegantes no son sinceras, las palabras sinceras no son elegantes
Lao Tsé

Si lo que quieres es enseñar la verdad, hazlo con sencillez, y la elegancia déjasela al sastre
Albert Einstein[573]

Habla con sencillez y di la verdad
Brad Martin[574]

Utiliza un lenguaje ordinario y di cosas extraordinarias.
Artur Shopenhauer [575]

Los supuestos expertos quieren parecer inteligentes, y por lo tanto utilizan términos poco comunes para confundir a las personas. Mi objetivo siempre es explicar en términos muy sencillos lo que otros explican de manera muy complicada.
Robert Kiyosaki [576]

Un intelectual es un hombre que usa más palabras de las necesarias para decir más cosas de las que sabe.
Dwight Eisenhower [577]

---

572 Ralph Waldo Emmerson. Gran Escritor estadounidense
573 Albert Einstein. Físico alemán, una de las mentes más brillantes de la historia
574 Brad Martin. Presidente y director ejecutivo de Saks Inc.
575 Artur Shopenhauer. Filósofo racionalista alemán.
576 Robert Kiyosaki. Empresario norteamericano, Inversionista y Experto en Educación Financiera, que se hizo millonario comenzando desde cero. Autor de best Sellers.
577 Dwight Eisenhower. General de la fuerza armada y 34º Presidente de los Estados Unidos.

Evita las frivolidades y sé práctico
Sakichi Toyoda (precepto del éxito 3) [578]

El sabio no conoce muchas cosas, el que conoce muchas cosas no es sabio
Lao Tsé [579]

El intelectual atrofia una cualidad del alma llamada intuición
Victor Manuel Gómez Rodriguez [580]

Prefiero los errores del entusiasmo que la indiferencia de la sabiduría
Anatole France [581]

Prefiero un necio que me alegra que un sabio que me amarga
William Shakespeare [582]

El que se cree sabio, es en verdad, un insensato
Buda[583]

Si crees que lo sabes todo, realmente no sabes nada
Robert Kiyosaki

Las personas no son ridículas sino cuando quieren parecer lo que no son
Giacomo Leopardi [584]

---

578 Sakichi Toyoda. Fundador de Toyota, la compañía japonesa más importante de la historia
579 Lao Tsé. Grán filósofo chino de la antigüedad (604-531 a.C.) autor del Tao Te King.
580 Victor Manuel Gómez Rodriguez. Impulsor del gnosticismo en América Latina.
581 Anatole France. Premio Nobel de literatura
582 William Shakespeare. Genio de la literatura universal. Considerado el mejor escritor inglés y uno de los mejores del mundo de todos los tiempos
583 Siddarta Gauthama. Príncipe hindú que escapó de su palacio para encontrarse a sí mismo. Creador del budismo. Considerado uno de los hombres más sabios e iluminados de la historia.
584 Giacomo Leopardi. Filósofo y Escritor italiano.

Afortunadamente no tenemos que parecernos a nuestros retratos
Anatole France [585]

Si no puedes explicarlo con sencillez, es que no lo comprendes bien
Albert Einstein

La simpleza es genialidad
Robert Kiyosaki [586]

Si no eres capaz de escribir tu idea en la parte de atrás de una tarjeta
de negocios te va a costar mucho trabajo llevarla a cabo.
Dawn Hudson[587]

Para ser un verdadero líder debes ser siempre tú mismo
Cathie Black [588]

Se debe hacer todo tan sencillo como sea posible
Albert Einstein

La abundancia me hizo pobre
Ovidio [589]

Nunca digas a donde vas, de donde vienes, ni el dinero que tienes
Anónimo

Una simple y sencilla forma de vida es lo mejor para la mente y para
el cuerpo
Albert Einstein

---

585 Anatole France. Premio Nobel de literatura
586 Robert Kiyosaki. Empresario norteamericano, Inversionista y Experto en Educación
      Financiera, que se hizo millonario comenzando desde cero. Autor de best Sellers.
587 Dawn Hudson. Presidente de Pepsi Cola, inc. en Estados Unidos
588 Cathie Black. Presidente de Hearst Magazines
589 Ovidio. Antiguo poeta romano, famoso por la obra "Metamorfosis".

De gente importante están llenos los panteones
Charles de Gaulle [590]

Los hombres no deben querer ser importantes, sino útiles
Winston Churchill[591]

El buen humor nos trae cosas buenas. La sencillez nos mantiene en ellas
Neil Simon [592]

El único símbolo de superioridad que conozco es la bondad
Beethoven[593]

590 Charles de Gaulle. General y héroe francés durante la segunda guerra mundial.
591 Winston Churchill. Primer ministro de Inglaterra (1874-1965), una de las figuras de más trascendencia de la historia moderna.
592 Neil Simon. Escritor de teatro de Broadway.
593 L.V. Beethoven. Genio de la música, considerado uno de los más grandes músicos de la historia

DISCRECIÓN

Un hombre caminaba por el campo con su pequeño hijo. Entonces se detuvo, y le preguntó a su hijo:

— Además del canto de los pájaros, ¿escuchas alguna cosa más?

El niño aguzó el oído, y le respondió:

— Oigo el ruido de una carreta

El padre dijo:

— Eso es. Una carreta. Y es una carreta vacía

El niño le preguntó:

— ¿Cómo sabes que está vacía, si ni siquiera la hemos visto?

El padre le respondió:

— Es muy fácil saber cuando una carreta está vacía: por el ruido. Cuanto más vacía va una carreta, mayor es el ruido que hace. [594]

---

594 Vieja fábula de autor desconocido

Cuanto más habla sin pensar una persona, más vacía de sabiduría está. La discreción es una gran cualidad. Un arte que tienes que aprender a dominar si deseas tener progreso. Aliados. Amigos. Y sobre todo, algo que es muy importante en el juego de la vida: la confianza de los demás. Esto es reputación.

Para dominar éste arte, tres cosas tienes que aprender:

+ Saber cuándo Callar
+ Saber Escuchar
+ Saber cuándo Hablar

+ Saber cuándo callar

Edgard era un joven ingeniero. Fue contratado por una gran empresa trasnacional, que producía tecnología de distintos tipos: aeroespacial, automotriz, electrodomésticos, etcétera . . .

Como el nuevo, todos los compañeros le hacían preguntas. Y él, amablemente, sólo respondía: Sí, No, ó Más o menos.

Edgard hizo un amigo. Moisés, un ingeniero de la división de tecnología de seguridad.

Una noche, hubo una fiesta del departamento, en un centro nocturno. Edgard fue invitado. Ahí, algunas de las chicas, tomaron de más y se comportaron, digamos, demasiado alegres y cariñosas con los muchachos.

Al día siguiente, Moisés, conociendo la reputación de aquellas chicas, le preguntó a Edgard:

— Y, ¿Qué tal estuvo la fiesta?

Con amabilidad, el otro sólo le respondió:

— No te quiero aburrir con detalles. Sólo te diré que estuvo bien.

En otra ocasión, Moisés le preguntó:

— ¿Qué opinas del director de tu división? ¿No crees que es muy gruñón y demandante?

Como siempre, inteligente y amable, Edgard respondió:

— Bueno, tiene una gran responsabilidad que cumplir. Sólo se asegura de que las cosas salgan bien ...

Y así, una vez más, se zafó de la pregunta.

Pasaron los meses. Edgard era muy bueno en su trabajo, y recibió un reconocimiento en una junta anual. Unos días después, llega Moisés a su oficina, y le dice:

— Ven conmigo. Mi jefe quiere verte.

El jefe era director de la división de tecnología de seguridad, el señor Newman. Era un hombre muy respetado. Ahí estaba Edgard, en su elegante oficina. El señor Newman lo miró y le dijo:

— Edgard. Se va a crear un nuevo puesto en nuestra división. Verás: nosotros somos proveedores de alta tecnología de seguridad para el gobierno. Necesito a alguien capaz. Que conozca la compañía. E indispensablemente, digno de confianza. Nuestros procesos son secretos. Son estrictamente confidenciales.

Respiró profundo, y continuó:

— Me dicen que eres discreto ...

Edgard callaba. Escuchaba con absoluta concentración. Newman continuó:

— ¿Qué dices? ¿Te interesa?

— Claro. Lo tomo.

— Bien. Voy a hacer unas llamadas. Sólo tengo algo que pedirte: aún no menciones nada a nadie. Tú y yo jamás tuvimos esta conversación.

El otro le responde:

— ¿Cuál conversación?

El arte de callar no siempre significa no hablar. No es convertirse en un mudo. Significa, simplemente, no hablar lo que no es inteligente. Lo que no es bueno. Lo que no es necesario. Lo que no es sabio. Lo que no es diversión sana. Lo que no es verdad. Todo lo demás, o no es bueno, o es chisme.

Callar es indispensable para poder escuchar lo que dicen los demás. Con la boca cerrada es más fácil evitar malos entendidos. El silencio sobre nuestros méritos nos permite sorprender a los demás, y previene las envidias. Si uno no tiene nada importante que decir, permanecer callado siempre puede ser percibido como signo de inteligencia. Un tiempo de espera tras una pregunta permite una respuesta más profunda y meditada.

Malos entendidos

Las palabras son a veces interpretadas de distintas maneras por quienes nos escuchan. Las toman según el humor en el que están y hasta según sus propias inseguridades. Quizá hasta algo que digas sin querer puede ofender a alguien. Las palabras deben ser escogidas con mucho cuidado, porque las palabras tienen poder. Sí, las palabras significan cosas en la mente de las personas. Las palabras son traducidas o convertidas en ideas en la mente de cada persona, de acuerdo a sus experiencias. Las ideas en la mente de una persona son muy poderosas, la definen, le dan forma como ser humano. Escoge con cuidado tus palabras. Y sobre todo, debes saber cuándo no decir ni una palabra.

Las palabras son como el diente de león, la planta pequeña cuyas hojas se desprenden con el viento. Las palabras se esparcen con el viento, y una vez dichas, no hay marcha atrás. Muchos han caído y destruido sus propias reputaciones, y las de otros, al hablar de más. Especialmente al hablar de los demás, porque cuando uno habla de los demás, realmente está diciendo mucho de sí mismo. El que habla mal de los demás también se hace daño a sí mismo. El que habla bien de los demás contigo, seguramente también hablará bien de ti con los demás. El que calla los asuntos íntimos y personales de los demás cuando está contigo, también callará tus asuntos con los demás.

No hables de los demás cuando no estén presentes, a menos que sea positivamente. No hables de ti mismo tampoco.

La cosa más fácil que hay, es hablar mal de los demás. Todos los mediocres lo hacen. Tú, sé diferente. Debes distinguirte de ellos, teniendo clase, inteligencia, y sabiendo callar.

¿Qué te parece este caso? Sucedió realmente:

En una fiesta infantil, un niño se acerca a su padre, y le dice:

— Papá, ¿es cierto que tú estás condenado?

El padre, extrañado le responde con otra pregunta:

— ¿Por qué me preguntas eso?

Mi amigo me dijo que te vas a condenar

— ¿Y de dónde sacó ésa idea tu amigo?

— Su papá se lo dijo.

El padre investigó más a fondo. Resultó que en la mesa, hizo un comentario sobre su opinión sobre las religiones extremas. Un tema delicado. Otro de los padres, que era un ferviente adepto de precisamente, una de ésas religiones, lo escuchó. Se sintió ofendido, y le dijo a la esposa que aquel hombre estaba destinado a "la condenación". Sólo que lo hizo delante del hijo pequeño, quien escuchó todo. Entonces fue, y le preguntó a su amigo, si era verdad lo que escuchó sobre su padre. El padre "condenado", fue con el padre "verdugo", y le pidió que no hiciera esa clase de comentarios sobre él, porque confundían a su hijo. El religioso, se sintió muy apenado.

El padre liberal aprendió aquel día a no hablar sobre temas delicados con gente que podría resultar ofendida. Y el padre fanático, aprendió a no criticar a otras personas delante de su hijo.

La mayoría de los adultos pueden ser como niños. Ellos no callarán lo que te escuchan decir sobre otros. O lo que te escuchen decir sobre ti mismo, porque la vanidad, hace a la gente hablar mucho de sí mismos. Y aún más: el mensaje lo llevarán según ellos lo entendieron. Créemelo, podrías terminar en medio de una situación no muy agradable. Si las personas pudieran oír todo lo que los demás dicen de ellas, creo que no habría más de cuatro amigos en el mundo.

———

Hablar más de lo necesario

Hubo un caso real de un abogado defensor. Tenía un caso importante. En la corte, él supo escuchar a los testigos, y supo también exactamente qué palabras decir. Así logró convencer al juez, quien hizo un comentario que dejaba ver que el abogado lo había convencido. Ya había prácticamente ganado el caso. Sin embargo, no supo quedarse callado. Siguió hablando, y sin darse cuenta dijo algo que hizo al juez cambiar de opinión. Finalmente perdió el caso.

Algo parecido pasa con los vendedores profesionales. En ocasiones, ya tienen el sí de sus prospectos. Y entonces, en lugar de cerrar la venta, siguen hablando, hasta que dicen algo que hace que su prospecto mejor diga que no. Por eso, se dice, que vender es el arte de decir las palabras correctas, de la forma correcta, en el momento correcto. Y en cierto momento, es el arte de no hablar lo que no es necesario.

Lo que digas, puede ser usado en tu contra

Debes tener discreción. Discreción para todo. Incluso en la guerra, hay un arte relacionado a la discreción: el arte de la invisibilidad. Pasar desapercibido. La mejor defensa es simplemente no estar ahí cuando la agresión sucede. Ser "invisible" significa que tus enemigos ni siquiera saben que tú existes. Ser discreto es una forma de hacer tus pensamientos "invisibles" a los demás. Si, la mejor forma de saber lo que alguien piensa, es escuchar lo que dice. Y si no habla mucho, observar sus actitudes. En los Estados Unidos de Norteamérica, cuando alguien es arrestado por la policía, se le dice: "Tienes derecho a guardar silencio. Todo lo que digas podría ser usado en tu contra en un tribunal." Bien, así es también en la vida. Todo lo que digas podría ser usado en tu contra. Esto es especialmente cierto cuando estás enojad@. Ponte a hablar cuando estás enojado y pronunciarás el mejor discurso del que alguna vez te hayas arrepentido. Hablar sin pensar es como disparar sin apuntar. Piensa muy bien en lo que vas decir antes de decirlo.

+ Saber escuchar

Había un noble inglés, en el siglo dieciocho. Aquel caballero, necesitaba contratar un chofer para manejar su carruaje jalado por caballos. El vivía en una colina, en la parte más alta. Se presentaron dos candidatos para el puesto: un muchacho joven, y un hombre viejo.

El noble les dijo:

— Soy un hombre con muchos compromisos. Para mí es importante cumplir con ellos, y llegar a tiempo y a salvo a mi destino.

Continuó:

— Para decidir cual es el candidato ideal, les voy a hacer una prueba a los dos. Por separado. Los dos me van a llevar al mismo destino.

El camino cuesta abajo desde la colina era peligroso y estaba lleno de curvas.

Primero fue el turno del muchacho. Se sentó en el asiento del conductor, tomó las riendas, y las jaló al mismo tiempo que gritó a los caballos. Era un chofer muy hábil. Sabía que tenía que impresionar al noble para obtener el trabajo. Manejaba el carruaje con rapidez y habilidad. Tomaba las curvas con maestría. Y llevó al noble a su destino. El joven chofer se sentía orgulloso de su desempeño en la prueba. Ahora el noble podría llegar siempre a tiempo a sus compromisos.

Luego, vino el turno del hombre viejo. El tomó las riendas con tranquilidad, y manejó el carruaje con precaución. Cuando tomaba las curvas, disminuía la velocidad, con mucho cuidado de que el carruaje no se fuera a voltear. Así, finalmente llevó al noble a su destino. Sin embargo, le tomó algunos minutos más de tiempo.

El noble eligió para el trabajo, al hombre viejo.

¿Cómo hizo para obtenerlo? Bien . . . . .él supo escuchar. El noble dijo: "llegar a salvo a mi destino." Se sintió muy seguro y confiado en las manos de aquel cuidadoso, y sabio chofer.

El arte de escuchar puede traerte más beneficios de lo que imaginas. Escuchar con atención lo que te dicen los demás.

Por lo tanto, es importante que entiendas esto: escucha con atención lo que la gente dice. Observa con atención lo que sus gestos y sus ademanes dicen. Así captarás el verdadero mensaje detrás de las palabras. Debes aprender a interpretar el lenguaje corporal. Debes sentir con tu corazón lo que la otra persona está sintiendo también, cuando te habla. Entonces, captarás el verdadero mensaje detrás de las palabras. Y mucho más que eso. Todos son capaces de escuchar lo que dices. Pocos pueden escuchar lo que no dices. Es un talento único. Te aseguro, ésta habilidad te puede ayudar mucho.

El éxito de un vendedor está en saber escuchar lo que su cliente quiere. El éxito de un abogado defensor en el tribunal está en saber escuchar los testimonios de los testigos, y sus contradicciones. El éxito de un empresario está en saber escuchar las necesidades del mercado.

+ Saber cuándo Hablar

Hay que hablar con valentía, sabiduría y decisión, cuando sea para aplastar a la injusticia y el abuso.

Si estás enseñando, o trabajando, dí lo necesario. Dí sólo algo que de sabiduría a los que te escuchan.

Cuando las cosas son más relajadas, ó cuando es momento de diversión, habla para decir algo bueno. Dí sólo algo que traiga alegría a los que te escuchan.

Sé discreto. La discreción permite que los demás se den cuenta que eres una persona confiable
Bradley S. Jacobs[595]

El chisme es placer de los mediocres
Emma Godoy[596]

Toma años construir un prestigio, y sólo un rumor, destruirlo
Sófocles[597]

El tonto se fía de sus oídos. El sabio de sus ojos
Proverbio alemán

---

595 Bradley S. Jacobs. Presidente y director ejecutivo de United Rentals, Inc.
596 Emma Godoy. Maestra y Escritora mexicana
597 Sófocles. Poeta griego. Una de las figuras más destacadas de la antigua Grecia.

No hables mal de nadie hasta que no hayas recorrido cien pasos en
sus zapatos
Proverbio chino

Más podemos conocer de una persona por lo que ella dice de los
demás que por lo que los demás dicen de ella.
Ralph Waldo Emerson[598]

Las mentes grandes discuten ideas; las medianas, cosas; y las pequeñas,
personas
Proverbio chino

Uno es dueño de lo que calla y esclavo de lo que dice
Sigmund Freud [599]

A quien dices tu secreto, das tu libertad
Fernando de Rojas [600]

El que contó su secreto a otro, se hizo esclavo de él
Baltasar Gracián [601]

La mayoría de las personas dicen lo que piensan, sueltan opiniones
a la menor oportunidad y revelan sin cesar sus planes e intenciones.
Cuesta trabajo controlar la lengua y vigilar lo que se revela.
Robert Greene [602]

Tu amigo tiene un amigo, y el amigo de tu amigo tiene otro amigo;
por consiguiente, sé discreto
El Talmud

---

598 Ralph Waldo Emerson. Filósofo y escritor norteamericano. Creador del
Trascendentalismo, movimiento que invitaba a pensar con individualidad.
599 Sigmund Freud. Padre de la psiquiatría y el psicoanálisis, uno de los personajes
más destacados de la historia
600 Fernando de Rojas. Escritor español, autor de la obra clásica "La Celestina".
601 Baltasar Gracián. Escritor aragonés, considerado uno de los más grandes genios
de su tiempo
602 Robert Greene. Editor y Escritor norteamericano, en 'Las 48 Leyes del Poder'.

Tres personas pueden guardar un secreto, si dos de ellas ya no viven
Abraham Lincoln[603]

Si confías un secreto a un amigo, no podrás pedirle discreción si tú
mismo no la has tenido
Beethoven[604]

Si quieres que tu secreto sea guardado, guárdalo tu mismo
Séneca[605]

Sólo mantenemos en secreto lo que no sabemos
Tancredo Neves [606]

La confidencia descubre quién no era digno de ella
André Maurois [607]

Quien no calla el hecho, tampoco callará su autor
Séneca [608]

El hombre sabio sabe cuándo controlar su lengua
Proverbio chino

El silencio oportuno es la más convincente de las expresiones
Mark Helprin [609]

El silencio no es la ausencia de sonido, sino la ausencia de ego
Anthony de Melho[610]

---

603 Abraham Lincoln. 16º presidente de Estados Unidos
604 L.V. Beethoven. Genio de la música, considerado uno de los más grandes músicos
   de la historia
605 Lucio Séneca. Político y filósofo romano de la antiguedad.
606 Tancredo Neves. Primer Ministro de Brasil de 1961 a 1962.
607 André Maurois. Escritor francés.
608 Lucio Séneca. Político y filósofo romano de la antiguedad.
609 Mark Helprin. Periodista y Escritor estadounidense. Colaborador del New York
   Times y del Wall Street Journal.
610 Anthony de Melho. Psicoterapeuta y Escritor norteamericano.

Las palabras son como las hojas, cuando abundan, poco fruto hay entre ellas
Alexander Pope [611]

El silencio es una de las artes más grandes de la conversación.
William Hazlitt [612]

No rompas el silencio, si no es para mejorarlo
Beethoven[613]

El sentimiento más profundo se revela siempre en el silencio
Marianne Moore [614]

La boca del sabio está en el corazón
Benjamin Franklin[615]

El argumento más difícil de refutar es el silencio
Josh Billings[616]

Contra el callar no hay castigo ni respuesta
Miguel de Cervantes [617]

La mejor manera de replicar en una polémica es callar
Friedrich Nietzche[618]

---

611 Alexander Pope. Poeta y Escritor inglés de gran influencia
612 William Hazlitt. Filósofo y Escritor inglés. Considerado uno de los más grandes de la literatura inglesa.
613 LudwigVan Beethoven. Genio de la música, considerado uno de los más grandes músicos de la historia
614 Marianne Moore. Poeta y escritora estadounidense ganadora del premio Pulitzer
615 Benjamin Franklin. Filósofo, político y científico estadounidense, uno de los personajes más trascendentes en la historia de los Estados Unidos de Norteamérica.
616 Josh Billings. El humorista y escritor más famoso de los Estados Unidos del siglo 19, después de Mark Twain.
617 Miguel de Cervantes Saavedra. Autor de El Quijote, una de las grandes obras maestras de la literatura
618 Friedrich Nietzche. filósofo, poeta, músico y filólogo alemán, considerado uno de los pensadores modernos más influyentes del siglo XIX.

Perseverar en el cumplimiento del deber y guardar silencio es la mejor
respuesta a la calumnia
George Washington[619]

El silencio es como el viento, atiza los grandes malentendidos y
extingue los pequeños
Eddie Constantine [620]

He aprendido, que siempre debería usar palabras buenas . . . porque
las palabras mañana quizás se tienen que tragar.
De la lista "Lo que he Aprendido" de Andy Rooney [621]

No abras los labios si lo que vas a decir no es más hermoso que el
silencio
Proverbio árabe

Calla o dí algo mejor que el silencio
Pitágoras[622]

Hablar es el arte de sofocar e interrumpir el pensamiento
Tomás Carlyle [623]

Entre más piensa el hombre, más calla
Montesquieu[624]

Se necesitan dos años para aprender a hablar y sesenta para aprender
a callar
Ernest Hemingway [625]

---

619 George Washington. Comandante del ejército y primer presidente de Estados
     Unidos
620 Eddie Constantine. Actor y Cantante de origen estadounidense.
621 Andy Rooney. Exitoso escritor y humorista de radio y televisión norteamericano,
     ganador de varios premios Emmy. Conocido por su show en vivo de la CBS, "A
     few minutes with Andy Rooney", desde 1978
622 Pitágoras. Matemático, astrónomo, músico y filósofo (585aC – 495aC)
623 Tomás Carlyle. Escritor escocés, autor del conocido clásico "El Sastre
     Sastreado".
624 Montesquieu. Destacado escritor y político francés (1689-1755)
625 Ernest Hemingway. Escritor estadounidense de gran influencia (1899-1961)

Presta el oído a todos, y a pocos la voz
William Shakespeare [626]

El sabio no dice nunca todo lo que piensa, pero siempre piensa todo
lo que dice
Aristóteles[627]

El que habla no sabe. El que sabe no habla
Lao Tsé [628]

Ése que habla tanto está hueco. El cántaro vacío es el que más
suena
Rabindranath Tagore [629]

Aquellos que hablan poco son los que más dicen y aquellos que no
tienen nada que decir son los que más hablan. Habla poco y ve al
grano. De este modo atraerás la atención de todos. Cuando hablas
demasiado la gente pierde interés en lo que dices.
Nancy Olasky [630]

Hay personas que hablan y hablan, hasta que un día encuentran algo
importante que decir
Sacha Guitry [631]

Los hombres inteligentes quieren aprender. Los demás, enseñar
Antón Chéjov [632]

---

626 William Shakespeare. Genio de la literatura universal. Considerado el mejor escritor
    inglés y uno de los mejores del mundo de todos los tiempos
627 Aristóteles. Formalizador de la lógica, economía y astronomía. Precursor de la
    anatomía y la biología. Uno de los padres de la filosofía y una de las mentes más
    brillantes de la historia.
628 Lao Tsé. Grán filósofo chino de la antigüedad (604-531 a.C.) autor del Tao Te
    King.
629 Rabindranath Tagore. Premio Nobel de literatura en 1913
630 Nancy Olasky. Presidente de Olasky and Associates, Inc.
631 Sacha Guitry. Director, escritor y actor de cine
632 Antón Chéjov. Escritor ruso

Escucha, y serás sabio. El comienzo de la sabiduría es el silencio
Pitágoras [633]

Guarda tus asuntos para ti mismo y más que hablar escucha
Charlotte VM Ottley[634]

Conforme he envejecido, he aprendido a escuchar a la gente en lugar
de juzgarla
Po Bronson [635]

No esperes a que te toque el turno de hablar, escucha de veras y serás
diferente
Charles Chaplin[636]

Aprende a escuchar y no sólo esperes tu turno de hablar
Stephen B. Siegel[637]

El mayor halago es escuchar con atención
Joyce Brothers [638]

Puedes ver mucho con sólo observar
Yogi Berra[639]

El oír ha de ser el doble que el hablar
Baltasar Gracián [640]

El sabio no dice lo que sabe
Proverbio chino

---

633 Pitágoras. Matemático, astrónomo, músico y filósofo (585aC – 495aC)
634 Charlotte VM Ottley. Presidente de C. Ottley Strategies, LTD
635 Po Bronson. Periodista y Escritor estadounidense. Autor de Best Sellers.
636 Charles Chaplin. Actor, Compositor y Director de cine cómico. Cofundador de
     United Artists en 1919. Considerado el más grande genio del cine de comedia.
637 Stephen B. Siegel. Presidente de Insignal ESG Inc.
638 Joyce Brothers. Psicóloga, Columnista y Empresaria norteamericana.
639 Yogi Berra. Filòsofo estadounidense
640 Baltasar Gracián. Escritor aragonés, considerado uno de los más grandes genios
     de su tiempo

No sabe hablar quien no sabe callar
Pitágoras

Ten más de lo que muestras, habla menos de lo que sabes
William Shakespeare [641]

Cuanto más guardo silencio, mas pronto otros mueven sus labios y
dientes, y de ese modo puedo entender sus verdaderas intenciones.
Han Feitzu [642]

Aquel que no puede guardar sus pensamientos dentro de sí nunca
llevará a cabo grandes cosas
Tomás Carlyle [643]

Dime de qué presumes, y te diré de qué careces
Proverbio

Ser poderoso es como ser una dama. Si tienes que decirle a la gente
que eres, es porque no lo eres.
Margaret Thatcher [644]

*Utiliza tu energía para lo bueno, no la desperdicies juzgando a los
demás:*

Juzgar a los demás es fácil. Juzgarte a ti mismo es difícil
Mahatma Gandhi[645]

Ven la paja en el ojo ajeno, y no ven la viga en el propio
Jesús de Nazaret

---

641 William Shakespeare. Genio de la literatura universal. Considerado el mejor escritor
    inglés y uno de los mejores del mundo de todos los tiempos
642 Han Feitzu. filosofo chino, siglo III a.C.
643 Tomás Carlyle. Escritor escocés, autor del conocido clásico "El Sastre
    Sastreado".
644 Margaret Thatcher. La primera y hasta ahora única mujer que ha sido Primer
    Ministro de Inglaterra.
645 Mahatma Gandhi. Líder político y espiritual hindú durante el movimiento de
    independencia de la India.

HECHOS

En una pequeña ciudad costera

Era época de elecciones para presidente municipal. Había un partido político haciendo su campaña. Era el partido ecologista. Había música y se repartían cientos de volantes, con la foto del candidato a presidente, con una gran sonrisa de oreja a oreja, y su slogan de campaña: ¡Un gobierno honesto . . . con Ernesto!

La música se detuvo, y el candidato pronunciaba su discurso . . .

" . . . Redoblaremos esfuerzos, para proteger nuestras selvas y nuestra fauna. Trabajaré arduamente, para promover acciones e iniciativas destinadas a la protección de nuestro entorno ecológico, nuestras playas, nuestros mares, y sus especies. Nuestras familias merecen una ciudad verde, y limpia . . ."

Y así seguía hablando. Terminó el evento, y cientos de volantes quedaron tirados en la calle.

Cerca de ahí, en la playa, cientos de pequeñas tortugas se encontraban varadas. Un niño tomó entre sus manos a una de las tortugas, y con mucho cuidado, la puso de vuelta en el mar. Luego, hacía lo mismo con otra, y con otra, y así sucesivamente.

Un vendedor ambulante pasaba por allí. Observó lo que hacía el niño. Entonces se le acercó y le dijo:

— ¿Para qué te esfuerzas tanto? son cientos de tortugas las que hay aquí, no puedes salvarlas a todas. No hay ninguna diferencia . . .

—

El niño, mientras ponía otra tortuga de nuevo en el mar, le contestó:

— Para ésta sí la habrá. [646]

Sé una persona de hechos, no de palabras. Sé alguien que actúa, no que promete. Sé alguien que se remanga la camisa y se pone a trabajar, no un experto en discursos. Esto te dará la reputación de alguien en quien se puede confiar. Alguien que hace algo al respecto. Las personas a las que les gusta actuar, generalmente no dan discursos largos y aburridos, ni prometen ni hablan demasiado. Sólo se levantan de sus asientos y ponen manos a la obra. Son los que realmente mueven al mundo. Los protagonistas. Los hacedores. Los que hacen el cambio.

Por el otro lado, no creas en todas las palabras de la gente. No confíes en todo lo que está escrito. El mundo está lleno de lobos disfrazados de ovejas. Gentes muy astutas, que saben usar muy bien el idioma y las palabras. Casi pueden hipnotizar con sus palabras. Sus discursos son muy seductores. Sus argumentos son muy convincentes. Sin embargo, recuerda: la mejor forma de leer la mente de alguien es observar sus acciones. Sus **hechos** te dicen quiénes son realmente, y cuáles son sus verdaderas intenciones.

Los habladores usan frases como estas:

—Lo voy a tomar en cuenta . . .
—Voy a ver qué puedo hacer . . .
—Realmente quiero ayudarte . . .
—Ya estoy viendo ese asunto . . .
—Estamos trabajando en eso . . .
—Luego nos ponemos de acuerdo . . .
—Dios te va a ayudar . . .

Los hacedores, sólo hacen.

---

646 La parte de la historia que habla del niño en la playa, que es el contraste del discurso político, fue inspirada en una pequeña historia para reflexión publicada al calce de una de las páginas de la revista *Selecciones del Readers Digest* en México, en los setentas. Otras versiones fueron publicadas posteriormente.

La gente astuta dice una cosa y hace otra, para hacer parecer a las multitudes que los hechos son como a ellos les conviene. Ésta vieja fábula lo enseña muy bien:

En un pequeño poblado había un hombre conocido por todos por su sabiduría. Había otro hombre, envidioso, que ambicionaba ser gobernador, y estaba molesto con el sabio porque era popular y muy admirado, y enseñaba la verdad. Entonces se propuso hacer quedar mal al sabio, delante de la multitud. Así, quería demostrar que el sabio al que todos admiraban, también se equivocaba. El envidioso pensó en una trampa, y se dijo a sí mismo:

— Tomaré un gorrión en mi mano, y le preguntaré al sabio si está vivo o muerto. Si responde: vivo, entonces yo apretaré con fuerza para matar al gorrión, y diré: está muerto. Si responde: muerto, entonces yo diré: está vivo, y abriré mi mano y lo dejaré volar. Si responde: no sé, entonces yo diré: así que después de todo no eres tan sabio, y quedará como ignorante.

Y así, durante uno de sus discursos, el hombre envidioso invitó al sabio a subir al estrado. Y ahí, delante de la multitud, le preguntó:

— He aquí, tengo un gorrión en mi mano. Dime, ¿está vivo ó muerto?

El sabio respondió:

— La respuesta está en tus manos.

Si quieres conocer a alguien, ignora lo que promete, o sus elegantes discursos. La respuesta está en sus manos. Está en sus hechos. La respuesta a quién eres tú realmente, no está en tus palabras . . .

Está en tus hechos.

Los pequeños actos que se ejecutan son mejores que todos aquellos grandes que se hablan
George Marshall [647]

-----

647 George Marshall. Secretario de Estado y líder militar norteamericano.

Bien hecho es mejor que bien dicho
Benjamin Franklin[648]

Porque dicen y no hacen . . .
Jesús de Nazaret [649]

De lo dicho a lo hecho hay un gran trecho
Refrán mexicano

Después de que todo se ha dicho, poco se ha hecho
Proverbio norteamericano

Si quieres algo bien dicho, pídeselo a un hombre. Si quieres algo bien hecho, pídeselo a una mujer.
Margaret Thatcher [650]

Es terrible hablar bien cuando se predica el error
Sófocles[651]

La sabiduría es despreocupada de discursos y diligente en acciones
Confucio[652]

Promete poco y cumple mucho
Demófilo [653]

Más vale un "toma", que mil "te daré"
Miguel de Cervantes [654]

---

648 Benjamin Franklin. Filósofo, político y científico estadounidense, uno de los personajes más trascendentes en la historia de los Estados Unidos de Norteamérica.

649 Mateo 23:3

650 Margaret Thatcher. La primera y hasta ahora única mujer que ha sido Primer Ministro de Inglaterra.

651 Sófocles. Poeta griego. Una de las figuras más destacadas de la antigua Grecia.

652 Confucio ó Kung-fu-tzu. Filósofo chino de la antigüedad, uno de los más influyentes de la historia.

653 Demófilo. Obispo de Berea y de Constantinopla del 370 al 380

654 Miguel de Cervantes Saavedra. Autor de El Quijote, una de las grandes obras maestras de la literatura

---

Las palabras son palabras, las explicaciones son explicaciones, las promesas son promesas. Sólo los hechos son realidad.
Harold Geneen[655]

Mejor que mil palabras vacías, es una que traiga paz
Buda [656]

Sin decir una sola palabra, actúa, no expliques
Robert Greene [657]

Que nadie los engañe, sólo el que **hace** justicia es justo
Apóstol Juan[658]

No hay nada más terco que los hechos
Daniel P. Landguth[659]

Es justo que se alabe más al que mucho hace que al que mucho sabe
Miguel Moreno[660]

Un caballero se avergüenza de que sus palabras sean mejores que sus hechos
Miguel de Cervantes [661]

---

655 Harold Geneen. Gerente de ITT
656 Siddarta Gauthama. Príncipe hindú que escapó de su palacio para encontrarse a sí mismo. Creador del budismo. Considerado uno de los hombres más sabios e iluminados de la historia.
657 Robert Greene. Editor y Escritor norteamericano, en 'Las 48 Leyes del Poder'.
658 Primera Epístola 3:7
659 Daniel P. Landguth. Presidente y director ejecutivo de Black Hills Corporation
660 Miguel Moreno. Poeta español
661 Miguel de Cervantes Saavedra. Autor de El Quijote, una de las grandes obras maestras de la literatura

Como flores hermosas, con color pero sin aroma, son las dulces palabras del que no obra de acuerdo con ellas.
Buda [662]

Los ejemplos son diez veces más útiles que los preceptos
Charles James Fox [663]

Pocas cosas son tan difíciles de ignorar como un buen ejemplo
Mark Twain[664]

El maestro mediocre habla. El buen maestro explica. El maestro superior demuestra. El gran maestro inspira.
William Ward[665]

Si hablo lenguas angelicales y no tengo amor, soy lo mismo que un metal que resuena
Apóstol Pablo[666]

Hay dos maneras de difundir la luz: ser la lámpara que la emite o el espejo que la refleja
Lin Yutang[667]

En lugar de escuchar lo que el gobierno y las grandes empresas dicen o prometen, prefiero observar lo que en realidad hacen, y responder pertinentemente a esas acciones.
Robert Kiyosaki [668]

---

662 Siddarta Gauthama. Príncipe hindú que escapó de su palacio para encontrarse a sí mismo. Creador del budismo. Considerado uno de los hombres más sabios e iluminados de la historia.
663 Charles James Fox. Político inglés del siglo XVIII
664 Mark Twain. Escritor y Humorista norteamericano, creador de Huckleberry Finn y Tom Sawyer
665 William Ward. Teólogo y Escritor norteamericano
666 1 Corintios 13:1-2
667 Lin Yutang. Inventor y Escritor chino, autor de varios Best Sellers
668 Robert Kiyosaki. Empresario norteamericano, Inversionista y Experto en Educación Financiera, que se hizo millonario comenzando desde cero. Autor de best Sellers.

Las acciones de las personas son la mejor forma de leer sus
pensamientos
John Locke[669]

Las palabras convencen, los ejemplos arrastran
Proverbio

No juzgues por las palabras, juzga por los actos
Kent Roberts [670]

Por favor, denme sólo hechos
Jack Webb [671]

---

669 John Locke. Físico y Filósofo inglés. Considerado uno de los más grandes
  pensadores y uno de los padres del Liberalismo.
670 Kent Roberts. Vicepresidente de Birds Eye Food, Inc.
671 Jack Webb. Actor y Productor de televisión norteamericano. Creador del personaje
  Joe Friday, un detective a través del cual dijo éstas palabras.

ENTUSIASMO

Un grupo de trabajadores de una compañía ferroviaria estaban construyendo una nueva vía para tren. Una hermosa limosina llegó y se detuvo cerca de los trabajadores. Un hombre vestido con un traje muy elegante bajó de ella. Era don Eduardo. El presidente de la compañía.

El presidente se dirigió a uno de los trabajadores y le dijo:

— Hola Beto, ¿Cómo estás?

El otro le contestó:

— Estoy bien Lalo. Gracias

Cuando el presidente se fue, los otros trabajadores quedaron impresionados porque Beto le hablaba al presidente de tú. Entonces le preguntaron:

— ¿Cómo es que conoces al presidente de la compañía?

Beto les dijo:

— Lo conocí hace veinte años, cuando los dos empezamos a trabajar juntos para la compañía

Extrañados, los otros trabajadores le preguntaron:

— ¿Y cómo es que él llegó a presidente, y tú sigues aquí como obrero?

Beto contestó:

— Hace veinte años, cuando empezábamos, yo venía a trabajar por un cheque. Lalo venía a trabajar para la compañía.

———————

Lalo tenía un gran entusiasmo por hacer cosas buenas y grandes para la compañía. Esto lo fue llevando a subir. Y llegar a la cima. En su trabajo y en su vida.

El entusiasmo tiene un gran, increíble poder. Las personas entusiastas logran cosas grandes

La palabra entusiasmo proviene del griego, y significa:

"Tener un dios dentro de sí."

En la mitología griega, un entusiasta era una persona tomada por los dioses, guiada por su sabiduría, y por eso, con éste poder, podía transformar la naturaleza que le rodeaba y hacer que ocurrieran cosas buenas. Sólo los entusiastas eran capaces de vencer los desafíos de la vida.

Entonces, el entusiasta no es precisamente alegre, y no es sólo un espíritu positivo, sino un espíritu fuerte. La persona entusiasta es la que cree en su capacidad para transformar las cosas. Para transformar su realidad. Y lo logra, movida por su energía positiva y por la fuerza y la certeza de sus acciones.

Por eso, debes comprender:

No son las cosas que van bien lo que trae el entusiasmo, es el entusiasmo el que hace que las cosas vayan bien.

En casi todo lo que te propongas, tu entusiasmo te dará el éxito. Si te interesas bastante por un resultado feliz, lo alcanzarás.

El entusiasmo hace que tengas más creatividad. Más ideas. Más opciones. Más energía. Más fuerza. Y hace que te enfoques en lo positivo.

Concéntrate exclusivamente en lo positivo. Ignora totalmente toda influencia u opinión que no sea positiva.

El Entusiasmo es Contagioso

Frank Bettger, fue un hombre sin éxito hasta la edad de 29 años. Al comienzo casi muere de hambre cuando trató de ganarse la vida como vendedor. Se propuso luego desarrollar su entusiasmo. Dejó de usar el ataque frontal para lograr que otros se mostraran entusiasmados con su producto. Y fue entonces, que descubrió el secreto:

Se concentró más bien en sentirse entusiasmado él mismo.

Y cuando llegó a sentirse entusiasmado real y sinceramente, encontró que otros también llegaban a sentirse así y que le compraban sus productos. ¿Por qué? Porque el entusiasmo es contagioso.

Bettger fue progresando. Escribió un best-seller: '*Cómo Ascendí del Fracaso al Éxito en las Ventas.*' En él, revela que su éxito se debe al entusiasmo. El llegó a convertirse en uno de los vendedores de más éxito que los Estados Unidos haya producido.

Las emociones son contagiosas como las enfermedades. Evita a los pesimistas, a los derrotistas y a los amargados o atraerán sobre ti su mala suerte. En cambio relaciónate con los felices y los afortunados. Todas las cualidades positivas pueden contagiarnos.

Nunca convivas con quienes tienen los mismos defectos que tu: ellos reforzarán todo lo que te frena.

¿Qué debes hacer? Sólo genera contacto con gentes positivas y fuentes positivas. Si te juntas con los entusiastas, si convives con los triunfadores, serás como ellos. Se dice que tener amigos es uno de los secretos de la felicidad. Yo digo, tener buenos amigos. Amigos con energía positiva. Cultiva la amistad de la gente entusiasta.

Sólo lee libros positivos, ve películas con buenos mensajes, escucha música que tenga energía positiva. La música que más disfruto es la que me transmite un sentimiento de poder, de espiritualidad, de magia, de energía o de alegría. Evito como a una plaga a los artistas que hablan de corazones rotos, de dependencia de otros, de cosas amargas y negativas en sus canciones. Al instante sintonizo otra estación cuando detecto música como ésta.

Siempre, en todo momento, debe haber pensamientos positivos en tu mente. Pensamientos de alegría, de progreso, de poder, de amor, de salud. Así, lo que hables, y también lo que proyectes, será también positivo, y atraerás gente y situaciones positivas a tu vida. Recuerda: cada vez que un pensamiento negativo entre en tu mente, substitúyelo inmediatamente por uno positivo.

Relaciónate siempre con gente positiva. Haz de esto una regla de vida y te dará muchos más beneficios que todas las terapias del mundo.
Robert Greene [672]

Prefiero el entusiasmo que la sabiduría
Anatole France [673]

El optimismo conduce al poder
William James [674]

El hombre puede triunfar en cualquier cosa para la que tenga un entusiasmo ilimitado
Charles Schwab [675]

El éxito vendrá inevitablemente si hay entusiasmo
H.W. Arnold [676]

El único secreto real del éxito es el entusiasmo
Walter Chrysler [677]

---

672 Robert Greene. Editor y Escritor norteamericano, en 'Las 48 Leyes del Poder'.
673 Anatole France. Premio Nobel de literatura
674 William James. Psicólogo y escritor norteamericano
675 Charles Schwab. Fundador de Charles Schwab Corporation, una exitosa compañía norteamericana productora de acero
676 H.W. Arnold. Autor norteamericano
677 Walter Chrysler. Fundador de Chrysler

El secreto de la genialidad es conservar el espíritu de niño siempre, y nunca perder el entusiasmo
Aldous Juxley [678]

Una de las principales razones del éxito en la vida es la habilidad de mantener diariamente un entusiasmo crónico.
W.L. Phelps [679]

El optimismo multiplica las fuerzas
Colin Powell [680]

El entusiasmo es uno de los motores más poderosos para el éxito. Sé activo, energético y entusiasta, y lograrás lo que te propongas. Nada grande se ha logrado sin entusiasmo.
Ralph Waldo Emerson[681]

El optimismo es contagioso. El optimismo tiene un extraordinario efecto en las personas. A partir de ésta idea decidí que mis ademanes y discursos públicos siempre tenían que reflejar la jubilosa Certeza de la victoria.
General Dwight Eisenhower [682]

Las personas pueden no siempre soñar en grande por ellos mismos, pero pueden entusiasmarse mucho por aquellos que sí lo hacen.
Donald Trump [683]

---

678 Aldous Juxley. Escritor inglés 1894-1963, considerado uno de los más influyentes de la literatura moderna

679 W.L. Phelps. Escritor y Maestro de Yale

680 Colin Powell. General condecorado y Secretario de Estado de los Estados Unidos de América. Primer afro americano en formar parte de la junta de consejeros marciales del gobierno de EEUU.

681 Ralph Waldo Emerson. Filósofo y escritor norteamericano. Creador del Trascendentalismo, movimiento que invitaba a pensar con individualidad.

682 Dwight Eisenhower. General de la fuerza armada y 34º Presidente de los Estados Unidos.

683 Donald Trump. Magnate estadounidense que hizo una fortuna billonaria iniciando desde abajo, dos veces en su vida.

El optimismo es la esenia del verdadero liderazgo
Thomas M. Joyce[684]

Siempre que hay alegría, hay creación
Henri Bergson[685]

Nunca se logró nada importante sin entusiasmo
Abraham Lincoln[686]

Yo quero alrededor de mí sólo a las personas que puedan mostrarme
un gran entusiasmo por el trabajo.
Harold Geneen [687]

Si crees realmente en algo, tu entusiasmo será contagioso
Bradley S. Jacobs [688]

Todo momento grande y exigente que se produce en los anales del
mundo, es el triunfo de algún entusiasmo
Ralph Waldo Emerson[689]

Para volverse entusiasta, y alcanzar una meta, ten la mente fija en
tu meta día tras día, mientras más desees aquello, más entusiasta y
dedicado te volverás.
Clement W. Stone [690]

684 Thomas M. Joyce. Presidente y director ejecutivo de Knight Trading Group
685 Henri Bergson. Premio Nobel de Literatura en 1927.
686 Abraham Lincoln. 16º presidente de Estados Unidos
687 Harold Geneen. Ejecutivo de ITT
688 Bradley S. Jacobs. Presidente y director ejecutivo de United Rentals, Inc.
689 Ralph Waldo Emerson. Filósofo y escritor norteamericano. Creador del
   Trascendentalismo, movimiento que invitaba a pensar con individualidad.
690 Clement W. Stone. Presidente de Combined Insurance Company.

Cualquier cosa que tu mente consciente asuma y crea que es verdad, tu mente subconsciente la aceptará y la dejará pasar. Cree en la buena fortuna, en la guía divina, y en todas las maravillas de la vida, porque existen.
Joseph Murphy[691]

El mayor activo que tengo, es mi habilidad de provocar el entusiasmo en las personas
Charles Schwab [692]

Todo lo que necesitas para sentirte realmente feliz, es algo por lo cual sentir entusiasmo
Anthony de Mello, en One Minute Wisdom [693]

---

691 Joseph Murphy. Psicólogo norteamericano, autor de varios Best Sellers sobre el poder de la mente.
692 Charles Schwab. Fundador de Charles Schwab Corporation, una exitosa compañía norteamericana productora de acero
693 Anthony de Mello. Psicoterapeuta y escritor Norteamericano.

GENTILEZA

Inspirado en una historia real.

Andrés era un joven empresario. Su empresa era muy pequeña, y apenas comenzaba. Sin embargo, él soñaba con hacerla crecer, y algún día colocarla en la bolsa de valores.

Un buen día, recibió una llamada de una importante compañía. La razón: hacer una cita para ver la posibilidad, de hacer un negocio con él.

Apenas colgó el teléfono, Andrés dio de brincos y gritó de la emoción. Ésta era su oportunidad de hacer un gran negocio con un corporativo importante. Sin embargo, tenía que impresionar a sus prospectos. Así que preparó una excelente presentación.

Se le dieron instrucciones de viajar a Nueva York. Allí, una persona lo recibiría en el aeropuerto, para llevarlo hasta la compañía.

El joven empresario llegó al aeropuerto de NY. Un hombre de edad avanzada lo esperaba con un letrero en las manos, con su nombre, Andrés Macías, escrito en él. Cuando el joven vio el letrero, se dirigió a aquel hombre y le dijo:

—Yo soy Andrés

El hombre le respondió:

— Mucho gusto joven, vamos, tengo el coche afuera.

—

Ya dentro del coche, Andrés platicaba con el chofer. Quería romper el hielo. Le hizo preguntas. Comentarios. Una que otra broma. Aquel anciano era un hombre muy agradable. Finalmente llegaron a su destino. Cuando Andrés bajaba del coche, le preguntó al chofer:

— ¿Cuál es su nombre?

El otro, un poco extrañado, pero con una sonrisa, respondió:

— Mi nombre es Max, joven.

— Bueno, mucho gusto en conocerte Max. Espero que haya ocasión de que podamos tomar una cerveza juntos.

— Con gusto — Dijo Max.

Llevaron a Andrés a una lujosa sala de juntas. Allí, el secretario de la mesa directiva, y un equipo de ejecutivos lo estaban esperando. Andrés hizo su presentación. Después de una larga junta, lo dejaron solo por un momento. La mesa directiva necesitaba algo de privacidad para tomar una decisión.

Finalmente, el secretario de la mesa directiva entró en la sala . . .

— Andrés. Estamos muy interesados en tu propuesta. Creemos que podríamos hacer éste proyecto con tu compañía. Sólo falta una cosa más. Nuestro presidente desea hablar contigo para ver los detalles finales. Ven conmigo, te voy a llevar a su oficina . . .

Subieron al elevador. El muchacho estaba nervioso, y emocionado. Con cada piso que subían, los latidos de su corazón eran más fuertes. La oficina del legendario fundador de la compañía estaba en el último piso. Al fin, llegaron. El ejecutivo le dijo:

— Te está esperando, pasa.

Andrés abrió la puerta lentamente. Asomó la cabeza con discreción, y alcanzó a ver una hermosa y amplia oficina. Justo junto a la ventana, en una silla de piel, de respaldo grande, había un hombre hablando por teléfono en voz baja, de espaldas a Andrés, y dirigiendo su vista hacia la ventana, y el paisaje: la gran ciudad. El hombre se percató de reojo que Andrés se había asomado, y con la mano le hizo un ademán para que se acercara, mientras continuaba hablando por el teléfono.

Andrés se acercó lentamente al escritorio del respetado hombre de negocios y presidente de la corporación. Ya estaba casi enfrente de él, cuando el hombre colgó el teléfono. Entonces giró sobre su silla, volteándose hacia él.

Era Max

Al ver la cara de sorpresa de Andrés, sonrió. Entonces le dijo:

— Siéntate muchacho

Y continuó:

— ¿Sabes algo?, lo que éste mundo necesita es gente amable como tú. Nosotros creemos que el activo más valioso de una compañía es la gente con la que trabaja. He decidido hacer negocios contigo. ¿Tenemos un trato?

— ¡Por supuesto, tenemos un trato!

Y se dieron la mano.

— Bien, vamos a comer, para discutir los detalles

Iban saliendo de la oficina de Max, y éste agregó:

—Y no olvides que me debes una cerveza.

———————

En la ciudad de Pittsburgh, en los Estados Unidos, se encuentra la universidad Carnegie Mellon. Es uno de los centros más destacados de investigación tecnológica del mundo. Estudios realizados por el Instituto Carnegie de Tecnología, demostraron algo muy interesante. Y esto es:

Que el éxito financiero de cada profesional se debe a:

+ Quince por ciento, a su conocimiento técnico

+ Ochenta y cinco por ciento, a su habilidad en "Ingeniería Humana." O sea, a la personalidad y la capacidad para tratar con las personas.

Interesante, ¿Verdad? La habilidad de tratar con las personas te da muchas cosas buenas. Si sabes tratarlas, las personas te ayudan. Te juzgan de la mejor manera posible. Cooperan contigo. Te enseñan. Y sobre todo, tú aprendes mucho de ellas.

El que es gentil va por la vida dejando amigos en lugar de enemigos.

Leí el caso de una mujer que siempre fue gentil y amable con un lava-coches de su vecindario. La dureza de su vida llevó a aquel hombre a irse por el camino fácil, y un día decidió entrar a robar a una casa a mano armada. Cuando vio que la dueña de la casa era aquella gentil mujer, le confesó que no podía pagarle así a la persona que se portó tan bien con él. Y decidió marcharse sin lastimarla.

La amabilidad y la gentileza son útiles aún con tus adversarios. Si eres gentil con ellos, creerán que no tienen que cuidarse de ti. Incluso pueden convertirse en tus aliados.

Saluda a las personas. Sonríe con ellas. Nunca seas indiferente a la gente. Nadie es tan inferior que no merezca tu saludo. Te lo aseguro: tus huesos también van a estar bajo tierra un día, igual que los suyos. Ayudar a alguien a cargar sus bolsas; abrir una puerta para que pase; hacer un favor con buen ánimo; . . . todo ése tipo de acciones son propias de un espíritu de mentalidad superior. Si le caes bien a alguien, ésa persona no será indiferente a ti cuando necesites un favor. Y viceversa.

Aún en las relaciones con el sexo opuesto, nunca subestimes el poder de una sonrisa. Un experimento, en el que a hombres y mujeres se les mostraron fotografías de personas del sexo opuesto, reveló que tanto mujeres como hombres se sienten más atraídos hacia personas del sexo opuesto cuando sonríen. Te aseguro: no ganarás mucho si vas por la vida con tu cara de Terminator. Eso sólo funciona en un mundo Hollywoodense de vampiros sexys, y de estrellas de lucha libre que pelean contra extraterrestres.

Cuentan que una señora de edad avanzada, estaba en la central de autobuses esperando su autobús. Fue a un puesto de comida y compró una bebida y una bolsa de galletas. Entonces fue a sentarse a la sala de espera.

—

Había un niño sentado junto a ella. Estaba la señora tomando su bebida, cuando oyó el ruido de la bolsa de galletas. El niño había tomado una galleta, y se la comía como si nada. Al ver esto, la señora se molestó, y pensó: "pequeño insolente." Pero no quiso ser muy ruda con él. Así que tomó una galleta de la bolsa, y se la comió de dos bocados, en la cara del niño. Esa fue su forma de decirle: "Estas son mis galletas."

Al niño esto le pareció muy gracioso. Sonrió, y para sorpresa de la señora, tomó otra galleta y se la comió. Esta vez, la señora, más molesta, tomó otra galleta, y la devoró de un bocado en la cara del niño. A éste le pareció aún más gracioso, y empezó a reír.

Y así siguió el juego, hasta que sólo quedaba una galleta. La mujer ya estaba muy enojada. Con rudeza, tomó la última galleta y se levantó de ahí, refunfuñando: "pequeño rufián, cínico." Entonces se dirigió a su autobús para abordarlo. El chofer le pide su boleto, y ella, cuando abre su bolsa para buscarlo, ve con sorpresa que ahí estaba su bolsa de galletas aún sin abrir. Había olvidado que la guardó ahí. Todo el tiempo le había quitado sus galletas al pequeño, y a éste no pareció importarle. La mujer se sintió muy apenada. Y a la vez, agradecida por la lección de humanidad que aprendió de aquel encantador niño.

Arthur Schopenhauer, un gran filósofo alemán, dijo:

"Hacerse de enemigos por falta de cortesía es tan tonto como prender fuego a tu propia casa. La cera, naturalmente dura, puede suavizarse con un poco de calor, para que tome la forma que quieras. Siendo cortés y amable, puedes volver maleable y atenta a la gente, aunque naturalmente sea refunfuñona y malévola."

Viniendo del poderoso, la amabilidad tiene la capacidad de ganarse el cariño de la gente. Lo vuelve encantador. Ser amable da al poderoso más carisma. Un líder gentil logrará mucho al ganarse la simpatía de la gente, y tener el apoyo de las masas.

Ser gentil y amable es una forma muy inteligente de actuar.

Y aún más:

La amabilidad y la gentileza tienen más poder del que supones. Un acto de amabilidad te pone en un estado de ánimo muy positivo. Al estar en armonía con la energía positiva del universo, atraerás sobre ti cosas buenas. Haz la prueba. Por ejemplo, en medio del tráfico, cede el paso a un conductor que lo necesite. Lo más probable es que te lo agradezca. Sigue así, y verás que el día será bueno.

————

Cuando conozcas a una persona, cualquiera que sea su posición social, compórtate cortés y amigablemente con ella porque al principio nunca sabes quién es.
George G. Gellert[694]

La medida de tu éxito es cómo tratas a tu familia, amigos, compañeros de trabajo y a los desconocidos que te encuentras en el camino.
Bárbara Bush[695]

La verdadera medida del hombre es cómo trata a alguien que no puede darle nada a cambio
Samuel Johnson [696]

Ser gentil con los superiores es un deber; ser gentil con los iguales, una muestra de cortesía; ser gentil con los inferiores, una prueba de nobleza.
Benjamin Franklin[697]

La dulce piedad es símbolo de la verdadera grandeza
William Shakespeare [698]

694 George G. Gellert. Presidente de Atlanta Corporation, EEUU
695 Bárbara Bush. Ex-Primera dama de los Estados Unidos de Norteamérica
696 Samuel Johnson. Escritor inglés.
697 Benjamin Franklin. Filósofo, político y científico estadounidense, uno de los personajes más trascendentes en la historia de los Estados Unidos de Norteamérica.
698 William Shakespeare. Genio de la literatura universal. Considerado el mejor escritor inglés y uno de los mejores del mundo de todos los tiempos

—

Sé amable y generoso; esfuérzate por crear un ambiente cálido, con ambiente familiar
Sakichi Toyoda (precepto del éxito 4) [699]

Tú puedes escoger ser amigable o ser un cascarrabias. Escoge ser amigable, amable, y todo el mundo te responderá.
Joseph Murphy[700]

El verdadero sabio sólo es riguroso consigo mismo, con los demás es amable
Plutarco [701]

Pon atención en aquello que te gusta y no te gusta respecto a la manera en que las personas tratan a los demás. Sigue la conducta de los directivos que admiras y rechaza la de quienes no admiras.
Malcolm A. Borg [702]

Debo ser: fuerte pero gentil. Amable pero firme. Humilde pero atrevido. Agradecido pero valiente
Anónimo

Necesitas tomar un poco de tiempo para hacer a la otra persona sentirse importante
Mary Kay Ash [703]

Trata a las personas como te gustaría que te trataran a ti
Robert B. Catell[704]

---

699 Sakichi Toyoda. Fundador de Toyota, la compañía japonesa más importante de la historia
700 Joseph Murphy. Psicólogo norteamericano, autor de varios Best Sellers sobre el poder de la mente.
701 Plutarco. Matemático, historiador y ensayista griego, contemporáneo al emperador Claudio. Uno de los grandes de la literatura helénica y de todos los tiempos.
702 Malcolm A. Borg. Presidente de North Jersey Media Group
703 Mary Kay Ash. Fundadora de Cosméticos Mary Kay
704 Robert B. Catell. Presidente y director ejecutivo de KeySpan Corporation

Trata a las demás personas como quieras que te traten a ti.
Arnold D. Friedman[705]

Haz lo correcto cuando negocies con las personas y trátalas exactamente igual a como quisieras que te trataran.
Larry A. Silverstein[706]

Es más importante primero hacer amigos, y luego hacer negocios
Alba Alamillo [707]

Ten la certeza de que no hay persona tan insignificante y de poca consideración que no pueda en un momento serte útil, lo que sin duda no será si alguna vez la has tratado con desprecio.
Lord Chesterfield [708]

La educación y la cortesía abren todas las puertas
Tomás Carlyle [709]

La felicidad puede entrar de repente por una puerta que habías dejado abierta
John Barrymore [710]

Los ideales que iluminan mi camino y una y otra vez me han dado coraje para enfrentar la vida con alegría, son: **la amabilidad**, la belleza y la verdad.
Albert Einstein[711]

---

705 Arnold D. Friedman. Fundador de Lebhar-Friedman, Inc.
706 Larry A. Silverstein. Presidente de Silverstein Properties
707 Alba Alamillo. Consultora en recursos humanos y escritora
708 Felipe de Chesterfield. Conde, Estadista y Escritor inglès del siglo XVIII
709 Tomás Carlyle. Escritor escocés, autor del conocido clásico "El Sastre Sastreado".
710 John Barrymore. Actor norteamericano del Hollywood de los años treintas
711 Albert Einstein. Físico alemán, una de las mentes más brillantes de la historia

La amabilidad es un lenguaje que los sordos pueden oír y los ciegos
pueden ver
Mark Twain[712]

Las palabras amables son fáciles de decir, pero su eco es eterno
Teresa de Calcuta[713]

Las palabras amables no cuestan mucho. Pero sí logran mucho
Blaise Pascal[714]

Cuando eres gentil con alguien, esperas que lo recuerde y sea gentil
con alguien más. Y así se convertirá en algo así como un incendio
forestal.
Whoopi Goldberg [715]

La gente olvidará lo que dijiste, la gente olvidará lo que hiciste, pero
la gente nunca olvidará cómo la hiciste sentir.
Maya Angelou[716]

Sé amable, porque cualquiera que conozcas también está librando
una difícil batalla
Philo [717]

Nunca entres a tu oficina o a cualquier lugar importante, sin saludar a
las personas que están en el lugar. Un sincero y sencillo "buenos días"
trae muchos beneficios.
Fatima Goldman[718]

---

712 Mark Twain. Escritor y Humorista norteamericano, creador de Huckleberry Finn
y Tom Sawyer
713 Teresa de Calcuta. Premio Nobel de la Paz en 1979 por su labor humanitaria a
favor de la humanidad.
714 Blaise Pascal. Genio Matemático francés.
715 Whoopi Goldberg. Actriz norteamericana, ganadora del Globo de Oro.
716 Maya Angelou. Bailarina, cantante de opera, actriz de Broadway, poetisa, productora
de TV, política norteamericana y primera afroamericana en ser nominada para el
premio Pulitzer.
717 Philo de Alejandría. Filósofo griego de la antigüedad
718 Fatima Goldman. Director ejecutivo de Federation of Protestant welfare Agencies,
Inc.

No hay ninguna cosa seria que no pueda decirse con una sonrisa
Alejandro Casona[719]

La risa es la distancia más corta ente dos personas
Victor Borge[720]

La sonrisa es el lenguaje de los inteligentes
Victor Ruiz Iriarte[721]

¿En qué abismo de pobreza no puede caber la amable divinidad de una sonrisa?
Amado Nervo [722]

El hombre que no sabe sonreír no debe abrir la tienda
Proverbio chino

He aprendido, que cada persona a la que conoces merece ser obsequiada con una sonrisa
De la lista "Lo que he Aprendido" de Andy Rooney [723]

La risa nos mantiene más razonables que el enojo
Duque de Levis[724]

La caridad, opulenta o humilde, siempre lleva el ropaje de la cortesía
Amado Nervo

La única manera de hacer un amigo, es serlo
Ralph Waldo Emerson[725]

---

719 Alejandro Casona. Poeta y escritor español
720 Victor Borge. Comediante, conductor y pianista danés
721 Victor Ruiz Iriarte. Dramaturgo y comediante español
722 Amado Nervo. Poeta mexicano reconocido internacionalmente
723 Andy Rooney. Exitoso escritor y humorista de radio y televisión norteamericano, ganador de varios premios Emmy. Conocido por su show en vivo de la CBS, "A few minutes with Andy Rooney", desde 1978
724 Duque de Levis. Escritor francés
725 Ralph Waldo Emerson. Filósofo y escritor norteamericano. Creador del Trascendentalismo, movimiento que invitaba a pensar con individualidad.

Tratamos a nuestra gente como si fuera de la realeza. Si honras y sirves a la gente, ellos te honrarán y te servirán.
Mary Kay Ash[726]

Al final de cuentas, le apuesto a las personas, no a las estrategias
Larry Bossidy[727]

Puedes tener la mejor estrategia de trabajo que de nada te servirá si no tienes a la gente adecuada.
Harris E. Deloach, Jr [728]

Yo ya no trabajo con técnicas, me dedico a cultivar a las personas
Kazuo Inamori[729]

726 Mary Kay Ash. Fundadora y directora de Cosméticos Mary Kay
727 Larry Bossidi. Ex director ejecutivo y presidente de Allied Signal y de Honeywell International
728 Harris E. Deloach, Jr. Presidente y director ejecutivo de Sonoco
729 Kazuo Inamori. Fundador de la compañía Kyocera Ceramics

GRATITUD

Don Manuel estaba acomodando los quesos en el refrigerador. Su pequeño súper de abarrotes estaba teniendo mucho éxito, y tenía mucho trabajo. Entonces, se dio cuenta que un niño pequeño veía los quesos. Ricky era un niño pobre.

— Hola Ricky

El niño, con una voz muy suave y carita de pena, le dice:

— Hola Don Manuel. Esos quesos se ven muy ricos

— ¿Quieres uno?

— Pero no tengo dinero

— Bueno. Vamos a hacer algo: ¿Qué tienes de valor que me puedas dar a cambio del queso?

El niño sacó de su bolsillo una canica azul, grande . . .

— Sólo tengo mi canica de la suerte

— Mmm . . . solamente que tu canica es azul, y a mí me gustan las canicas rojas. Te diré algo: llévate el queso, y cuando consigas una canica roja, me la traes.

El rumor se corrió por entre los niños pobres del barrio. Al rato, Don Manuel ya tenía varios deudores de objetos difíciles de encontrar, porque nunca tomaba las prendas que le ofrecían. Y su esposa ya empezaba a preocuparse, porque su corazón era más grande que sus necesidades.

De todos los niños, Ricky era su mejor "cliente". Cada vez que el niño tenía hambre, iba con su viejo amigo a intercambiar algún objeto por comida. Y así fue por mucho tiempo.

Un día, Ricky dejó de ir a la tienda.

Pasaron los años. El barrio cambió. Una gran tienda departamental abrió ahí, y Don Manuel perdió mucha clientela. Ya era un hombre viejo, y enfermo del corazón. El negocio no iba bien y ya no podía pagar la hipoteca de su casa. Con la angustia de que el banco lo embargara, un día, mientras cargaba unas cajas, le dio un infarto.

Su esposa lo llevó al hospital. Allí lo operaron del corazón y lo salvaron. Sin embargo, Don Manuel seguía preocupado. Le dijo a su esposa:

— Ahora, ¿cómo vamos a pagar la cuenta?

Su médico, y la encargada de cobranzas, entraron en su habitación . . .

— Don Manuel. Su cuenta ya ha sido pagada

— ¿Pero cómo?

— Un señor, que prefiere permanecer anónimo, vino y se hizo cargo de todos los gastos

Don Manuel fue dado de alta, y su esposa lo llevó a casa. Unos días después, una muchacha bien vestida, baja de un coche de lujo, y toca a su puerta . . .

— Buenos días. ¿Señor Manuel?

— Sí, soy yo

— Trabajo para el bufete legal Fernández y Asociados. Soy la asistente del Licenciado Fernández. Él ha pagado su hipoteca, y me pidió que viniera por usted para ver los detalles de la escritura.

Don Manuel se quedó sin palabras. No podía creer lo que estaba escuchando.

— ¿Quién es el licenciado Fernández, es la persona que pagó la cuenta del hospital?

— Así es señor

— Esto es muy extraño. Quiero hablar con él

La muchacha va al coche, y habla con alguien por la ventana. Entonces, un caballero vestido con un traje azul marino baja del coche y se dirige a Don Manuel. Con una sonrisa, le da la mano y le dice:

— Don Manuel, buenos días. Soy el licenciado Fernández . . .

El viejo lo interrumpe:

— Mire joven, no sé porqué está haciendo esto. Yo le agradezco lo que ha hecho por mí, pero no puedo aceptar su ayuda

El abogado le dice:

— ¿Ayuda? No es ayuda. Estoy saldando una deuda

Entonces, el abogado le da su tarjeta. Que decía:

"Fernández y Asociados. Lic. Ricardo Fernández. Director General."

Don Manuel seguía sin entender nada. Entonces, el caballero toma la mano del anciano con generosidad, y pone en ella un pequeño objeto:

Una canica roja.

La gratitud nos proporciona un estado espiritual de alegría con lo que nos ha sido dado, y éste estado de felicidad atraerá a su vez muchas cosas buenas a la persona que se siente agradecida.

Pero hay más. Mucho más, que debes saber acerca de la gratitud. La gratitud es básica para ser feliz. ¿Por qué? Porque la felicidad no es únicamente lograr lo que quieres, sino valorar lo que tienes. Esto es muy importante, así que lee con atención:

Valorar lo que tienes es indispensable para poder ser feliz.

Se cuenta que un muchacho universitario tenía un padre rico. Así, desde niño lo tenía todo. La mejor educación, dinero para gastar, viajes, diversión, un buen coche. Sin embargo, parecía que todo esto no lo llenaba. Ya estaba a punto de graduarse, y le dijo a su padre:

— Papá, quisiera que de regalo de graduación me dieras algo que es muy especial para mí

— ¿Y qué es?

Dijo el padre

— Es un coche deportivo, un BMW rojo, padrísimo, que vi en "Automotriz del Parque". ¿Qué dices?

— Ya veremos . . .

Llega el día de la graduación. Después de la fiesta, el padre llama al hijo a su despacho.

— Hijo, quiero darte algo

El muchacho se emocionó. No era difícil asumir que su padre le compró el soñado coche. Entonces, de un cajón tomó un paquete envuelto para regalo, y se lo dio. Con cariño, le dice . . .

— Anda, ábrelo

Extrañado, el muchacho lo abre . . .

Era una Biblia. Venía adentro de una funda de piel. Y en la funda, su nombre grabado con letras doradas. El padre tenía creencias religiosas y le pareció que sería un buen regalo para su hijo inmaduro.

Sin embargo, el muchacho no reaccionó muy positivamente:

— ¿Una Biblia? ¿Con todo el dinero que tienes, me regalas una Biblia? ¡No puedo creer que seas tan tacaño papá!

Entonces, avienta la Biblia sobre el escritorio y muy molesto sale de ahí, dejando al padre con el corazón roto.

El muchacho consiguió un buen trabajo en otra ciudad, y se mudó. Pasaron los años y progresó, se convirtió en un hombre de negocios y se hizo rico. Sin embargo, seguía sin ser feliz. Durante éste tiempo tuvo muy poca comunicación con su padre.

Un día, con un vacío en el alma, reconoce que todo lo que él era se lo debía al hombre que le había dado todo. Extrañaba a su padre. Entonces tomó su celular y decidió hablarle para pedirle una disculpa. La madre le contesta, y le dice:

— ¿En dónde te has metido? Tu padre ha muerto

Con el corazón roto, el muchacho toma el primer avión a su casa. Llega y abraza a su madre.

Con nostalgia, entra en el despacho de su padre, donde recibió tantos buenos consejos de él. Lentamente, observaba todas sus cosas. Cada una traía un recuerdo. En eso, ve en el librero la funda de piel con la Biblia que su padre le regaló años atrás. Esta vez, la toma con respeto y la abre. Inmediatamente sintió algo abultado en la funda. En la bolsa interior que sirve para guardar documentos, descubre algo que lo deja frío:

Unas llaves con el logotipo de BMW. El llavero decía: "Automotriz del Parque." Y una tarjeta que decía: "Estoy orgulloso de ti."

Entiende esto: de nada te sirve tenerlo todo si no te sientes feliz por ello. Es preferible tener la capacidad de valorar lo que tienes ahora, y emocionarte por eso. Es triste ver a gente que vive en un gran país, en una hermosa casa, gozan de salud, riqueza, educación, cariño, paz; y sin embargo, no son felices. Y buscan la manera de llenar ése vacío. Un hombre o una mujer que se ha acostumbrado a tenerlo todo sin valorarlo, y que ha perdido la capacidad de emocionarse, lo ha perdido todo.

—

La razón por la que la mayoría de las personas tienen sueños y metas, es que valoran aquello que no tienen, y por lo tanto, anhelan tenerlo. Tal vez conozcas la alegría de encontrarte con personas que quieres, después de mucho tiempo de no haberlas visto. La alegría de volver a aquel lugar en el que hacía años que no estabas, y en el que fuiste feliz, y no te habías dado cuenta. Incluso con el placer de volver a comer un platillo que te encanta, y hacía mucho tiempo que no lo probabas. La alegría de recuperar la salud, la fortuna, el amor, que creías haber perdido, y entonces, llegaste a valorar.

Haz éste experimento: cuando sea de noche, sal a la calle y observa todo lo que brille. Notarás que la luz es más bella cuando es de noche. Eso es porque hay muy poca, y la obscuridad de la noche permite valorar la belleza de la luz. Por eso a la gente le gusta adornar sus casas con luces en Navidad.

Si no valoras lo que tienes, y no sientes agradecimiento por ello, en verdad, no importa cuánto recibas, nunca será suficiente. En el relato bíblico, Dios le ofreció al rey Salomón concederle lo que le pidiera. Y Salomón, en lugar de pedir riqueza, o fama o poder, pidió sabiduría. Con la sabiduría llegaron todas esas cosas. Y así es en la vida. Déjame explicarte: para una persona que no tiene sabiduría, no importa cuánta riqueza se le otorgue. Terminará gastando todo el dinero. Despilfarrando toda su riqueza. Dice un refrán: "Padre Mercader, Hijo Caballero, Nieto Obrero."

Es bueno que voltees hacia arriba, hacia el progreso y el éxito que otros han logrado, para darte cuenta de lo que puedes lograr, y desear triunfar como ellos. Y sin embargo, también es bueno darte cuenta que desde donde estás, puedes valorar aquello que añoras tener, y gracias a eso, cuando lo obtengas, te hará feliz.

En verdad, la gratitud es uno de los sentimientos más poderosos en el camino al progreso. Los grandes sabios descubrieron éste secreto:

Hay un poder mágico en la gratitud. Aquellas cosas por las que estás profundamente agradecido, y te sientes feliz por tenerlas, misteriosamente y milagrosamente, comienzan a llegar más y más abundantemente a tu vida.

Victoria Gallagher, especialista certificada en hipnoterapia y creadora de hyptalk.com, hablando del poder de la mente humana para atraer el bienestar, dijo:

"De todas las emociones, la gratitud es la principal."

La gratitud es un poderoso imán de progreso.

Debo ser: fuerte pero gentil. Amable pero firme. Humilde pero
atrevido. **Agradecido** pero valiente
Anónimo

La gratitud libera toda la plenitud de la vida. Convierte lo que tenemos
suficiente, en más. Convierte el caos en orden, la confusión en claridad.
La gratitud convierte una comida en un festín; una casa en un hogar;
un extraño en un amigo.
Melody Beattie [730]

El éxito consiste en obtener lo que se desea. La felicidad, en disfrutar
lo que se tiene
Ralph Waldo Emerson[731]

Nadie sabe lo que tiene hasta que lo ve perdido
Dicho popular

Para valorar la riqueza, hay que conocer la adversidad
Charles Chaplin[732]

Cuando el hombre conoce lo no bello, conoce también lo bello.
Cuando conoce lo no bueno, conoce también lo bueno.
Lao Tsé [733]

---

730 Melody Beattie. Escritora norteamericana, vendedora de best seller sobre el tema
de la codependencia.
731 Ralph Waldo Emerson. Filósofo y escritor norteamericano. Creador del
Trascendentalismo, movimiento que invitaba a pensar con individualidad.
732 Charles Chaplin. Actor, Compositor y Director de cine cómico. Cofundador de
United Artists en 1919. Considerado el más grande genio del cine de comedia.
733 Lao Tsé. Grán filósofo chino de la antigüedad (604-531 a.C.) autor del Tao Te
King.

Estoy agradecido de todas mis dificultades. Después de resolver cada una que se me presentaba, me volvía más fuerte y más capaz, crecí en todas mis dificultades.
J.C. Penny[734]

El agradecimiento es la memoria del corazón
Lao Tsé

Estar contentos de lo que poseemos es la más segura y mejor de las riquezas
Marco Tulio Cicerón[735]

Sé agradecido por las cosas grandes y las pequeñas, en pensamiento y en acción
Sakichi Toyoda (precepto del éxito 5) [736]

734 J.C. Penny. Fundador de las tiendas departamentales J.C. Penny
735 Marco Tulio Cicerón. Político romano 106-43 a.C.
736 Sakichi Toyoda (precepto 5). Fundador de Toyota, la compañía japonesa más importante de la historia

PIENSA

Un muchacho bien vestido, peinado y perfumado, tocaba el timbre de una casa. Tenía una cita con una linda chica. Entonces, le abrieron la puerta. Era un niño pequeño, con el pantalón sucio de las rodillas, desaliñado, y con un vaso de refresco en la mano y la boca sucia con mermelada.

— ¿Está tu hermana?

— No está

— ¿Cómo que no está? ¿A dónde fue?

— Salió con un muchacho

Decepcionado, el muchacho marca al celular de la chica. Nadie contesta. Ya molesto, le dice al niño:

— Cuando regrese dile que vine a buscarla.

El niño cerró la puerta. Un minuto después, su hermana que venía saliendo de la regadera del baño, y secándose el cabello, le preguntó:

— Memo, ¿No han venido a buscarme?

Memo era un travieso y extremadamente listo niño de escasos pero muy felizmente vividos siete años de edad. También era generalmente el culpable de todas las travesuras en la casa y en la escuela: compras por teléfono con la tarjeta de crédito de la mamá; la azucarera con sal y el salero con azúcar; los timbres de las casas vecinas sonando por minutos, pegados con cinta adhesiva; el viejo perro pintado de la cara; los libros de un compañero en la mochila de otro; bigotes pintados en la foto de la fundadora de la escuela; etcétera . . .

En la escuela de Memo se celebró una actividad navideña. Cada niño escribió en una carta lo que quería de regalo en navidad. Luego, los niños entregaron sus cartas a sus maestros, y ellos colocaron cada carta en un sobre con los nombres de cada niño. Luego, amarraron cada carta a un globo con gas. Entonces, salieron al patio, y los niños soltaron los globos para que se llevaran sus cartas "al cielo para que Dios las leyera". Claro, si se portaban bien. La realidad era, que los maestros iban a dar a los papás las cartas originales escritas por los niños, para que así supieran qué regalos deseaban recibir sus hijos en navidad.

Por razones obvias, Memo estaba muy preocupado. Y muy serio. La casa, muy quieta. Ya no había quejas de los vecinos. Tampoco de los maestros. Y el niño no se veía feliz. Esto no era normal. Sus papás notaron éste cambio. Entonces, el papá se acerca a él:

— ¿Por qué estás tan serio Memo?

El niño, serio y preocupado, con voz muy suave, le dice:

—Papi, la maestra me dijo que me he portado mal, y Santa Claus no me va a traer la bici que le pedí.

El padre era un hombre sabio. Al escuchar esto, pensó por un momento cómo explicarle al muchacho la realidad, sin entrar en detalles que le quitaran la ilusión de la navidad. Entonces tomó un vaso de vidrio y lo puso suavemente sobre la mesa. Luego, tomó una jarra con agua y llenó el vaso con ella exactamente hasta la mitad, con una precisión casi matemática. Entonces, el padre le preguntó al niño:

—¿Hasta dónde llené el vaso con agua?

El niño, un poco extrañado, respondió:

—¡Pues a la mitad!

El padre dijo:

—Yo desde aquí lo veo casi lleno, y yo soy adulto, además soy ingeniero. ¿Estás seguro que está a la mitad?

—

El niño, sonriendo, volvió a decir con seguridad:

—¡Sí, está a la mitad!

El padre le dijo:

—Tienes razón. El agua está a la mitad.

Y continuó:

—Memo, hay quienes verán éste vaso medio lleno. Hay otros que lo verán medio vacío. Verlo así como lo ves tú, es ver las cosas como son. Es pensar. No importa lo que digan los demás. Y no importa lo que dijo tu maestra. Tú eres un buen niño. Esa es la verdad. Yo digo que tendrás esa bicicleta.

Llegó la mañana de la navidad y cuando Memo se despertó, corrió hacia el árbol. Allí había una formidable bicicleta azul, como él la pidió, esperándolo.

———

Los adultos somos en el fondo muy parecidos a los niños. A veces por ignorancia, a veces por miedo, nuestro "niño interior" puede ser tan ingenuo, y tan crédulo como un niño de primaria.

Este niño era normal y feliz. Y muy travieso. Y su maestra, aunque era una figura de autoridad, y se suponía que una portadora de la verdad, en un momento de debilidad y de conveniencia, se aprovechó de su temor de niño, y de su ingenuidad, y le dijo algo que no era cierto. Así, pudo controlarlo.

La enseñanza del vaso de agua lleno a la mitad es tan vieja como tengo memoria. Unos tratarán de convencerte que está medio lleno. Otros, que está medio vacío. La realidad es que está a la mitad.

Escucha con atención. Hay dos cosas que tienes que aprender a poner a prueba, y descubrir lo que realmente hay detrás: Lo que se enseña, y lo que No se enseña.

+ Lo que se enseña

Tienes que ser imparcial. Esto significa, que no debes permitir que otros traten de manipularte para que creas lo que ellos quieren. O hagas lo que ellos quieren. En cambio, tienes que usar tu inteligencia. Esto te ayudará en muchas situaciones de tu vida, en las que los "maestros" del mundo quieran venderte alguna idea, para su propio beneficio. Así, verás las cosas tal como son. Esto te dará una capacidad de razonamiento tal, que serás libre y feliz. Libre de ataduras y prejuicios. Con una gran capacidad de vivir tu vida plenamente.

Los grandes maestros del engaño se aprovechan del miedo de la gente ignorante. Verás: el universo está lleno de energía positiva y también negativa. El mundo, lleno de cosas buenas y otras obscuras. La naturaleza tiene cosas hermosas y algunas algo grotescas. A nosotros nos toca escoger si queremos tomar lo bueno, contemplar lo bello, llenarnos de energía positiva y enfocarnos en lo que atrae bienestar y alegría. Y regir nuestras vidas con buenos principios que llevan a la felicidad.

El enfocarse en cosas negativas, el miedo a lo malo y a lo desconocido, combinado con la ignorancia y algo de misterio, ha llevado a muchas personas a creer en supercherías, doctrinas extrañas, rumores, promesas, profecías y corrientes, que cortan, poco a poco, la libertad de pensar, de actuar y de vivir una vida plena y feliz.

La inteligencia y la capacidad de razonar es uno de los mejores dones que la divinidad te ha dado, porque te lleva a descubrir las cosas como realmente son, o dicho de otra forma: a la verdad.

Para ser realmente feliz, debes atreverte a ver la vida tal como es. Sin hacer mucho caso a las opiniones de los llamados "expertos," de los "asesores" y de las "autoridades respetadas" en el mundo de la publicidad, la falsa intelectualidad, el misticismo y el sectarismo.

Una tierra esférica

Déjame darte un ejemplo: en la antigüedad, la mayoría de la gente creía que la tierra era plana. Digo la mayoría porque había algunos que sabían que es esférica. Fernando de Magallanes fue un navegante famoso que descubrió que nuestro planeta es esférico, porque era muy observador. El dijo: "La iglesia dice que la tierra es plana, pero yo sé que es esférica, porque he visto su sombra en la luna." Cristóbal Colón, Galileo, y otros, sabían por medio de la observación ó el método científico, que la tierra es esférica.

Piensa. Así es como los grandes negocios, empresas, obras literarias, inventos y avances de la ciencia y la tecnología se han hecho. Pensando. Atreviéndose a no dar por hecho lo que está escrito, y a poner en duda lo que se dice. Incluso ponerlo a prueba. Aunque lo digan autoridades respetadas. Pocas mentes son así, pero las hay. Estas extraordinarias personas son las clásicas que desde pequeñitas, en la función infantil donde el mago hace su número, están muy atentas para ver en dónde está el truco, mientras los otros niños ingenuos gritan ¡guau! Obviamente los "magos" detestan a los inteligentes. En la vida es igual. Hay muchos "magos" llamados Políticos, Banqueros, Líderes, Intelectuales, Autoridades, Empresas, Profetas, Pastores, Asesores ó Expertos. Preparan sus trucos de prestidigitación y sus palabras seductoras. Se aprovechan de la ignorancia. Se aprovechan del temor. Así, engañan a los incrédulos. Como a niños. ¿Para qué? Para su propio beneficio. O porque también ellos tienen temor. Así que ten cuidado cuando escuches a uno de éstos.

Pocas personas prefieren pensar que creer. Estos seres extraordinarios son valientes para cuestionar lo que se les dice. Y desde pequeñitos, ponen en problemas a los papás y a los maestros, con preguntas difíciles. Estas preguntas van aumentando su grado de inteligencia conforme van pasando de niños pequeños a niños grandes, a adolescentes y luego a adultos. Preguntas como:

—Si la cigüeña trae a los bebés, ¿cómo le hizo para meter a mi hermanito en la panza de mi mamá?

—¿Por qué Santa Claus no visita a los niños pobres?

—¿Con quién hablaba Dios cuando dijo "Hagamos al hombre a Nuestra imagen"?

—Si el presidente prometió un cambio, ¿por qué están en su gabinete las mismas personas que provocaron la crisis?

Si tú puedes entender el proceso por el que realmente se llega a la verdad, estarás protegido y a salvo de engaños, manipulaciones y trucos. El método es fácil: primero, pon en duda si lo que te han dicho es cierto. Luego, observa. Observa los hechos. Observa con atención. Observa los detalles. Eso te llevará al siguiente paso: hacerte preguntas. Muchas preguntas. La inteligencia de la gente se ve más en sus preguntas que en sus respuestas. Pensando sobre las preguntas, tendrás una teoría, una suposición. Piensa en todas las posibilidades. Entonces pon a prueba si lo que supones es correcto.

A pesar de lo que se dice, lo que se enseña, lo que se predica, e incluso de lo que está escrito como verdad, la realidad es muchas veces diferente. Recuerda:

+ Si algo no da resultado es porque no funciona
+ Si una promesa no se cumple es porque es falsa
+ Si una regla no se observa, es porque sólo existe en un papel
+ Si las palabras no concuerdan con los hechos, es porque son mentiras

Sólo los hechos son realidad. Así de simple.

Abre los Ojos

Hay una película filmada en la década de los ochentas que es formidable, en la que el protagonista, un obrero de Nueva York, encuentra en el basurero de un callejón unos misteriosos anteojos obscuros. Cuando se los pone, ve el mundo como en realidad es. Así, ve rostros hostiles en gente que sin los lentes se ve amable, y viceversa. Cuando él ve los anuncios publicitarios con los lentes, lee "fraude". Cuando se los quita, lee "gran oportunidad." En donde dice "estamos para servirle", con los lentes puestos lee "queremos su dinero." Y así, descubre que muchas cosas no son lo que aparentan. No son como él creía. Tú también, usa los anteojos de la razón, y verás con mucha frecuencia que donde los defraudadores dicen blanco, en realidad es negro, y donde dicen negro, en realidad es blanco.

Usa ésos anteojos de la razón. No creas en todo lo que está escrito. Nadie está más lejos de la verdad que aquel que cree que ya la encontró. No confíes en todo lo que se dice.

Pseudo Ciencia

No te dejes engañar por falsas evidencias pseudo "científicas" ¡Ah, cómo les gusta a los mentirosos éste viejo truco! Afirman: "¡Hay evidencia científica de esto; hay pruebas científicas de aquello!" Eso, si son mentirosos principiantes. Si son defraudadores profesionales, producirán un video, o un documental, con su supuesta verdad comprobada por evidencia falsa, disfrazada de ciencia.

Sin embargo, la clave para descubrirlos es fácil. Mira: el verdadero método científico es: descubrir algo que es verdad, y se puede comprobar. La verdadera ciencia se traduce en **realidades**, en tecnología. Déjame explicarte:

Un jet supersónico es una realidad. Un satélite en el espacio es una realidad. Un transplante de córneas es una realidad. Una computadora es una realidad. Un teléfono celular con internet es una realidad. Maravillosas realidades. Por el otro lado: un documental, un reportaje, un video, una conferencia, y todas ésas cosas son sólo palabras. Y algunas veces, son fanfarronerías. Especialmente cuando vienen condimentadas con música misteriosa y citas de libros sagrados. Trucos. Prestidigitación. Sacar un conejo de un sombrero. Y los ingenuos gritan ¡guau!

Ciegos que guían a otros Ciegos

Además de los mentirosos, hay otro tipo de sujetos que son realmente interesantes: los que creen saber algo. Estos, suponen que las cosas son como ellos creen. Y aunque sus intenciones pueden ser buenas, el resultado es como si no lo fueran. Son ciegos que guían a otros ciegos.

Cuenta una leyenda Zen, [737] que había un joven al que, en sus sueños, se le aparecía un espíritu. El espíritu lo molestaba, diciéndole:

— Se todo lo que haces, todo lo que dices, y todo lo que piensas. No puedes librarte de mí.

Y así sucedía con mucha frecuencia. Un día, el joven, ya cansado de la situación, va y busca a un gran maestro Zen. Y le explica su problema:

— Este espíritu me visita por las noches, en mis sueños, y sabe todo lo que hago, lo que digo y lo que pienso.

El maestro Zen lo reflexiona un poco, y le responde:

— Te diré lo que harás. Hoy en la noche, antes de irte a dormir, llenarás una pequeña bolsa con granos de arroz. Entonces, la vas a amarrar con una cuerda a tu cintura, y te irás a dormir con ella. Cuando el espíritu venga, y te moleste, pregúntale cuántos granos de arroz hay en la bolsa.

El muchacho vuelve a su casa. Llena una pequeña bolsa con arroz, la amarra a su cintura, y se va a dormir.

Durante la noche, nuevamente se le manifiesta el espíritu en sus sueños. Y le dice:

---

737 El Zen es la filosofía japonesa que trata del camino a la espiritualidad

— Ya sé que fuiste a buscar a ése maestro Zen, para hablarle de mí. ¿Acaso crees que eso te ayudará a liberarte de mí? ¿Ves cómo veo todo lo que haces?

El joven le responde:

— He aquí: si lo sabes todo, y si lo ves todo, dime: ¿Cuántos granos de arroz hay en la bolsa que tengo en mi cintura?

El espíritu no contestó. Y aún más: ya no volvió.

El joven regresa unos días después con el maestro, y le dice:

— Maestro, hice lo que me indicó. ¡Milagrosamente, el espíritu ya no volvió!

El maestro le pregunta:

— ¿Y tú sabes por qué no volvió?

— No maestro

— Bien. No volvió porque nunca existió. Sólo era producto de tu imaginación. Así, el supuesto "espíritu" solamente sabía las cosas que tú sabías. Al haberle preguntado cuántos granos de arroz había en la bolsa, no supo responder, porque tú tampoco lo sabías.

Lo que le sucedía a éste joven también pasa en la vida con muchas personas. Las supersticiones y creencias extrañas que tienen, muy frecuentemente sólo existen en su imaginación.

Es verdad que hay cosas maravillosas que son realidad. Sin embargo, sólo debes creer en lo que te conste que es verdad. En lo que veas con tus propios ojos. En lo que la ciencia haya comprobado.

Así, que sean los ingenuos los que consulten el tarot, el té, los libros místicos, y a los "profetas." Que sean los miedosos los que vivan de rodillas ante el temor del castigo, y de la opinión de los líderes "espirituales" y sus seguidores fanáticos. Que sean los ignorantes los que crean que la bolsa de valores mejora. Que el banco quiere ayudarte. Que la economía es sólida. Que el gobierno quiere tu bienestar.

Tú utiliza tu arma más poderosa: tu mente.

Las conclusiones que saques te llevarán a algo mucho más grande que saber que lo que se enseña puede no estar bien. Y esto es:

+ Lo que No se enseña

A los poderosos les conviene que creas en supercherías y en corrientes raras. En lo que se dice en las noticias. En lo que está escrito como verdad. ¿Por qué? Porque así, te concentras en ellas. Si tus creencias en cosas que no son ciertas son muy sólidas, nunca pensarás que existe un conocimiento mayor, una verdad, que no te han dicho. Que está oculta. Sí, los súper poderosos del mundo ocultan la verdad a la gente común. Esto lo hacen, porque no quieren compartir sus valiosos conocimientos. Porque seríamos prósperos como ellos. La riqueza tendría que repartirse de forma equitativa.

Por eso, se dice, que el que busca la verdad corre el riesgo de encontrarla.

La verdadera religión es hacer bien a otros. La verdadera sabiduría es vivir una vida feliz. El verdadero progreso es el conocimiento. El verdadero camino es la valentía. La verdadera magia es la inteligencia. La verdadera respuesta, es el amor.

Cuanto más inteligente es la gente, más rico es el mundo. Usar la razón es la mejor forma de evitar ser manipulado por mentes astutas. De ver las cosas como realmente son. Pensar es el camino a la libertad, a la felicidad y al progreso. El primer paso al verdadero progreso espiritual, es poner a prueba las creencias que te han enseñado desde la niñez.

Pensar es la fuente del poder.

La clave de la inteligencia radica en reconocer la diferencia entre opiniones, y hechos
Robert Kiyosaki [738]

---

738 Robert Kiyosaki. Empresario norteamericano, Inversionista y Experto en Educación Financiera, que se hizo millonario comenzando desde cero. Autor de best Sellers.

233

La única verdad es la realidad
Aristóteles[739]

Las palabras son palabras, las explicaciones son explicaciones, las promesas son promesas. Sólo los hechos son realidad
Harold Geneen[740]

La realidad es implacable . . . . por eso no es de extrañar que después de los informes anuales de las empresas cuando declaran "nos debemos a nuestros empleados", o "son nuestro activo más valioso", en otro momento el jefe convoque a sus colaboradores para señalarles que en la empresa "nadie es indispensable . . ."
Santiago Lechuga[741]

Las personas tomaran la apariencia por verdad, sin dudar de la realidad de lo que ven y oyen.
Robert Greene [742]

La verdad suele verse, rara vez oírse
Baltasar Gracián [743]

Somos engañados por la apariencia de la verdad
Horacio[744]

---

739 Aristóteles. Formalizador de la lógica, economía y astronomía. Precursor de la anatomía y la biología. Uno de los padres de la filosofía y una de las mentes más brillantes de la historia.

740 Harold Geneen. Gerente de IT&T

741 Santiago Lechuga. Investigador para la revista mexicana de negocios "Gobierno Corporativo".

742 Robert Greene. Editor y Escritor norteamericano, en 'Las 48 Leyes del Poder'.

743 Baltasar Gracián. Escritor aragonés, considerado uno de los más grandes genios de su tiempo

744 Horacio. Poeta romano de la antigüedad

Tengamos fe en que la razón es poderosa, y con esa fe, avancemos siguiendo siempre la verdad
Abraham Lincoln[745]

La alegría de mirar y comprender es el mayor regalo de la naturaleza
Albert Einstein[746]

Pensar es como vivir dos veces
Marco Tulio Cicerón[747]

Me gusta pensar, saber que tengo ése 'instinto', por eso no confío en estudios de mercado sofisticados.
Donald Trump [748]

Tienes que pensar por ti mismo, siempre me sorprende cómo mucha gente con un alto IQ imita a otros sin pensar.
Warren Buffett[749]

Comienza a pensar desde el punto de vista de las verdades eternas y de los principios de la vida, y no desde los puntos de vista del miedo, la ignorancia y la superstición. No permitas que otros piensen por ti. Elije tus propios pensamientos y toma tus propias decisiones.
Joseph Murphy[750]

---

745 Abraham Lincoln. 16º presidente de Estados Unidos
746 Albert Einstein. Físico alemán, una de las mentes más brillantes de la historia
747 Marco Tulio Cicerón. Político romano 106-43 a.C.
748 Donald Trump. Magnate estadounidense que hizo una fortuna billonaria iniciando desde abajo, dos veces en su vida.
749 Warren Edward Buffett. Inversionista e Industrial norteamericano. Famoso por ser el más exitoso inversionista del mundo. Director General de Berkshire Hathaway, y el segundo hombre más rico del mundo en el año 2009.
750 Joseph Murphy. Psicólogo norteamericano, autor de varios Best Sellers sobre el poder de la mente.

Es más fácil dominar a alguien por la ignorancia que por las armas
Simón Bolivar [751]

Quien busca la verdad en lo bonito es un artista, quien busca lo bonito
en la verdad es un pensador.
José de Diego [752]

La diferencia entre los hombres de ciencia y los demás, es que los
primeros aceptan su ignorancia, y parten de allí para descubrir la
verdad, y los segundos se basan en los conocimientos que creen que
ya tienen.
Ruy Pérez Tamayo[753]

La ciencia no engaña, la ignorancia si
Miguel de Cervantes [754]

Si te aferras a tus creencias y opiniones te osificarás y con el tiempo
te inmovilizarás
Arnold D. Friedman[755]

Pensar es el trabajo más difícil, por eso pocas personas lo practican
Henry Ford [756]

Piensa por cuenta propia y deja que los demás disfruten del derecho
a hacer lo mismo
Voltaire [757]

---

751 Simón Bolivar. Político, militar y libertador hispanoamericano
752 José de Diego. Héroe de la independencia de Puerto Rico
753 Ruy Pérez Tamayo. Científico mexicano
754 Miguel de Cervantes Saavedra. Autor de El Quijote, una de las grandes obras
    maestras de la literatura
755 Arnold D. Friedman. Fundador de la compañía Lebhar-Friedman, Inc.
756 Henry Ford. Fundador de Ford Motors Company
757 François-Marie Arouet ó Voltaire. Filósofo, escritor y científico francés, uno de los
    más influyentes en la historia y famoso por su lucha por la defensa de los derechos
    civiles

Pocos son los que piensan con sus propios pensamientos y sienten
con su propio corazón
Albert Einstein

El que no se atreve a razonar es un esclavo
William Drumond [758]

Una persona que no quiere pensar no tiene ninguna ventaja sobre la
que no puede pensar
Paul Lotus [759]

Mucha gente moriría antes que pensar, de hecho lo hacen
Bertrand Russell [760]

La razón da hermosa forma al alma
Demófilo [761]

El dolor hace al hombre pensar. El pensamiento hace al hombre sabio.
La sabiduría hace fácil la vida.
John Patrick Goggan[762]

Enseñar a pensar es fundamental en la educación
Miguel Ángel Núñez [763]

Aprender sin pensar es un esfuerzo inútil
Confucio[764]

758 William Drumond. Poeta escocés.
759 Paul Lotus. Escritor
760 Bertrand Rusell. Matemático y Filósofo británico, uno de los fundadores de la filosofía analítica.
761 Demófilo. Obispo de Berea y de Constantinopla del 370 al 380
762 John Patrick Goggan. Prestigiado Dramaturgo y Escritor estadounidense de guiones para cine y televisión
763 Miguel Ángel Núñez. Teólogo, Filósofo y Escritor argentino
764 Confucio ó Kung-fu-tzu. Filósofo chino de la antigüedad, uno de los más influyentes de la historia.

Los espíritus brillantes siempre se han visto confrontados por la crítica de los mediocres, éstos últimos no pueden entender a un hombre que no se somete irracionalmente a las costumbres heredadas, sino que prefiere usar su inteligencia.
Albert Einstein

No creo que el mismo Dios que nos dio la inteligencia y la razón pretenda ahora que no la usemos
Galileo Galilei[765]

Detrás de cada puerta que la ciencia abre, se encuentra a Dios
Albert Einstein

Si crees que algo está bien sólo porque todo el mundo lo cree, no estás pensando
Vivienne Westwood [766]

Aunque miles de personas crean una necedad, sigue siendo una necedad
Anatole France [767]

A veces, mayoría sólo significa que todos los ignorantes están del mismo lado
Michael W. Smith [768]

Se necesita valor para decir firmemente que no, cuando todos los que nos rodean dicen que sí
Montaigne[769]

La ciencia es el antídoto contra el virus de la superstición
Adam Smith [770]

---

765 Galileo Galilei. Astrónomo y Físico italiano, inventó el telescopio y descubrió que los planetas giran alrededor del sol. Es considerado el padre de la ciencia moderna y del método científico.
766 Vivienne Westwood. Diseñadora de modas inglesa.
767 Anatole France. Premio Nobel de literatura
768 Michael W. Smith. Músico norteamericano, ganador del Grammy
769 Montaigne. Escritor francés, creador del ensayo como estilo literario
770 Adam Smith. Filósofo y Economista escocés. Pionero de la economía política.

Los hombres no son prisioneros del destino, sino de sus propias mentes
Franklin D. Roosevelt [771]

Dudo, luego pienso
Descartes [772]

La duda es el principio de la sabiduría
M. Scott Peck [773]

La duda es uno de los nombres de la inteligencia
Jorge Luis Borges[774]

Los ignorantes están completamente seguros. Los inteligentes, llenos de dudas
Bertrand Russell[775]

El que nada duda, nada sabe
Proverbio griego

El ignorante afirma, el sabio duda
Aristóteles[776]

Estudia las cosas que parecen ciertas y ponlas en duda
David Riesman [777]

---

771 Franklin D. Roosevelt. 32º presidente de Estados Unidos
772 Descartes. Filósofo, científico y matemático francés (1596-1650), considerado el fundador de la filosofía moderna.
773 M. Scott Peck. Psiquiatra norteamericano, escritor de best sellers.
774 Jorge Luis Borges. Escritor argentino y una de las grandes figuras de la literatura
775 Bertrand Rusell. Matemático y Filósofo británico, uno de los fundadores de la filosofía analítica.
776 Aristóteles. Formalizador de la lógica, economía y astronomía. Precursor de la anatomía y la biología. Uno de los padres de la filosofía y una de las mentes más brillantes de la historia.
777 David Riesman. Sociólogo y Abogado, miembro de la junta de Revisión de Leyes de Harvard.

No menos que saber, me gusta dudar
Dante Alighieri[778]

La certeza no proviene de tener todas las respuestas, sino de estar abierto a todas las preguntas
Earl Gary Stevens [779]

Hacer preguntas es prueba de que se piensa
Rabindranath Tagore[780]

Lo importante es no dejar de hacerse preguntas
Albert Einstein

Es bueno poner un signo de interrogación sobre las cosas que siempre hemos considerado como seguras.
Bertrand Russell[781]

Nadie está más esclavizado que aquel que falsamente cree que es libre
Goethe[782]

El objetivo de la educación era enseñar hábitos que invitaran a la gente a ser pasiva y obediente con sus superiores, pero no tan despiertos como para cuestionar la autoridad.
G. Edward Griffin [783]

---

778 Dante Alighieri. Atuor de la Divina Comedia, considerada una obra maestra de la literatura
779 Earl Gary Stevens. Escritor norteamericano.
780 Rabindranath Tagore. Premio Nobel de literatura en 1913
781 Bertrand Rusell. Matemático y Filósofo británico, uno de los fundadores de la filosofía analítica.
782 Johann Goethe. Genio de la literatura de origen alemán
783 G. Edward Griffin. Empresario Norteamericano desde la edad de 20 años, Productor de películas didácticas y Escritor de temas políticos. Autor del polémico libro 'The Creature from Jekyll Island'. Así habló refiriéndose al sistema educativo.

Educar es formar personas aptas para gobernarse a sí mismas, y no para ser gobernadas por otros
Herbert Spencer [784]

El que busca la verdad corre el riesgo de encontrarla
Manuel Vicent [785]

Es más fácil negar las cosas que comprobarlas
Mariano José de Larra [786]

El único pecado es la ignorancia
Buda[787]

La gente es difícil de manipular cuando tiene conocimiento
Lao Tsé [788]

Confianza es lo que se tiene hasta estar mejor informado
Aldo Cammarota [789]

Nuestros padres y profesores, nuestra sociedad y cultura, pueden enseñarnos falsedades peligrosas. Y a menudo lo hacen.
Brian Weiss[790]

---

784 Herbert Spencer. Sociólogo y Filósofo inglés, nominado al premio nobel de literatura.
785 Manuel Vicent. Escritor y Articulista español, colaborador del diario Madrid y El País.
786 Mariano José de Larra. Escritor español del siglo 19.
787 Buda, ó Gauthama Sidharta. Príncipe hindú que decidió escapar de su palacio para encontrarse a sí mismo. Creador del Budismo.
788 Lao Tsé. Grán filósofo chino de la antigüedad (604-531 a.C.) autor del Tao Te King.
789 Aldo Cammarota. Guionista cómico de radio y televisión norteamericana y Político, nacido en Argentina y famoso por su ingenio.
790 Brian Weiss. Psiquiatra, director del hospital Mount Sinai en Miami y Autor de varios best sellers.

Tómese un descanso y evalúe lo que funciona y lo que no funciona.
Deje de hacer esto último
Robert Kiyosaki [791]

Piensa, cree, sueña y atrévete
Walt Disney [792]

La felicidad consiste en ser libre
Epícteto[793]

---

791 Robert Kiyosaki. Empresario norteamericano, Inversionista y Experto en Educación Financiera, que se hizo millonario comenzando desde cero. Autor de best Sellers.
792 Walt Disney. Productor y director estadounidense. Creador de The Walt Disney Company
793 Epícteto. Esclavo romano de origen griego, que se convirtió en un prominente filósofo (55-135 d.C.)

Conócete

Cuenta una antigua leyenda, que cuando el ser humano fue creado, hubo entonces un concilio en los mundos superiores, entre las grandes inteligencias.

Se trataba del gran conocimiento. El verdadero camino al poder. Los dioses decidieron esconder ésta sabiduría, porque no era recomendable que el ser humano la tuviera en sus manos, pues lograría realizar daños muy grandes y sólo se destruiría más rápido.

Por eso, era necesario que la sabiduría sólo estuviera al alcance de las almas preparadas para que hicieran buen uso de ella. Y esconderla donde sólo la encontrarían aquellos quienes fueran dignos.

Se levantó uno de los dioses y dijo:

— Escondamos la sabiduría en el fondo del océano, en una caverna submarina y pongamos a una bestia marina a resguardarla. Ahí no la encontrarán. Nosotros revelaremos a quienes sean dignos, cómo llegar hasta ahí.

Entonces, otro de los dioses vio el futuro, y encontró que el ser humano lograría con su tecnología navegar por el fondo de los océanos, donde pelearían guerras. Y si la sabiduría estaba ahí, caería en malas manos.

Se levantó otro dios, y dijo:

— Escondamos la sabiduría en las entrañas de la tierra. Ahí no la buscarán

—

Otra vez se adelantan al futuro y ven que el ser humano haría perforaciones en todas partes de la tierra, por codicia, buscando minerales, piedras preciosas y recursos para el poder.

Habló otro de los dioses, y dijo:

— Escondamos la sabiduría en las montañas más altas. Las más peligrosas. Donde no tengan motivos para ir . . .

Nuevamente se adelantaron al futuro y vieron que la ambición del hombre conquistaría aún las montañas más altas.

Se discutieron muchos lugares. Sin embargo, ninguno era seguro.

Entonces, el más grande de ellos, quien dirigía el concilio, rompió el silencio y dijo:

— He aquí, escondamos la sabiduría dentro del mismo ser humano. Ahí no la buscará. Sólo a aquel que tenga un corazón puro y noble se le ocurrirá buscar ahí.

Todos los dioses estuvieron de acuerdo. Y desde entonces, la sabiduría está ahí.

Los más grandes espíritus, los más sabios, que han pisado ésta tierra, descubrieron que la máxima sabiduría es ésta: conócete a ti mismo.

Es verdad. La sabiduría sobre el universo no la posee ninguna escuela. Está dentro de ti. Las escuelas te dan conocimientos para moverte en el mundo. No conocimientos del universo y del espíritu. No conocimientos sobre quién eres tú en realidad.

En el templo de Apolo, en Grecia, fue encontrada ésta leyenda:

"Te advierto, quien quiera que seas: tú que deseas sondear los arcanos de la naturaleza: si no hallas dentro de ti mismo aquello que buscas, tampoco podrás hallarlo fuera. Si ignoras las excelencias de tu propio ser ¿cómo podrás encontrar otras excelencias? ¡Oh hombre, conócete a ti mismo . . . !"

Esto es cierto aún para las cosas más pequeñas. Sí, hasta las más pequeñas cosas de éste mundo. Se cuenta que un joven llamado Sebastián, pasó varias noches preparándose para una difícil entrevista de trabajo. Quería asegurarse de que le dieran el puesto.

Era muy joven, y muy intrépido y audaz. Leyó un libro de lenguaje corporal. Leyó varios artículos sobre las cosas que se deben hacer y las que no, durante una entrevista. Estudió algunos temas relacionados con el puesto. Hizo varias consultas técnicas a sus colegas. Todo lo anterior, sumado a su experiencia, completaba su entrenamiento. Ahora estaba preparado para responder cualquier pregunta que le hicieran respecto al puesto que quería. Ahora sabía cómo comportarse. Sabía lo que debía hacer, y decir.

Y llegó la hora. Al fin sonó su celular. Recibió la esperada llamada de quien sería su futura jefa, para hacerle una entrevista telefónica. Después de presentarse ambos, la mujer hizo su primera pregunta:

— Platícame, Sebastián, ¿quién eres?

Sebastián se sorprendió. Esa era una pregunta extraña. Y curiosamente, no sabía que responder. Ésta es, verdaderamente la pregunta más difícil que le pueden hacer a alguien. La mayoría de la gente no sabe qué responder. Sebastián se puso nervioso, y respondió algo confuso, con otra pregunta:

— ¿Quién soy?, bueno, soy un profesional que busca una oportunidad de demostrar mi capacidad . . .

Su entrevistadora continuó con preguntas similares:

— Dime, ¿cuál es tu fortaleza? . . . ¿Tu mayor debilidad? . . . ¿Cómo reaccionas ante una situación estresante? . . . ¿Por qué quieres trabajar en ésta empresa? . . .

Y las repuestas de Sebastián fueron todas parecidas: nerviosas, vacilantes. Palabras sin mucho sentido.

No le volvieron a llamar para una segunda entrevista.

Aquella entrevistadora era sabia. ¿Qué estaba haciendo? Estaba conociendo a su candidato. Así sabría si era el correcto o no. Ya después pasarían a lo técnico. Ella hizo las preguntas correctas.

De igual forma, un candidato sabio durante una entrevista, intentaría conocer a su futuro jefe, a su futuro equipo, y a la empresa a la que va a dar parte de su vida. Haría preguntas como estas: ¿Cómo es su relación con su equipo de trabajo? ¿Cómo tratan aquí a los colaboradores? ¿Cuál es la forma de pensar de la compañía en cuanto a recortar personal en una crisis? ¿Existe un programa de capacitación? ¿Un plan de carrera? ¿Hacia dónde va ésta empresa? ¿Qué metas tiene para los próximos dos años?

Sí, conocer a los demás es importante. Y conocerte a ti mismo, es esencial.

Asistí una vez a una conferencia espiritual. Yo era muy joven. El instructor me preguntó:

— ¿Y tú quién eres?
Yo le respondí,
— Soy Alex.
El respondió:
— No pregunté tu nombre, sino quién eres.
— Bueno, yo estudio en . . .
Me interrumpió:
— No pregunté dónde estudias, sino quién eres.
— Bueno, soy un muchacho de 19 años . . .
— No pregunté tu edad, sino quién eres.

Molesto, quise terminar con lo que para mí era una exposición de una gran ignorancia sobre mí mismo, y sólo dije:

— No sé.

El respondió:

—Ok. Tú tienes un nombre. Tienes un cuerpo. Tienes una mente. ¿Y quién eres tú?

Puede parecer extraño, pero sentí como un cosquilleo en mi mente. De verdad no sabía qué responder. Y la pregunta me pareció realmente interesante.

El conferencista continuó:

— Ése ser, que tiene un nombre por el que es conocido en éste mundo, y que es dueño de un cuerpo de 19 años de edad, y que estudia . . . es mucho más que un nombre. Y mucho más que un número. Es mucho más que un título.

El tenía razón. Piensa en esto: tu nombre no es más que una combinación de letras. Te lo dieron al nacer para identificarte en éste mundo. Si de recién nacido te hubieran dado en adopción a una familia china, tendrías otro nombre. Tal vez te llamarías Chung Lee. Y sería una combinación de caracteres chinos. Si te preguntaran, ¿Quién eres?, responderías: soy Chung Lee. Tu nombre realmente es como tu número de lista en la clase de la escuela primaria. Es como tu número de cliente en el banco. Es sólo una identificación para tu paso por éste mundo. Ahora, te pregunto:

¿Quién eres?

Las personas exitosas y plenas casi siempre se conocen a sí mismas. Y conocen a los demás. Son personas que en lo profesional, en sus relaciones sentimentales, en las decisiones importantes, casi siempre aciertan y triunfan. Es común oír a estas personas decir cosas como estas:

—Me conozco bien, no podría convivir mucho tiempo con una persona como ella.
—No necesito saber más, sé que me encantará vivir allí.
—No, eso no es lo mío . . .
—Conozco a los de su clase, no confío en él.
—Me moriría de tristeza si tuviera ése trabajo. Ni borracho lo aceptaría.
—Me encantaría poder hacer . . . .
—Siempre he querido ser . . .

Muhammed Alí es considerado el mejor boxeador de peso completo que ha habido en la historia. El pasaba mucho tiempo estudiando a sus contrincantes para conocer sus debilidades y fortalezas. Tanto era el tiempo y la concentración que Alí dedicaba a conocer a sus rivales, que hasta pronosticaba en qué round los noquearía, y acertaba. Y claro, conocer las debilidades y fortalezas del oponente no sirve de mucho si no conoces las tuyas. Alí se caracterizó siempre por ser el único boxeador de peso pesado que peleaba con el estilo de uno de peso ligero, esto es, con rapidez, moviendo mucho las piernas y esquivando los golpes, en lugar de cubrirlos con los antebrazos. De hecho sus primeras peleas como amateur fueron como peso medio. El sabía que podía ser muy exitoso peleando contra pesados, por su rapidez y habilidad. Sólo necesitaba aumentar un poco su peso. Los peleadores pesados no estaban acostumbrados a esa técnica suya, que confundía a sus oponentes, y le permitía contra atacar con una gran eficiencia.

Robert Kiyosaki, el millonario hombre de negocios norteamericano, en su libro 'La Conspiración de los Ricos' confiesa que desde niño sabía que una vida común como empleado no era para él, ya que no era un buen estudiante. Su padre le aconsejaba que estudiara una maestría y encontrara un buen trabajo. Sin embargo, él sabía que eso, no era para él. Kiyosaki intuía que tenía un potencial que podía llegar a desarrollar. El siempre buscó la forma de aplicar su pasión y sus talentos a los negocios. Y así, terminó siendo un hombre acaudalado.

Landon Donovan fue un niño que nació en los Estados Unidos de América en la década de los ochentas. En ése país, los deportes predominantes son el futbol americano, el béisbol y el baloncesto. Ahí, a la mayoría no les interesa el futbol soccer, y mucho menos les interesaba éste deporte en la década de los ochentas. Sin embargo, mientras sus amigos jugaban béisbol o basquetbol, el pequeño Landon se dedicaba a jugar con el balón de soccer todo el tiempo. A él le encantaba. Desde niño sabía que nada lo haría más feliz que dedicarse a éste deporte. El se convirtió en el primer futbolista norteamericano de la historia, reconocido en Europa, donde el balonpié sí es el deporte dominante y el más altamente competido.

Todos conocemos a alguna persona de ésas a las que todo les sale bien. Y muchos se preguntan: ¿Cómo lo hace, por qué todo le resulta bien? ¿Es inteligencia, suerte, ó simplemente su destino?

El secreto es:

Se conocen a sí mismos. Y conocen a los demás.

Entonces, ¿qué debes hacer?

Debes conocerte a ti mismo. Una buena forma de conocerte a ti mismo es por medio de las emociones. Eso que te emociona, que te hace sentir vivo, es lo que te indica quién eres, y cuál es el camino que debes seguir. Hazte éstas preguntas:

—¿Estudias una carrera ó trabajas, por obligación o porque realmente te gusta?
—¿Haces lo que tú quieres hacer ó lo que complace a otros?

—¿Eres quien quieres ser o lo que otros esperan de ti?

—¿Estás con quien quieres estar o con quien es costumbre estar?

—¿Crees en las cosas que te enseñaron ó buscas tus propias respuestas?

También ayuda escuchar la opinión *sincera* de alguien que te estima y te conoce bien, como tus seres queridos, y tus verdaderos amigos. Ellos perciben cuáles son tus puntos fuertes. Y los débiles. Puntos que a veces nosotros mismos no reconocemos. En el mundo de los negocios, por ejemplo, la opinión de los clientes ayuda a quienes proveen servicios o productos, a conocer sus puntos débiles, y en qué pueden mejorar.

Si sabes en qué eres fuerte, sabes cómo actuar. Si sabes en qué eres débil, sabes qué debes evitar. Si sabes para qué eres bueno, sabrás qué oficio ó negocio elegir. Si sabes cuáles son tus cualidades, sabrás cómo explotarlas. Si sabes cuáles son tus defectos, sabrás cómo quitártelos. Si sabes lo que quieres, te mantendrás enfocado en tu meta. Podrás visualizar tu vida como quieres que sea, y eso te ayudará a que tus sueños se hagan realidad. Para el que va navegando, sólo hay viento favorable o en contra si sabe a dónde se dirige. Para el que no sabe a dónde va, el viento sólo es eso, viento, no importa para donde sople.

Tu Mundo Interior

Si quieres un cambio en tu mundo exterior, un mejor negocio, una mejor carrera, mejores relaciones, más dinero, más salud, más felicidad, más pasión, entonces mira en tu mundo interior. Solamente conociendo los detalles dentro de ti serás capaz de tener nuevas opciones que te den lo que quieres en la vida.

Toma tiempo para meditar. Y entonces, responde a esto:

—¿Qué te emociona?

—¿Qué es lo que más te gusta?

—Si el dinero no fuera problema, si tuvieras en abundancia, ¿qué harías con tu vida?

—¿Cuáles son tus fortalezas y tus debilidades?

—¿Cuáles son tus talentos y habilidades únicas?

—¿Qué tanto de tu vida es controlado por las costumbres sociales?

—¿Qué tanto de tu vida es controlado por tus creencias?

—¿Qué tanto de tu vida es inspirado por tu alma?

—¿Qué cosas te alegran?

—¿Cómo reaccionaste ante alguna situación que no esperabas?

Las respuestas te dirán mucho de ti mismo. Si te haces éstas preguntas, y te las respondes constantemente; si cuando estés contento y satisfecho y te sientas bien con algo identificas qué es ése algo, te darás cuenta de que eres mucho más de lo que imaginabas. Hazte las mismas preguntas sobre los demás. Las respuestas te revelarán muchas cosas de ellos. Los tests psicológicos también ayudan a conocerte a ti mismo. La internet está llena de ellos.

Conociéndote, conoces a los demás

Conocerte a ti mismo te da otra gran ventaja: te ayuda a conocer a los demás también. ¿Por qué? Porque conocerte a ti mismo es un viaje al interior de tu naturaleza humana. De tu esencia espiritual. Y la naturaleza de los demás en esencia no es muy diferente de la tuya. También ellos son seres humanos. Conocer a los demás, y su psicología, sus debilidades y fortalezas, te abre muchas puertas: sabes cómo reaccionarán, qué harán y qué dejaran de hacer. Esto te da ventaja. Y te brinda protección.

Sí. El que se conoce a sí mismo sabe exactamente en dónde está su éxito. Al que se conoce a sí mismo y a los demás, casi nunca lo toman desprevenido. La persona de éxito casi siempre tiene mucho conocimiento de la naturaleza humana. De sus emociones. De sus reacciones. De su egoísmo. Sus ambiciones. Sus métodos. Sí, la mayoría de la gente es egoísta por naturaleza. Y el egoísmo es el origen de todos los males del mundo. Sin embargo, el amor, la fuerza más poderosa, también es parte de la naturaleza humana.

Ahora, si tú entiendes la naturaleza humana, sabrás también cómo protegerte de ella. Y sobre todo, sabrás cómo explotar ésa naturaleza para que trabaje a tu favor. ¿Por qué? Porque es más fácil actuar y reaccionar acorde, cuando tu adversario es predecible.

Y así es, con mucha frecuencia. Es muy común que el vendedor tratará de mentirte. El predicador tratará de manipularte. El jefe tratará de explotarte. La autoridad tratará de dominarte. El compañero de trabajo tratará de opacarte. El socio tratará de traicionarte. El empleado tratará de robarte. Es común que el arquitecto, el abogado, el médico, el asesor financiero, el banquero . . . . todos ellos traten de defraudarte. De buscar su propio beneficio, tratando de quitarte algo a ti.

Los ladrones, los criminales, los mentirosos, tus enemigos ocultos y también tus enemigos declarados . . . todos ellos tienen sus métodos. Sin embargo, también todos ellos tienen sus debilidades. Aunque sean astutos, si tú conoces su naturaleza, sus actos serán predecibles. Y tú sabrás qué hacer al respecto.

Recuerda: la mejor forma de saber lo que pasa por la mente de las personas, es ver sus acciones. Observar sus reacciones. Es como leerlos sin que se den cuenta. Sin que siquiera sospechen, tu ya los conocerás mucho mejor de lo que ellos imaginan. Sabrás sus debilidades. Sabrás sus fortalezas. Sabrás sus reacciones. Sus deseos. Sus motivos. Sabrás sus mañas y trucos. Conocerás sus métodos. Es como un nido de arañas venenosas: si observas su panza roja, sabrás que son venenosas. Si sabes dónde se esconden, sabrás en dónde rociar el insecticida. Y no pasarás por ahí. La mejor defensa es no estar ahí. Ahí en donde están las criaturas peligrosas.

Las pequeñas cosas

Una buena forma de conocer a alguien es observar cómo se comporta en las cosas pequeñas. Por las cosas pequeñas sabrás cómo se comportará en las cosas grandes. ¿Por qué? Porque su naturaleza es la misma, sin importar el tamaño de la situación. Déjame explicarte:

Si ves a una persona que trata con amabilidad a un mesero que por equivocación no le trajo el platillo que pidió, seguramente también te tratará bien a ti cuando tú te equivoques. Si es de las que ceden el paso en el tráfico, también será gentil contigo cuando tengas un apuro. Si es de las que regresan al cajero el cambio que éste les dio de más, sabrás que será honesta si haces negocios con ella.

Observa a los demás. Aún si son buenos actores, no podrán actuar todo el tiempo. En algún momento se comportarán como realmente son, y por consiguiente, como realmente serán contigo.

También, debes cuidar que los demás no conozcan demasiado de ti. No hables mucho de ti mismo o de cualquier tema, porque si lo haces, una persona observadora identificará muchas cosas de tu mentalidad y personalidad. Esto te pone en desventaja, especialmente si estás tratando con gente que no es digna de confianza. Cuida que tus reacciones a cualquier situación no sean obvias. Sé discreto en tu forma de reaccionar a cualquier cosa. Si es muy necesario que hables, habla de cosas sin importancia, y sin dar a conocer mucho de tus emociones. O simplemente di sólo lo necesario. Si la gente espera que tu reacción sea enojarte, mantén la serenidad. Si la gente espera que tu reacción sea el miedo, ríe.

Y muy importante: si la gente espera que des una respuesta a un comentario, guarda silencio. Mucha gente astuta hace comentarios sólo para ver qué respondes, o cuál es tu reacción. Si tu forma de reaccionar es siempre distinta, esto es, impredecible, la gente no sabrá realmente cómo eres. Ellos quieren conocerte. Si tú no permites que los demás te conozcan, tendrás la ventaja.

La grandeza de la naturaleza humana

Ahora, también el amor es parte de la naturaleza humana. Si tú logras despertar ésta gran fuerza en las personas, verás que el ser humano también es capaz de hacer mucho bien. Saber que existe ésta fuerza en cada espíritu, aunque algunos la tengan muy escondida, te ayuda a sacar lo mejor de ellos. A inspirarlos. A ayudarlos a ver que son mucho más de lo que ellos creen. Un ser humano que descubre que tiene esta fuerza dentro de sí, encuentra el camino a la superioridad.

Conocerte a ti mismo es darte cuenta de que eres mucho más que el pequeño ser que has creído siempre que eres, debido a los patrones de la sociedad. Es darte cuenta de que tu verdadero yo es, de hecho, mucho más grande, e incluye a otras personas, otras culturas.

El gran descubrimiento

Ahora, el conocimiento de ti mismo no termina ahí. Es mucho más profundo y va más allá de lo que eres en éste mundo. Los grandes sabios de todas las épocas han coincidido en esto: la mayor sabiduría que un ser humano puede tener, es: conocerse a sí mismo.

¿Por qué?

¿No estarán exagerando?

Lo que los más grandes sabios descubrieron fue el gran secreto: que el mayor poder de conocerte a ti mismo está en descubrir que hay un ser de la misma naturaleza que la del creador, dentro de ti. Descubrirás que tienes un gran poder. Que tu espíritu es eterno. Y tiene mucho más sabiduría de la que imaginas. Que tus pensamientos tienen poder. Que puedes hacer que la energía positiva del universo fluya a través de ti.

Cuenta una leyenda de la mitología, que en la antigua Grecia, había un joven adolescente, que vivía una vida normal, pacífica y sencilla.

Al muchacho le gustaba leer. Hasta que un día, encontró un libro misterioso. El libro hablaba de una gran profecía. Y ésta era: que el dios Poseidón, que había sido cautivo por los otros dioses, siglos atrás, se liberaría, ya que el exilio en el que los dioses lo habían puesto, no podría contenerlo por mucho tiempo, porque Poseidón era muy poderoso. Y llegaría el día en que se liberaría de la dimensión en donde estaba atrapado. Y vendría a la tierra en carne y hueso.

El muchacho era de los pocos que sabían de ésa profecía secreta. Y todo parecía indicar que ya era el tiempo en que se debía de haber cumplido. Sin embargo, Poseidón no se veía por ningún lado, arrojando luces y centellas. Así que el muchacho estaba desconcertado.

Sin embargo, él tenía una extraña obsesión con saber. Cierto día, fue y le preguntó a un hombre sabio, un gran maestro, si aquella antigua profecía era verdad:

— Deseo saber si la antigua profecía es cierta

El sabio le respondió:

— He aquí: la profecía es cierta. Y aún más: Poseidón ya está en la tierra.

Entonces, con mucha emoción, el muchacho preguntó:

— ¿Y dónde está? Dime, deseo saberlo

El sabio le responde:

— Eres tú.

En ésta historia, inspirada en la mitología, la forma en que los dioses habían logrado contener a Poseidón fue la inconsciencia. Ese era su exilio. Un adolescente de catorce años, que llevaba una vida normal, no sabía, o más bien, no Conocía quién era él realmente. Sin embargo, su conciencia sobre sí mismo se estaba ya despertando. De ahí venía su obsesión por saber. Finalmente, recobró totalmente la conciencia. El dios dormido despertó, y volvió con gran poder.

No hay Maestros, hay Espejos

El motivo por el que debes de buscar la sabiduría dentro de ti, es éste: tu espíritu no intuye las respuestas, . . . tu espíritu las sabe. Y las sabe, porque las recuerda. Sí, el espíritu es muy antiguo. Sabe de dónde viene y ha visto muchas cosas. Cosas del universo. Un verdadero Maestro espiritual no es alguien que te da las respuestas, sino alguien que te ayuda a recordarlas. Por eso, en lo espiritual, no hay maestros, hay guías. Te ayudan a recordar. Te dicen dónde buscar. Y esto es, dentro de ti. Esto significa: despertar tu espíritu. Algunas gentes lo han logrado por medio de la meditación.

Así que, hay maestros de matemáticas. De baile. De química, física. De karate. De idiomas. Pero en lo espiritual, no hay instructores. Tal vez encuentres quien te ayude a recordar. Solo eso. No necesitas ir a preguntar a un lidercillo religioso, ni a un medium, ni a un predicador. Ellos son ciegos que guían a otros ciegos. Te dirán lo que aprendieron en los libros que leyeron. Te dirán lo que ellos suponen, mas no les consta. Te dirán lo que oyeron decir a otros. Y algunos, hasta intentarán manipularte para obtener un beneficio a cambio. La respuesta está dentro de ti.

Cuidado: no se trata de alucinar cosas que no existen. Eso es locura. Se trata de darte cuenta de esto:

Puedes llegar a conocer cómo funciona tu mente. Que tu mente consciente es apenas 5% de tu capacidad, y que el 95% de tu capacidad está en tu mente subconsciente. Sí, la persona que llega a entender cómo funciona la mente, y descubre la forma de crear un puente de comunicación con su mente subconsciente, descubre el poder de cambiar su vida. Y aquel que descubre su verdadera naturaleza, esto es, su naturaleza espiritual, descubre el poder de evolucionar. Si, evolucionar hacia esferas superiores de poder, progreso y felicidad.

¿Crees que esto es demasiado bueno para ser verdad? Considera las palabras de Jesús de Nazaret:

"Ustedes son Dioses." [794]

El mayor conocimiento es el conocimiento de ti mismo. Si te conoces a ti mismo, estarás viajando siempre por el camino correcto al progreso.

El que se conoce a sí mismo conoce a los demás
Charles Caleb Colton [795]

---

794 Juan 10:34. Salmo 82:6
795 Colton. Escritor y Coleccionista de Arte inglés.

Tienes que empezar conociéndote a ti mismo tan bien que comiences entonces a conocer a los demás. Hay un pedazo de nosotros en cualquier persona que podamos encontrar.
John D. MacDonald[796]

El conocimiento de los demás viene del conocimiento de uno mismo
Goethe[797]

Conoce a quién estás tratando
Robert Greene. Ley 19 del Poder [798]

El primer paso para convertirse en un verdadero líder, es saber exactamente quién eres
Cathie Black[799]

Conviene conocer al enemigo. Especialmente porque en cierto punto puedes convertirlo en un amigo.
Margaret Thatcher [800]

Si te conoces a ti mismo y conoces a los demás, ni en cien batallas correrás peligro
Sun Tzu[801]

Si no conoces la verdad sobre ti mismo no puedes conocer la de otras personas
Virginia Woolf [802]

---

796 John D. MacDonald. Escritor estadounidense, ganador del American Book Award en 1980.

797 Johann Goethe. Genio de la literatura de origen alemán

798 Robert Greene. Editor y Escritor norteamericano, en 'Las 48 Leyes del Poder'.

799 Cathie Black. Presidente de la compañía norteamericana Hearst Magazines

800 Margaret Thatcher. La primera y hasta ahora única mujer que ha sido Primer Ministro de Inglaterra.

801 Sun Tzú. Antiguo General de guerra de China, considerado el mejor estratega de guerra de la historia

802 Virginia Woolf. Escritora inglesa, reconocida como una de las más destacadas figuras literarias del siglo veinte.

A muy temprana edad, ya tenía un sentido muy definido de lo que quería hacer
Donald Trump [803]

Nuestros deseos son susurros de nuestro yo auténtico. Aprende a escucharlos
Sarah Ban Breathnach [804]

La medición del desempeño, bien hecha, puede transformar tu organización. No sólo te muestra en dónde estás actualmente, sino que puede llevarte exactamente a donde quieres ir.
Dean R. Spitzer[805]

Gracias a la soledad me conozco
Facundo Cabral [806]

Todos los hombres deben observarse a sí mismos
Benjamin Franklin[807]

Sin observarte en el espejo, comterías faltas graves contra tu imagen y el decoro que afectarían tu vida social. También necesitas un espejo para tu interior. Obsérvate, y evitarás incontables errores.
Robert Greene [808]

Despierta, conócete a ti mismo
Kitaro[809]

803 Donald Trump. Magnate estadounidense que hizo una fortuna billonaria iniciando desde abajo, dos veces en su vida.
804 Sarah Ban Breathnach. Escritora norteamericana, reconocida en 1998 por la prestigiada revista George como "la mujer de poder e influencia más fascinante." Creadora de simpleabundance.com
805 Dr. Dean R. Spitzer. Investigador y Consultor Senior de IBM.
806 Facundo Cabral. Músico argentino
807 Benjamin Franklin. Filósofo, político y científico estadounidense, uno de los personajes más trascendentes en la historia de los Estados Unidos de Norteamérica.
808 Robert Greene. Editor y Escritor norteamericano, en 'Las 48 Leyes del Poder'.
809 Kitaro. Músico japonés reconocido mundialmente y ganador del Grammy en 2001 en categoría New Age.

Debes estar dispuesto a recibir crítica honesta, ... a veces nuestros amigos y la gente que nos ama pueden ver en nosotros lo que nosotros mismos no podemos.
Robert Kiyosaki [810]

La máxima sabiduría:

El que conoce a los demás es sabio. El que se conoce a sí mismo es iluminado
Lao Tsé [811]

La mayor sabiduría que existe es conocerse a uno mismo
Galileo Galilei[812]

Haz de poner los ojos en quién eres, procurando conocerte a ti mismo, que es el más difícil conocimiento que puede imaginarse.
Miguel de Cervantes[813]

Conocerte a ti mismo es el principio de toda la sabiduría
Aristóteles[814]

Primero, conoce quién eres
Epícteto[815]

---

[810] Robert Kiyosaki. Empresario norteamericano, Inversionista y Experto en Educación Financiera, que se hizo millonario comenzando desde cero. Autor de best Sellers.

[811] Lao Tsé. Grán filósofo chino de la antigüedad (604-531 a.C.) autor del Tao Te King.

[812] Galileo Galilei. Astrónomo y Físico italiano, perfeccionó el telescopio y descubrió que los planetas giran alrededor del sol. Desafió a los sabios de su época y demostró tener razón. Es considerado el padre de la ciencia moderna y del método científico.

[813] Miguel de Cervantes, autor de una de las más grandes obras maestras de la literatura: Don Quijote.

[814] Aristóteles. Formalizador de la lógica, economía y astronomía. Precursor de la anatomía y la biología. Uno de los padres de la filosofía y una de las mentes más brillantes de la historia.

[815] Epícteto. Esclavo romano de origen griego, que se convirtió en un prominente filósofo (55-135 d.C.)

¿Porqué llegar al verdadero conocimiento de sí mismo es la máxima sabiduría?

Perfeccionar a otros es fuerza; perfeccionarte a ti mismo es el verdadero poder
Lao Tsé

Es mejor conquistarte a ti mismo que ganar mil batallas. Entonces la victoria es tuya, y nadie te la puede quitar, ni ángeles ni demonios.
Buda[816]

La satisfacción que le llega a todos aquellos que se conquistan a sí mismos y que obligan a la vida a darles lo que le pidan es de una proporción abrumadora.
Napoleon Hill[817]

Conocerte a ti mismo significa esto: ser instruido con lo que sabes, y con lo que eres capaz de hacer.
Menandro de Atenas[818]

Ni siquiera un dios puede cambiar la victoria de quien se ha vencido a sí mismo
Buda [819]

816 Siddarta Gauthama. Príncipe hindú que escapó de su palacio para encontrarse a sí mismo. Creador del budismo. Considerado uno de los hombres más sabios e iluminados de la historia.

817 Napoleon Hill. Escritor norteamericano que trascendió por su examen del poder del pensamiento y las creencias personales

818 Menandro de Atenas. Comediógrafo griego de la antigüedad, máximo exponente de la comedia nueva

819 Siddarta Gauthama. Príncipe hindú que escapó de su palacio para encontrarse a sí mismo. Creador del budismo. Considerado uno de los hombres más sabios e iluminados de la historia.

Uno es capaz de mirar todo lo que hay a su alrededor. Sin embargo es incapaz de ver dónde está y lo que vino a hacer a éste planeta. Uno debe hacerse la pregunta fundamental: ¿Quién soy yo?
Osho [820]

Lo que este poder es, yo no lo puedo decir; sólo sé que existe y está disponible cuando un hombre se encuentra en ese estado de la mente en que conoce con toda claridad lo que quiere, y está totalmente determinado a no abandonar la acción hasta conseguirlo.
Alexander Graham Bell[821]

Tú eres tu propia materia prima. Cuando sabes de qué estás hecho y lo que quieres hacer con eso, entonces puedes inventarte a ti mismo.
Warren Bennis[822]

Nuestras vidas, nuestro pasado y futuro están vinculados al cosmos. Nuestra obligación de prosperar se debe no sólo a nosotros, sino también a ése antiguo y vasto cosmos del que surgimos. Somos materia estelar cosechando luz estelar.
Carl Sagan [823]

---

820 Osho. Líder espiritual hindú
821 Alexander Graham Bell. Creador del teléfono y fundador de Bell Telephone
822 Warren Bennis. Profesor distinguido y Consultor de Administración de Negocios y miembro fundador del Instituto de Liderazgo de la University of Southern California.
823 Carl Sagan. Científico y Astrónomo norteamericano.

Yo quiero conocer los pensamientos del Creador, el resto son detalles
Albert Einstein[824]

En ti se halla oculto el tesoro de los tesoros. ¡Oh! Hombre, conócete a ti mismo y conocerás el universo y a los dioses.
Inscripción en el templo de Apolo en Delfos, Grecia. Puesta por los siete sabios.

Hagamos al hombre a nuestra imagen y semejanza
Génesis 1:26

---

824 Albert Einstein. Físico alemán, una de las mentes más brillantes de la historia

CONEXIÓN

Dani era un niño travieso y alegre. Sin embargo, estaba muy serio. Sentado en el sofá de la sala. Por primera vez en su vida tenía que tomar una decisión importante.

Tenía seis años, y vivía con sus padres y su hermanita Sara. La pequeña Sara tenía una extraña enfermedad. Después de varios exámenes médicos, los doctores dijeron que era necesario operarla cuanto antes. Pero había un problema: su sangre era de un tipo muy raro y no había suficientes donadores. Gracias a una afortunada coincidencia, Dani tenía el mismo tipo de sangre que su hermana. Normalmente los niños no son candidatos a donar sangre, pero dada la gravedad y la urgencia de la situación, los padres del niño decidieron hablar con él para explicarle lo que estaba pasando. Lo llevaron a la sala, y allí, su padre le dijo:

— Dani, tu hermanita está muy enferma. Es necesario operarla para poder salvarle la vida. Su tipo de sangre es muy raro, y ... sólo sabemos de una persona que tiene un tipo igual de sangre. Y ése eres tú. Ella necesita de tu sangre para que se pueda salvar. ¿Quieres ser su donador?

A ningún niño le gustan las agujas ni los hospitales. El pequeño se quedó callado. Lo pensó un momento, y luego dijo con voz baja:

— Está bien

Se hicieron los preparativos para la operación. Llevaron al niño al hospital para que se le pudiera extraer un poco de la sangre que se necesitaba para su hermanita. El niño estaba muy callado, y eso no era normal en un niño tan alegre como él, así que la enfermera, muy amable, le dijo:

— Esto no te dolerá mucho, lo prometo, sólo sentirás un piquetito, ¿Está bien?

El pequeño respiró profunda y lentamente, y temblando, extendió se brazito para que la enfermera pudiera extraer la sangre. El pulso de Dani se aceleró y su respiración era cada vez más rápida. Una vez que terminó el proceso, el niño estaba serio y nervioso. Su madre, que conocía muy bien a su hijo, le preguntó:

— Dani, ¿te sientes bien?

El pequeño contestó:

— Mami, ¿cuánto tiempo falta para que me muera?

Entonces su madre entendió el motivo de su angustia. Él no había entendido bien y creyó que su hermanita necesitaba de toda su sangre para salvarse. Dani había accedido, en medio del malentendido, a dar su vida para que su hermana pudiera vivir.

Una de las cosas que dan más satisfacción, es estar rodeado de seres queridos. ¿Has notado que los recuerdos más felices de la vida son siempre relacionados a los momentos que vivimos con uno o varios de nuestros seres queridos? Las travesuras con los hermanos, el cumpleaños, la cena de año nuevo, el primer beso, los amigos, el campamento aquél, el nacimiento de un hijo . . . .

Y las personas que más seres queridos tienen son, claro, aquellas a las que más fácil se les hace querer a alguien. Son personas con buen corazón.

Las frases que hablan de la importancia del amor y el bien, hoy suenan repetitivas. Comunes. Cursis. Sin embargo, detrás de ellas hay mucho, mucho más sabiduría de lo que la mayoría de la gente se imagina. Y son pocos los que la entienden. Sí, los más grandes sabios de la historia descubrieron el trascendente poder que tiene el amor y el hacer el bien. Las enseñanzas sobre el amor y el bien casi siempre vienen de las personas que han tenido las experiencias más intensas, y que han alcanzado la mayor sabiduría . . . ¿Por qué? Bueno, esto es porque aquellos espíritus súper evolucionados entendían la naturaleza del espíritu humano. Y lo más importante: entendían la naturaleza de la inteligencia que creó al espíritu humano.

Déjame explicarte:

Sólo hay dos emociones: el miedo y el amor

El mal, al final, es falta de alegría, de paz, de entusiasmo, de seguridad, de valentía, de igualdad, de honestidad, y en general de las emociones y comportamientos positivos y constructivos.

Maltratar, discriminar, dominar, lastimar, ofender, engañar, son actitudes destructivas para el que las tiene. Las emociones y comportamientos negativos y destructivos son sólo "sub-emociones" que nacen del miedo. Así que debes evitar el miedo, porque es la raíz del mal. Así es: la maldad es miedo. El ego tiene miedo. Miedo del dolor, de la escasez, del rechazo, de la crítica, de la falta de reconocimiento. Y así, se va enfermando el espíritu. Entonces actúa para evitar aquello a lo que teme. Para satisfacer sus deseos egoístas de apagar lo que lo hace sentir mal. El único pecado, es hacer daño a seres inocentes. Todo lo que lastima al planeta y a sus habitantes, proviene del miedo. Del Ego. El ego no permite que logres la conexión con la divinidad. Con la gran sabiduría del universo.

Sir Winston Churchill, quien fue primer ministro de Inglaterra (1874-1965), y una de las figuras de más trascendencia de la historia moderna, parecía entender bien esto, cuando dijo:

"De todas las cualidades, la valentía es la primera, porque de ella salen todas las demás."

La valentía, la felicidad, la compasión, la alegría, la amabilidad, y en general las emociones positivas, nacen del amor. Todo lo bueno, todo lo grande, todo lo bello, y la prosperidad, vienen de ahí. ¿Entiendes? El secreto es: desecha el miedo, y lo que te quedará será el amor. Esto permitirá que logres la conexión con la sabiduría del universo.

En el mundo hay leyes físicas. Dependiendo del nivel de conocimiento y capacidad, hay quienes las comprenden mejor que otros. Los más inteligentes las entienden mejor. En el universo también hay leyes, leyes mayores que las físicas, que muy pocos logran percibir y entender. Los secretos de las leyes universales sólo pueden ser intuidos por aquellos que tienen inteligencia espiritual, o sea, un buen corazón. Sólo ellos logran conocer y probar la verdadera felicidad. Si la mayoría de las personas tuvieran tan sólo un poco de entendimiento de éstas leyes, el mundo sería un paraíso. Allí donde hay progreso, y belleza, y felicidad, hay cierta intuición de quienes allí viven, de las leyes superiores del universo, y una de ésas leyes es la del amor, que consiste en buscar lo bueno para sí mismo y para los demás, y para todo lo creado.

El amor inspira a ayudar a los demás en lugar de molestarlos; a respetar la propiedad del vecino, en lugar de pintarle un graffiti. Inspira a cuidar la naturaleza. A ceder el paso a otro conductor. Inspira a los líderes a tratar bien a sus colaboradores; a los colaboradores a ser leales. A los padres, a educar sabiamente a sus hijos. A los hijos, a ser buenos hombres y mujeres. A los gobernantes a buscar el bien del pueblo. El amor inspira los principios del progreso y la felicidad: el orden, la disciplina, la honestidad, la armonía . . . . Obtendrás mucho si ayudas a los demás a obtener lo que necesitan.

La Conexión

Debes entender que todo el mundo es lo que llamamos la comunidad. No es sólo tu familia. NI sólo tus vecinos. Ni sólo tu ciudad. O tu país. Es el mundo. Hay que cuidar a toda la comunidad. Y debemos cuidarnos los unos a los otros. Y no sólo es una comunidad de seres humanos, es una comunidad de animales, plantas y elementos. Y tenemos que comprender eso de verdad. Eso es lo que nos traerá alegría y felicidad. Eso es lo que falta ahora en nuestras vidas. Podemos llamarlo espiritualidad, pero el hecho es que la alegría viene de estar conectados. De darnos cuenta de que todos somos uno. Ése es nuestro espíritu divino. Ésa es la parte de nosotros que realmente lo siente. Y podemos sentirlo en lo más profundo de nosotros. Es un sentimiento inexplicable. Sin embargo, uno lo reconoce cuando lo siente. Y no se obtiene con dinero, se obtiene con la conexión.

Cuando entendamos que dependemos de todo lo que nos rodea en la naturaleza, y de todos los que nos rodean, habremos entendido de verdad el significado de la unidad. Lo que le pase al mundo te pasará a ti. Lo que le pase a los demás, repercute en ti. Todo es parte de ti. Y tú eres parte de todo. Para un espíritu elevado, no hay países, ni razas, ni religión. Sólo hay espíritus conectados a él. Esta es una gran verdad.

Si, ya sé, un mundo regido por la unidad es un sueño imposible. Nuestro mundo es regido principalmente por el egoísmo.

Sin embargo, te diré un secreto:

He aquí, que los humanos somos espíritus atrapados en un cuerpo físico y en una dimensión inferior. El espíritu es eterno. Los que basan su vida en el ego, permanecen atrapados en una esfera inferior, y no escapan de ella hasta que comprenden los principios superiores. Tal vez no todos puedan, o quieran comprender éste, el más grande principio de todos. Mas aquellos espíritus que lo hagan, lograrán progresar hacia dimensiones superiores. Los grandes espíritus que han pasado por el mundo, quisieron dar éste mensaje a la humanidad. Sin embargo, el ego no entendió bien, y creó la religión. Y algo tan sencillo de comprender para el corazón humano, especialmente cuando es niño, se volvió confuso, con muchas versiones diferentes, y hasta negocio.

En los mundos espirituales y eternos, los grandes secretos de la felicidad, el verdadero poder, la inteligencia y la belleza, sólo son descubiertos por quienes son dignos. Por quienes tienen un alma bondadosa. Un corazón noble. Inteligencia espiritual.

Cada obra de amor, hecha de todo corazón, acerca a las personas a Dios
Teresa de Calcuta [825]

Mientras más ama una persona, más se acerca a la imagen de Dios
Martin Luther King [826]

Los hombres se asemejan a los dioses cuando hacen el bien a la humanidad
Marco Tulio Cicerón[827]

---

825 Teresa de Calcuta. Premio Nobel de la Paz en 1979 por su labor humanitaria a favor de la humanidad.
826 Martin Luther King. Líder y político estadounidense, defensor de los derechos de los afroamericanos
827 Marco Tulio Cicerón. Político romano 106-43 a.C.

Buscando el bien de nuestros semejantes, encontramos el nuestro
Platón[828]

El amor es la verdadera fuente del poder y la seguridad
Brian Weiss [829]

Creo que una verdad desarmada y amor incondicional tendrá al final
la última palabra en la realidad.
Martin Luther King, Jr. [830]

He aquí mi secreto: no se ve bien mas que con el corazón, lo esencial
es invisible a los ojos.
Antoine de Sain Exupéry [831]

Cierra los ojos y verás
Joseph Joubert [832]

El amor es la fuerza más humilde, pero la más poderosa de que
dispone el mundo
Mahatma Gandhi[833]

Sólo hay alguien que es todo poderoso, y su arma más grandiosa es
el amor
Stan Lee [834]

---

828 Platón. Filósofo y matemático griego. Uno de los padres de la filosofía y uno de
los personajes más trascendentes de la historia
829 Brian Weiss. Psiquiatra, director del hospital Mount Sinai en Miami y Autor de
varios best sellers. Aseguró haber recibido éste mensaje de los "Maestros", espíritus
superiores con los que hizo contacto mediante una de sus pacientes en estado
hipnótico.
830 Martin Luther King, Jr. Promotor de los derechos de los afroamericanos en los
Estados Unidos
831 Antoine de Sain Exupéry. Aviador comercial y Escritor francés.
832 Joseph Joubert. Ensayista francés
833 Mahatma Gandhi. Líder político y espiritual hindú durante el movimiento de
independencia de la India.
834 Stanley Lieber ó Stan Lee. Editor y Director de Arte de Marvel Comics. Creador
del Hombre Araña y otros superhéroes.

Si vosotros no ardéis de amor, habrá mucha gente que morirá de
frío
Francois Mauriac[835]

Si los hombres no sienten amor, no tienen móvil para la valentía
Lao Tsé [836]

Amor es colocar la felicidad propia en la felicidad de otros
Cullen Hightower[837]

Sólo es feliz el que es justo
Demócrito[838]

El hombre alcanza más dicha obrando el bien.
Dante Alighieri[839]

Aunque viajemos por todo el mundo para encontrar lo bueno, debemos
llevarlo con nosotros o no lo encontraremos
Ralph Waldo Emmerson[840]

Vivimos en el mundo cuando amamos, sólo una vida vivida para los
demás merece la pena ser vivida.
Albert Einstein[841]

Hay tiempo para trabajar y tiempo para amar. Eso no deja tiempo
para nada más
Coco Chanel [842]

---

835 Francois Mauriac. Premio Nobel de Literatura en 1952
836 Lao Tsé. Grán filósofo chino de la antigüedad (604-531 a.C.) autor del Tao Te
    King.
837 Cullen Hightower. Escritor y político estadounidense.
838 Demócrito. Filósofo, Físico y Matemático griego contemporáneo a Sócrates. Viajó
    por todo el mundo en busca de conocimiento y es considerado uno de los grandes
    pensadores de los primeros siglos.
839 Dante Alighieri. Atuor de la Divina Comedia, considerada una obra maestra de
    la literatura
840 Ralph Waldo Emmerson. Escritor estadounidense
841 Albert Einstein. Físico alemán, una de las mentes más brillantes de la historia
842 Coco Chanel. Fundadora de Chanel

Si sientes con intensidad, repercutirá hasta la eternidad
Anónimo

La obra humana más bella es la de ser útil al prójimo
Sófocles[843]

Hacer felices a otros. No hay nada mejor
Beethoven [844]

Mi país es el mundo, y mi religión es hacer el bien
Thomas Paine [845]

La patria de un alma elevada es el universo
Demócrito [846]

El alma no tiene raza, no tiene religión, sólo conoce el amor. El amor
es lo más importante
Brian Weiss[847]

El amor es la respuesta, el amor lo puede todo. Amor a nosotros, al
planeta, a la raza
Alex Collier[848]

El único símbolo de superioridad que conozco es la bondad
Beethoven [849]

---

843 Sófocles. Poeta griego. Una de las figuras más destacadas de la antigua Grecia.
844 LudwigVan Beethoven. Genio de la música, considerado uno de los más grandes músicos de la historia
845 Thomas Paine. Inventor y Revolucionario norteamericano, y uno de los padres fundadores de los Estados Unidos de América.
846 Demócrito. Filósofo, Físico y Matemático griego contemporáneo a Sócrates. Viajó por todo el mundo en busca de conocimiento y es considerado uno de los grandes pensadores de los primeros siglos.
847 Psiquiatra, director del hospital Mount Sinai en Miami y Autor de varios best sellers.
848 Alex Collier. Investigador del fenómeno OVNI
849 L.V. Beethoven. Genio de la música, considerado uno de los más grandes músicos de la historia

Todo lo que hay ahí afuera, soy yo. Todo somos nosotros
George Carlin [850]

Nuestras lealtades son para con las especies y el planeta. Somos una sola especie
Carl Sagan [851]

Todos somos uno solo. Esto es realmente cierto
Jim Carrey[852]

Creo que en una dimensión mayor, estamos conectados a cada una de las almas del planeta, e incluso de más allá. Todos estamos interconectados.
Brian Weiss[853]

Para que ellos sean uno, así como nosotros somos uno
Jesús de Nazaret [854]

Estén unidos en una misma mente
Pablo de Tarso [855]

Todos ustedes son uno solo
Pablo de Tarso [856]

Podrás decir que soy un soñador, pero yo no soy el único. Espero que algún día te unas a nosotros, y el mundo será uno solo.
John Lennon

850 George Denis Patrick Carlin. Comediante y Actor norteamericano. Cinco veces ganador del Grammy por sus álbums de comedia.
851 Carl Sagan. Científico y Astrónomo norteamericano.
852 Jim Carrey. Actor y Comediante norteamericano. El primero en Hollywood en llegar a cobrar 20 millones de dólares por una película. Ganador del Globo de Oro y el más veces ganador del MTV Award.
853 Brian Weiss. Psiquiatra, director del hospital Mount Sinai en Miami y Autor de varios best sellers.
854 Juan 17: 21-22
855 Apóstol de Jesús de Nazaret. 1 Corintios 1:10
856 Apóstol de Jesús de Nazaret. Gálatas 3:28

¡Abrazaos, millones de seres!
Beethoven[857]

Sentimientos buenos atraen cosas buenas

El buen hombre del buen tesoro de su corazón saca bien
Jesús de Nazaret [858]

Un hombre de noble corazón irá muy lejos
Goethe[859]

Nada embellece más que el amor
Louise May Alcott [860]

Un equipo siempre apreciará a un gran individuo que está dispuesto
a ayudar al grupo
Kareem Abdul Jabbar [861]

Las palabras sin afecto nunca llegarán a oídos de Dios
William Shakespeare [862]

857 LudwigVan Beethoven. Genio de la música, considerado uno de los más grandes
     músicos de la historia
858 Lucas 6:45
859 Johann Goethe. Genio de la literatura de origen alemán
860 Louise May Alcott. Novelista norteamericana
861 Kareem Abdul Jabbar. Gran estrella de basketball en los setentas
862 William Shakespeare. Genio de la literatura universal. Considerado el mejor escritor
     inglés y uno de los mejores del mundo de todos los tiempos

La gracia divina puede recompensar a un buen corazón, a un alma
llena de amor
Brian Weiss[863]

Cualquier cosa que imprimas en tu mente subconsciente se proyecta
en la pantalla del espacio como acontecimientos y experiencias. Por lo
tanto, debes escoger cuidadosamente las mejores ideas y pensamientos
que alimentan la paz interior y el amor.
Joseph Murphy[864]

---

863 Brian Weiss. Psiquiatra, director del hospital Mount Sinai en Miami y Autor de
varios best sellers. Este mensaje le fue revelado por un Maestro (un espíritu superior
) que hablaba con él a través de un paciente en trance hipnótico.
864 Joseph Murphy. Psicólogo norteamericano, autor de varios Best Sellers sobre el
poder de la mente.

Amor

Ciudad de Nueva York. Hace algunas décadas

El joven marino John Blanchard se levantó de la banca en la que estaba sentado, se arregló su uniforme de la Armada, y miró cuidadosamente a la multitud de personas que caminaban por la Gran Estación Central. Buscaba a una mujer. Una mujer cuyo corazón conocía, pero no su rostro. La mujer con la rosa.

Su interés en ella había comenzado trece meses atrás en una librería de Florida. Era una de ésas librerías con ejemplares usados que la gente donaba para su venta. Tomó del estante un libro que él encontró muy interesante, y no por las palabras del libro en sí, sino por las notas escritas con lápiz en los márgenes. Aquellas notas con letra bonita y suave, reflejaban un alma gentil, sabia, y una mente reflexiva e inteligente.

En la primera página del libro, descubrió el nombre de la persona que había sido su dueña: la señorita Holly Maynell. Con tiempo, y esfuerzo, él se dedicó a buscar su dirección. Resultó que ella vivía en la ciudad de Nueva York. Entonces, John le escribió una carta, presentándose, e invitándola a responderle. Ella accedió.

Unos días después, John fue enviado a Europa durante la segunda guerra mundial. Durante el siguiente año y un mes, los dos se conocieron por medio de cartas. Cada carta era una semilla que caía en un corazón fértil. Un gran cariño nacía. Un día John le pidió a Holly una fotografía. Sin embargo, ella no quiso. Sentía que las personas no son valiosas por su apariencia, sino por su corazón.

272

Finalmente llegó el día en que él regresó de Europa, y arregló con ella su primera cita en vivo. Acordaron verse a las 7:00 PM en la Gran Estación Central de Nueva York. Ella le escribió:

"Me reconocerás por la rosa que estaré usando en la solapa."

Así, a las 7:00 PM él estaba en la estación, buscando a una mujer cuyo corazón amaba, mas su rostro, nunca había visto.

En palabras del mismo John Blanchard, esto fue lo que pasó:

"Estaba en el punto en donde quedamos de vernos. Una joven venía hacia donde yo estaba. Su figura era alta y delgada. Su cabello rubio caía en rizos detrás de sus delicados oídos. Sus ojos eran hermosos y azules como flores. Sus labios y su barbilla tenían una gentil firmeza. Y en su traje verde claro, ella se veía como la primavera en un amanecer. Caminé cerca de ella para verla más de cerca, tan hipnotizado, que me tomó algo de tiempo notar que no tenía una rosa en su solapa. Cuando ella notó que caminaba cerca de ella y la veía, sonrió ligeramente y con una hermosa voz femenina, murmuró:

— ¿Va en la misma dirección que yo, soldado?

Casi incontrolablemente, dí un paso más cerca de ella. Y entonces . . . vi a una mujer que estaba de pie, esperando, a unos pasos de la chica. Y tenía una rosa en su solapa. Una mujer de más de 40. Tenía algo de canas que se podían ver debajo de su sombrero. Estaba algo rechoncha. La joven del traje verde claro seguía caminando. En ése momento me sentí como dividido en dos: tan grande era mi emoción por seguirla, como profundo era mi anhelo por conocer a la mujer cuyo espíritu había apoyado al mío y me había verdaderamente acompañado. Y allí estaba. Su cara, pálida y gordita, era gentil y sensible. Sus ojos castaños tenían un brillo cálido y amable. No lo dudé: tomé con mis dedos el pequeño ejemplar de cubierta azul del libro que me habría de identificar con ella. Esto no sería amor, pero sería algo precioso, algo muy valioso, una amistad por la que había estado, y habría de estar siempre agradecido.

Con determinación, me dirigí a la mujer. La saludé y le mostré el libro. Sin embargo, mientras hablaba con ella, me sentí algo incómodo por no ser lo que esperaba:

— Soy el Teniente John Blanchard. Y usted debe ser la señorita Maynell. Me da mucho gusto conocerla finalmente. ¿Puedo invitarla a cenar?

La mujer sonrió con una expresión de nervios y tolerancia. Me contestó:

— No sé de qué se trata esto, joven... Pero la chica del traje verde que acaba de irse, me suplicó que usara esta rosa en mi abrigo. Y me dijo que si usted me invitaba a cenar, yo le dijera que ella lo está esperando en el restaurante que está enfrente de la calle. Me dijo que era una especie de prueba." [865]

———

La verdadera naturaleza de un corazón se ve en su respuesta a lo que no es atractivo a los ojos.

El amor de pareja te ayuda a crecer espiritualmente. Te ayuda a aprender. Sin embargo, de ti depende elegir buenos maestr@s. Verás:

Lo que muchos llaman "tener buena suerte en el amor", realmente depende de esto:

+ Principios
+ Armonía

Escucha con atención. Estos son los secretos:

+ Principios

La única verdad es la realidad. La observación de los hechos es lo que nos dice lo que funciona y lo que no. Las palabras pueden ser ciertas, pero hay que ponerlas a prueba. La realidad, en cambio, es contundente. Eso es cierto. Negártelo, o tratar de hacerte sentir bien con falsas expectativas, sería faltar a los principios de honestidad, inteligencia y razón. Entonces: la apariencia física, la belleza, el dinero, la fama, el poder, la estatura, la edad, ¿tienen alguna influencia?

Sí la tienen. Sin embargo, estos atributos:

---

865 Inspirado en "The Test", un relato basado en un hecho real, de Max Lucado, teólogo norteamericano.

—Son atractivos físicos y psicológicos, no espirituales. No tienen que ver con el amor puro

—Se pueden perder con el tiempo

Esto también es verdad: hay muchos atributos que sí están bajo tu control. Y que sí tienen que ver con el amor puro. Y el amor puro sobrepasa todo lo demás.

Estos, los puedes desarrollar. Los puedes adquirir.

Un cuerpo saludable, y una situación estable, son importantes para ser feliz. Y cualquier ser humano que aprenda los principios, puede aumentar éstos atributos. Es una cuestión de hacer lo correcto, no de suerte. Es cierto, no todos nacemos con las mismas cualidades. Algunas personas son naturalmente más altas, más bellas, más simpáticas, más carismáticas o más talentosas que otras. Incluso nacen ricas. Sin embargo, tú debes convertirte en el mejor ser humano que puedas ser. Ésa es tu meta. Y te diré algo: ni aún las personas más afortunadas son atractivas para todo el mundo. Existe la variedad de gustos. Piensa en una persona famosa, rica y atractiva. Ahora, ¿supones que a toda la gente le parece atractiva? No es así. A algun@s les parecerá atractiv@, a otr@s no.

No necesitas ser una estrella famosa. Sólo necesitas entender los principios. Basar tu vida en principios correctos significa desarrollar las cualidades que te hacen mejor. Incluso más atractiv@.

El espíritu no ve los valores superfluos. Los ve el ego. Y mientras mayor riqueza tiene un hombre, mayor es la sabiduría que necesita para identificar a una mujer que se interesa sólo en su dinero. Mientras mayor belleza tiene una mujer, mayor es la sabiduría que necesita para detectar a un hombre que se interesa en ella sólo por su físico. Si no lo pueden ver, es sólo cuestión de tiempo para que venga la infidelidad. Este tipo de relaciones son una ilusión. Es triste, pero es cierto. Tú lo sabes bien.

Ahora te diré un secreto: ya sea que lo creas o no, ya sea que lo entiendas o no, es así: la verdadera atracción del corazón depende de ciertos principios y patrones de conducta.

La mente lógica se siente atraída hacia cosas obvias. El corazón, se siente atraído hacia cosas espirituales. Déjame explicarte:

Hay muchas encuestas hechas a hombres y mujeres, sobre qué es lo que más les atrae del sexo opuesto. Sin embargo, en estas encuestas las personas no dicen toda la verdad. A veces por pena, a veces por discreción, pero sobre todo: porque existen cosas que les atraen del sexo opuesto que no manejan conscientemente, por lo tanto no las pueden explicar en una encuesta. Porque no las entienden. Muchas veces hemos oído comentarios como:

—Es que no sé porqué me gusta tanto
—Tiene un no sé qué
—Es la última persona con la que me hubiera imaginado que tendría una relación
—Tal vez no sea la mujer más bella de la tierra, pero hay algo en ella que me encanta
—Siempre tuve preferencia por los morenos, y terminé enamorada de un güero
—Antes me gustaba fulana, hoy me es indiferente
—Antes No me gustaba fulano, hoy lo veo guapísimo
—Salí con ése cuero, pero me aburrí como nunca

¿Por qué pasa esto? Pues bien:

Los estándares (los gustos) cambian conforme creces espiritualmente. A mayor progreso del espíritu, mayores son los estándares espirituales:

A veces no te explicas porqué alguien te atrae ¿cierto? Es porque No decidimos por quién sentirnos atraídos con nuestras mentes lógicas. Deciden nuestras emociones y nuestra naturaleza, y entonces "creamos" razones que suenen lógicas. La atracción no es una elección. Por eso, cualquier hombre puede aumentar su atractivo con las mujeres, sin importar su apariencia, ni sus ingresos. Y cualquier mujer puede aumentar mucho su atractivo con los hombres, sin importar si no tiene un cuerpo escultural.

La atracción es diferente para los hombres y para las mujeres. A las mujeres les atraen ciertos rasgos de la personalidad masculina. Al hombre, le atraen ciertos rasgos de la personalidad femenina. Así que debes aprender los secretos para ser atractiv@ al sexo opuesto.

Olvida lo que has escuchado, lo que has leído en artículos, o en encuestas. Y empieza a observar los hechos con más atención: fíjate bien cuando veas a los hombres y a las mujeres interactuar. Empieza a observar lo que los hombres que tienen éxito con las mujeres hacen, y lo que las mujeres que tienen éxito con los hombres hacen. Observa sus **personalidades** y su **comunicación** con el sexo opuesto. Verás cosas de las que no te habías dado cuenta. Aprenderás secretos que aumentarán tu éxito con el sexo opuesto.

Cuidado con los libros y seminarios que hablan de esto. Los que los escriben son al final vendedores. Tienen algunos buenos consejos, algo de experiencia, y de ellos hacen una gran exageración y sacan todo el jugo posible para poder vender su producto. Pero nadie tiene la verdad absoluta.

Así que te diré un secreto: olvida las creencias generales, de que el sexo opuesto es así o es asá. Que si todas las mujeres son atraídas sólo por el dinero, o que si todos los hombres son atraídos sólo por las curvas. Claro, a nadie le disgustan esas cosas. Mas recuerda: la mente subconsciente ve algo más. El corazón es atraído por algo más. Son los principios correctos los que forman una personalidad que al final te hace mucho más atractiv@ cuando alguien del sexo opuesto trata contigo. Por eso, dejé éste tema para el final. Debes entender primero los principios. Todos los secretos parten de ahí. Escucha con atención:

Seguridad

Sin importar si eres tranquil@ o inquiet@, si tu forma de ser es esta o aquella, tu actitud debe ser inteligente, osada, divertida, en control de la situación. Sé tú mism@. Tus movimientos son seguros. Uno de los mayores afrodisiacos es la seguridad en sí mism@. Es uno de los más grandes atractivos. Las mujeres se sienten especialmente atraídas hacia los hombres seguros de sí mismos. ¿Te parece sexy una persona del sexo opuesto cuando baila? Es porque el baile proyecta al subconsciente la percepción de una gran seguridad en si mismo. Siempre recuérdalo: ten seguridad. Una gran seguridad en ti. Ser un poco cínic@ y arrogante a veces es una cualidad atrayente. Indica que tienes carácter. Especialmente con personas atractivas, porque ellas están acostumbradas a que siempre alguien l@s esté asediando. Ten una increíble confianza en ti mism@.

Alegría

Siempre sé una persona positiva. Siempre dí cosas positivas. Mantén siempre tu sentido del humor y tu sencillez. Todos disfrutan de la compañía de una persona positiva. Se realizó un experimento en una ocasión, en el que se les pidió a mujeres y hombres que seleccionaran de un álbum de fotografías, a l@s personas más atractivas. Casi tod@s seleccionaron a l@s que aparecían sonriendo.

Una forma de ser positiva y despierta es una de las cosas que inconscientemente más atrae del sexo opuesto.

Imagen

Sí, la imagen importa. ¿Por qué? Porque habla mucho de ti. Dice quién eres. Así como cuidas tus cosas, y tu casa, y tu prestigio, con mayor razón debes cuidar lo más valioso que tienes: tu propio ser. Cuida tu cuerpo, mantenlo saludable. La salud y la limpieza de todo tu cuerpo, y de tus dientes, es esencial. Siempre debes verte bien. Siempre debes oler bien. Haz ejercicio. Ten buen gusto para vestir. Ten encanto al hablar. Busca una imagen única. No hagas lo que l@s dem@s. Ten tu propio estilo.

Cuidado, No me malinterpretes, no se trata de tener un look demasiado extravagante, esto es una señal de inseguridad, y a veces de falta de sentido común, y hasta de salud psicológica. Sólo ten buen gusto y sentido común.

Sinceridad

Sé sincer@. Es muy, muy importante. Mucho más importante de lo que imaginas. El amor se debe dar natural y de manera sencilla. Siendo honest@ evitarás cometer los errores que la mayoría comete cuando tratan de conquistar. Aunque te parezca raro, esto es cierto: esforzarte demasiado por tratar de conquistar a alguien, frecuentemente es la peor forma de conquistar. Tratar de vender la imagen de que eres la perfección andando, termina por ser contraproducente, porque los demás lo sienten.

Robert Greene, en su libro *"Las 48 Leyes del Poder"* dice que la honestidad es absolutamente necesaria para lograr los objetivos. Esto es porque las personas detectan al que está fingiendo ser demasiado bueno, y ésta actitud se revierte en su contra, al ser rechazados por los que perciben su juego. El tiene razón. Por ejemplo, los vendedores hipócritas, sonrientes y que exageran las cualidades de su producto, y que repiten como merolicos las palabras estudiadas del manual del vendedor, pierden muchos clientes que detectan su falsa amabilidad. Son clientes que perciben la deshonestidad. Y en el mal llamado "juego del amor", porque el amor verdadero es sincero y honesto, cada una de tus acciones tiene un mensaje detrás, que la otra persona puede leer, conscientemente o incluso subconscientemente. Por ejemplo:

+ Los detalles deben ser sinceros. Los detalles deben ser oportunos. Los detalles deben hacer sentido. ¿Por qué? Porque reflejan quién eres como ser humano. Exceso de regalos caros, detalles sin sentido, que no vienen al caso, y cenas en restaurantes lujosos, tienen un mensaje detrás: soy insegur@, no creo valer mucho, así que estoy tratando de comprarte. Muchos hombres, por ejemplo, después de decenas de cenas en restaurantes lujosos, arreglos florales, monos de peluche, serenatas y mucho dinero gastado; reciben la misma respuesta. Sí, es el clásico: "es que sólo me interesas como amigo." Mientras que otros, sólo tuvieron que ser sinceros, ser ellos mismos, para conquistar.

+ Para hacer sentir bien a alguien tienes que ser sincer@. Ésa persona tal vez necesite saber que vale mucho. Tú sabes que vale mucho. Encuentra la forma de que lo sepa. Un halago que viene del corazón llega al corazón. Mientras más sencillo, es más bonito. Los muchos halagos y piropos excesivos sobre la belleza, o cualquier otra cualidad, son incómodos. Esto es porque tienen un mensaje detrás que el subconsciente capta: no soy sincero. O: sólo me interesa tu físico. No veo tu alma. A nadie le gustan los halagos excesivos. Ni el interés excesivo. Una persona del sexo opuesto no cambiará su atracción hacia ti porque la halagues mucho. Créeme, tiene un espejo en casa, sabe cómo está.

+ Ser tú mismo es ser sincer@. Tu verdadero carisma sale mucho mejor si eres simplemente tú. Esforzarse demasiado por tratar de ser demasiado bueno, simpátic@ ó encantador@ tiene un mensaje detrás: Soy hipócrita. Tratar de impresionar tiene otro mensaje devastador: ¡Estoy desesperad@, mírame!

No te esfuerces demasiado por conquistar. Esto no es sincero. Las personas "leen" lo que realmente estás pensando, especialmente si saben leer el lenguaje corporal. Las mujeres son diez veces más perceptivas que los hombres. Saben leer el verdadero mensaje detrás de las acciones y de las palabras de "conquista." Las "técnicas" que siempre fallan son las que reflejan en el fondo, una gran falta de seguridad, de calidad humana, de sinceridad y de valores. La otra persona lo "siente" a nivel subconsciente. Lo que una persona del sexo opuesto ve en ti, si es inteligente, es tu personalidad en general. Ve tu ser. Si tú sigues los principios correctos sólo tienes que ser tú mismo. Las personas se enamoran del ser, no de las "estrategias" de conquista. ¿Quieres impresionar? No trates de impresionar. ¿Quieres caer bien? No trates de caer bien. ¿Quieres conquistar? No te esfuerces tanto en conquistar. Sólo sé una persona de principios. Esto es lo que te volverá realmente atractiv@. Así que sigue leyéndolos:

Gentileza

Hacer sentir bien a los demás es una gran cualidad del alma humana. Escucha con atención cuando ésa persona te hable. Comprende sus sentimientos.

Nunca, nunca, nunca trates mal a ésa persona. Nunca la hagas sentir mal. Es sólo un mito eso de que tratar mal a alguien ayuda a conquistarl@, a menos que no esté muy bien de la cabeza. Y tú no quieres a alguien que no está bien de la cabeza ¿verdad? Lo que realmente pasa, es que las personas con carácter y seguridad son muy atractivas para algun@s. Eso es todo. Cuando las mujeres dicen que les atraen los chicos malos, realmente se refieren a hombres seguros de sí mismos que desafían los estándares sociales tradicionales (obviamente no se refieren a cretinos, ni a criminales peligrosos). Entre eso y maltratar hay un abismo de diferencia.

Dignidad

Si te amas a ti mism@ siempre te darás a respetar. Jamás digas ni hagas nada que vaya contra tus principios. Está bien que te des a desear un poco. Así te valorarán. Debes opinar lo que realmente sientes, no lo que te conviene. Aún en los pequeños detalles debes tener carácter: si planeas una cita, dí a donde te gustaría ir, no preguntes: ¿A dónde vamos? Esto refleja indecisión e inseguridad. Alguien que no sabe lo que quiere no es atractiv@. Recuerda: nadie admira a un@ persona sin carácter ni dignidad. Y el amor es admiración.

Personalidad

Un hombre se siente atraído por aspectos femeninos de la personalidad y del físico. Una mujer se sienta atraída por aspectos viriles de la personalidad y del físico. Estos son: tu voz, tu forma de moverte, tus modales, tus gestos, tu peinado, tu forma de vestir. Y sobre todo, tu forma de comportarte. Todos estos son rasgos de tu sexo. Deben ser de acuerdo a tu sexo. Los colores, y formas de tu ropa deben ser los más femeninos si eres mujer. Y los más masculinos si eres hombre. Debes encontrar el estilo que mejor se adapte a ti, no a los demás.

Ejemplos:

—A los hombres nos gusta cuando una mujer se ruboriza y baja la mirada. Es femenino. Muchas modelos profesionales adoptan ésta posición cuando son fotografiadas. Sin embargo, a las mujeres no necesariamente les atrae un hombre que se ruboriza, y menos si baja la mirada. No es masculino. A ellas les gusta la seguridad y la mirada del hombre. Muchos modelos masculinos adoptan ésta pose cuando son fotografiados.

—A la mayoría de las mujeres les atrae que un hombre lleve el control, y sin embargo, sin ser dominante o demandante. La mayoría de los hombres piensan que es difícil entenderlas, sin embargo, deberían procurar hacerlo, porque son los hombres que las entienden los que más éxito tienen con ellas. A ellas no les gustan mucho las preguntas cuando se les invita a salir. Ni al final de la cita. "¿Quieres ir a bailar?" no es la mejor manera de invitar. "Vamos a bailar" es muy demandante, indica intento de someter y egoísmo, y que no te importa la opinión de ella. Funciona mejor: "Tengo ganas de ir a bailar. Si quieres, puedo pasar por ti." A muchas mujeres, no les gusta la pregunta: "¿Te puedo dar un beso?" Y sin embargo, que les roben un beso bruscamente tampoco. La mejor manera para un hombre de saber si puede besarla, es mirar sus ojos, acercarse con cuidado y simplemente, besarla. Ella decidirá si corresponde.

Pasión

Siempre debes tener objetivos para tu vida. Metas y sueños. Sólo una persona que sabe a dónde va, es interesante. Es más atractiva una persona a la que le apasiona algo. Y más cuando tiene la firme intención de luchar por sus metas, cueste lo que cueste.

Sencillez

La sencillez es la capacidad de ser feliz. De ver lo divertido en las cosas simples. Una persona que carece de sencillez casi siempre echa a perder sus relaciones con el sexo opuesto desde la primera cita. A veces hasta desde la primera vista. La sencillez y alegría de espíritu es por naturaleza una de las mejores formas de relacionarse con alguien que sí vale la pena. Sólo sé tu mism@. Nunca trates de lucirte. Jamás trates de impresionar. Recuerda: detrás de tus acciones, hay un mensaje. Tratar de impresionar dice de ti que eres insegur@. Jamás, nunca, nunca presumas nada. El mensaje detrás es: no tengo una autoestima alta.

Discreción

Nada de chismes. Sólo comentarios positivos. Por favor: No hables de novi@s del pasado. Es letal en cualquier etapa de la relación. No hables de terceras personas. Recuerda: cuando hablas de los demás, hablas de ti mism@. Cuando estés con ésa persona, nunca voltees a ver a nadie que no sea ésa persona.

Es muy importante que siempre recuerdes esto: Habla poco de ti. Si te das cuenta de que estás hablando de ti, cambia el tema. Y escucha más. Escucha con atención.

Créemelo. Funciona.

Principios. Todo parte de ahí. ¿Quieres tener suerte en el amor? Primero, sé una persona de principios. Luego, busca a una persona de principios.

Ahora. Te haré nuevamente ésta pregunta: las curvas de la mujer, y el dinero del hombre, ¿Importan?

En realidad lo que hace que un hombre se sienta atraído por la figura de una mujer, tiene que ver con la mente subconsciente. Una persona que proyecta amor por sí misma es atractiva. Claro que una persona que se quiere a sí misma cuida de su cuerpo, sin embargo, torturarlo sin alimento no demuestra ni amor ni salud. Sólo hay que mantenerlo saludable con buenos hábitos alimenticios y algo de actividad física. Eso es suficiente.

En 1995, un estudio psicológico reveló que después de 3 minutos de mirar modelos en una revista de moda, el 70% de las mujeres se sienten deprimidas, culpables y avergonzadas. Sin embargo, ¿Cuál es la opinión de la mayoría de los hombres, sobre éstas modelos? Bien, es un mito que todos los hombres mueren por mujeres con figuras esculturales. Hay gustos para todo. Hay quienes las prefieren muy delgaditas, y a quienes les gustan "llenitas". De hecho, la gran mayoría de los hombres se sienten atraídos por mujeres normales.

En realidad, una mujer no necesita tener un cuerpo escultural, ni enseñar su cuerpo de más para conquistar a un hombre de buen corazón. En la película *New York I Love You*, el cineasta Jeff Nathanson presentó un cortometraje genial, en el que un muchacho lleva al baile de graduación a una linda chica en silla de ruedas y se divierte mucho con ella. Luego, descubre que ella sí puede caminar, y sólo fingía. Esta chica hizo pasar al muchacho por una excelente prueba para cerciorarse de su buen corazón.

En la película "Hidalgo", un cowboy americano viaja a Arabia, y allí conoce a una mujer árabe, que cubre su cuerpo totalmente con una túnica, y su cabeza y rostro con un velo. Lo único de ella que él puede ver, son sus ojos. Sin embargo, después de tratarla y conversar con ella, él le dice: "Hasta un ciego vería que eres hermosa". Entonces, ella remueve la túnica de su cabeza, y el velo de su rostro, para él. Ella hizo esto porque se dio cuenta de que él la veía con sus ojos espirituales.

Las mujeres de plástico, tienen hombres de plástico. Y viceversa. Ambos son desechables.

Es dichoso el hombre que logra comprender éstas palabras de Napoleón Bonaparte:

"Una mujer hermosa agrada a los ojos; una mujer buena agrada al corazón. La primera es un dije, la segunda es un tesoro."

Sobre el dinero.

Piensa en las palabras de Bradley Jacobs, presidente y director ejecutivo de United Rentals:

"Las fortunas vienen y se van. Sólo eres financieramente autosuficiente si eres capaz de hacer las cosas nuevamente desde el principio. La confianza en ti mismo que nace de saberte capaz de repetir el éxito te da una tremenda fuerza mental."

Recuerda siempre esto: no valores a un hombre por lo que tiene, sino por lo que hizo para tenerlo. No califiques a un hombre por lo que ha logrado, sino por las circunstancias bajo las que lo ha logrado. Déjame explicarte:

Bill Gates fue un muchacho con muchos recursos a su alcance. Nació en el país de las oportunidades. Tuvo una buena educación. Una buena posición. La oportunidad de ir a Harvard, la más prestigiada universidad del mundo. Y una mente brillante. Si Gates hubiera terminado como el gerente de una compañía local, sería un gran mediocre. Sin embargo, utilizó sus recursos con entusiasmo y valentía, y fundó Microsoft.

Ahora, por otro lado, hubo en Nueva York un muchacho huérfano de un padre inmigrante, con una madre pobre que tenía que vender mercancías en un mercado local para mantenerlo a él y a sus hermanos. Con mucho esfuerzo logró ir a una escuela local de construcción, y comenzó a trabajar haciendo pequeñas construcciones como contratista. Con carácter, integridad y dedicación logró progresar y fundar una pequeña constructora. Estoy hablando de Fred Trump. Bajo circunstancias desfavorables y pocos recursos a la mano, logró establecer su pequeña compañía. Si, él era el padre de Donald Trump, quien siguiendo el ejemplo de su padre, y los mismos principios que aprendió de él, pero en circunstancias más favorables, se convirtió en un magnate.

No es el poder en sí, sino lo que hay detrás del poder, lo que hace atractivo al hombre poderoso. Sus cualidades.

El hombre valioso es el que es capaz de salir adelante de la adversidad. El hombre de carácter. Aquel que siempre lucha sin rendirse.

Solamente quien es capaz de amarte como eres, sin tratar de cambiarte, puede darte la felicidad que deseas.

+ Armonía

Ahora hablemos de armonía

Había una princesa que deseaba encontrar a su hombre ideal, y casarse con él. Sin embargo, no quería un Matrimonio arreglado con un príncipe de otro país, porque ella quería asegurarse de que el hombre con el que compartiría toda su vida, realmente la quisiera mucho. Entonces, fue y le dijo a su padre, el rey:

— Padre. He aquí, lanzaré un desafío a todos los hombres jóvenes del reino. El hombre que aguante más tiempo tocando el muro del palacio, sin separarse de él, será el que demuestre que realmente le importo. Y si me gusta, me casaré con él.

El invierno estaba cerca, así que sólo el verdadero amor le daría fuerzas a un hombre para soportar esta prueba. Y así, el rey anunció el desafío a los jóvenes del reino, y de todas las regiones vecinas

Había un muchacho que era hijo de un noble. El, unos años atrás había visto a la princesa de cerca, y quedó muy impresionado con ella, porque era muy bella. Desde entonces creía estar enamorado de ella. Al oír la noticia se alegró mucho. El sabía que su amor era tan grande que soportaría más tiempo que todos los demás.

Miles de jóvenes del reino se presentaron afuera del palacio. A la señal del rey, todos se acercaron al muro, y tocándolo con su mano, comenzó la prueba.

Pasaron horas debajo del sol, y algunos se cansaron y se rindieron. Pasaron días, y otros más no soportaron y se fueron. Pasaron semanas, y la mayoría ya se había retirado. Llegó el invierno, y el muchacho seguía soportando.

Llegó el momento en que todos se rindieron, menos el muchacho. El seguía ahí, junto al muro, hambriento, cansado. El invierno era muy duro y él temblaba de frío. El muchacho se alegró mucho al ver que él era el único que quedaba, sin embargo, ya estaba muy débil.

La princesa se enteró de que había un triunfador, y además, era guapo. Y con entusiasmo, le dijo a su padre, el rey, que hiciera los preparativos para anunciar la boda.

Entonces, el rey y la princesa pusieron una fecha en la que terminaría la prueba para el muchacho, y finalmente anunciarían la boda: a fin del mes. Y faltaban aún tres días para eso.

Entonces, una joven que pasaba por ahí, vio que el muchacho estaba sufriendo. La joven fue por un manto, comida y agua. Y regresó al muro del palacio. Se acercó al muchacho, y lo cubrió con el manto. Luego, le dio de comer y de beber. La joven regresó en la noche, y a la mañana siguiente.

Y pasaron dos días.

Y justo un día antes de que se cumpliera el plazo, el muchacho se separó del muro, y regresó a su casa.

Iba entrando a su casa, cuando su madre, muy sorprendida, le dijo:

— Pero, ¿qué haces aquí hijo? ¿No deberías estar en el palacio?

El joven le contestó:

— Cambié de opinión y decidí regresar

La madre no podía creer lo que escuchó. Desconcertada, le dice:

— ¡Pero estuviste esperando por meses. Soportaste frío, hambre, cansancio! Tú siempre has amado a la princesa. Fuiste el ganador. Y tan sólo te faltaba uno, sólo un día más. ¿Qué motivo pudo haber sido tan fuerte para hacerte cambiar de parecer?

El muchacho le responde:

— Madre, cuando estaba a punto de desmayar, una linda joven se acercó a mí. Me cubrió con un manto, y me dio agua y comida, y conversó conmigo. Esto lo hizo por dos días. Y pude ver en sus hermosos ojos la belleza de su alma, que tocó mi corazón.

El muchacho dio un respiro, y decepcionado, continuó:

— La princesa sabía que yo estaba sufriendo, y no hizo nada al respecto. Yo fui el ganador. La fecha del anuncio se puso para tres días después. Alguien que pudiendo haberme ahorrado tres días de sufrimiento, y no lo hizo, no merece mi amor. La joven que hizo algo tan noble por mí, es la que ahora tiene mi corazón.

Eso que se dice de "mala suerte en el amor" es absurdo. La realidad es, que la buena suerte la atraes tú. Déjame explicarte:

El verdadero amor entre hombre y mujer solamente puede existir si es correspondido. El verdadero amor se da natural. No es algo que se pueda forzar. Tratar de forzar el amor es como querer cambiar la dirección de la corriente de un río. El verdadero amor de pareja sólo puede crecer, madurar y llegar a su máxima expresión cuando ambos lo sienten el uno por el otro. Sólo si es correspondido.

Hay quienes creen amar sin ser correspondidos. Esto es sólo una ilusión. Las personas que creen estar en ésa situación no entienden el verdadero amor. Puedes sentir mucha atracción, cariño, pasión y admiración por ésa persona, incluso un enamoramiento superficial. Sin embargo, no pasará de allí a menos que ésa persona sienta lo mismo por ti. Si tu quieres conocer el siguiente nivel, el amor profundo, sólo sucederá con alguien que sienta lo mismo por ti.

Es como un beso: para que suceda, se necesita que ambos participen. No hay otra manera. Si tú te amas a tí mism@, no puedes estar mucho tiempo deseando estar con alguien que no te quiere, o que no te trata bien. Eres consciente de tu valor. Sabes que mereces ser feliz.

¿Te gustaría mirar a la persona que amas, y ver cómo ella también te mira a ti con un brillo en sus ojos? Es sublime. No te lo puedes perder. Créeme, sólo sucederá con la persona correcta.

Si alguien cree amarte y tú no le correspondes, no l@ hagas sufrir. El alma que ama tiene esperanza, y esto le provoca cierta ceguera que la hace tener la ilusión de que tal vez tenga una oportunidad contigo. Sólo tú puedes liberar a ésa persona: haz que quede claro que tú no puedes darle lo que necesita.

¿Crees amar a alguien que no te corresponde? piensa: ¿tiene sentido que sigas sufriendo? No, cuando puedes simplemente dejarla atrás y encontrar a la persona correcta Date la oportunidad de encontrarla. ¿No es mejor ser feliz? Yo creo que sí.

La relación con una pareja te ayuda a crecer espiritualmente. Porque compartes con alguien que te ayuda a aprender algo y crecer. Entonces, debes tener cuidado de escoger un@ buen@ maestr@.

Seres parecidos espiritualmente, se atraen. Las personas buenas, sabias, tienden a buscarse entre ellas. Sin embargo, algunas personas seleccionan mal a su maestr@. Déjame explicarte:

Esto lo ví en un show de hipnosis: el hipnotizador indujo a algunos de los asistentes al estado hipnótico y los pasó al escenario. El hipnotizador puso una cebolla en las manos de un joven en estado hipnótico. Entonces le dijo que tenía en su mano una manzana fresca, deliciosa, y que tenía mucha hambre. El muchacho, con gusto, le dio una gran mordida a la cebolla. Cuando fue "despertado", hizo un gesto de desagrado y tiró la cebolla al piso.

Algunas personas están en un estado parecido de adormecimiento. Creen tener una relación amorosa, y en realidad no es así. Nota esto: el hipnotizador le dijo al muchacho que tenía mucha hambre. Cuando tenemos mucha hambre, nos comemos cualquier cosa, no elegimos.

Si crees amar a alguien que no te corresponde, o si estás con alguien, y sin embargo no te da el amor que quieres, o no te trata bien, he aquí la solución: cambia.

Primero, debes saber si eso que sientes es amor verdaderamente. Porque nos enseñaron a llamar amor, irónicamente, a lo contrario: a la falta de amor. Nos han dicho que la cebolla es una manzana. Hasta en la música oímos mucho la idea equivocada del "dolor del amor". Mucha gente vive confundida, creyendo que el amor les hace daño. Así le pasaba a Stefan Zweig, el novelista australiano, quien dijo: "El amor es como el vino, a unos reconforta y a otros destroza." La diferencia entre los primeros y los segundos está en que los primeros se aman a sí mismos, estos no se detienen a perder el tiempo con un amor 'apache', ó con un amor 'imposible'.

Ahora, te pregunto: ¿Quieres tener un "corazón destrozado"? ¿O prefieres ser amad@? Entonces entiende esto:

El amor construye. Nadie sufre por amor. Es imposible sufrir por amor. Se sufre por la ausencia de amor. Por carencias y heridas emocionales. Lo contrario del amor no es el odio, es la indiferencia. Es simplemente ausencia de amor. La presencia de amor es igual a felicidad. El verdadero amor es alegría, es estar bien.

Es entusiasmo, progresar. Vivir en paz. El amor verdadero es una fuerza grande: inyecta seguridad, creatividad. Es un motor que impulsa a vivir. Lo contrario a esto no es amor. Decir: "sufro por amor" es una contradicción, es como decir "sufro porque soy feliz".

L@s que esperan que su pareja cambie, se quedan esperando. Tu pareja es un reflejo de ti. La solución no es que cambie el otro, sino que cambies tú, y busques a alguien más. Verás: si tu pareja es una persona buena y exitosa, fiel a ti y cariñosa, eso es un reflejo de tu salud espiritual, porque si ésa persona es saludable de espíritu y está contigo es porque tú también lo eres. Pero si es infiel, fría, voluble e indiferente, también es un reflejo de que tú tienes aspectos que mejorar en tu salud espiritual. Tu pareja refleja un estado interno tuyo, que no manejas conscientemente. La persona que no te trata bien te está haciendo el favor de recordarte que no te amas a tí mism@. Agradécele el favor y déjala ir. Luego, busca cómo mejorarte.

Si estás en una situación así, entiende esto: no puedes convertir una cebolla en una manzana. Lo que sí puedes, es arrojar la cebolla, y luego ir y buscar una manzana. Te repito: la solución no es que cambie el otro, sino tú. Para tener pareja y ser feliz, tienes que trabajar contigo mism@, y convertirte en el ser humano que merece a una buena persona. Y para atraerl@, primero tú tienes que convertirte en un ser así. Una relación comienza mucho antes de encontrarte con ésa persona, pues comienza contigo mism@.

No puedes obligar a alguien a que te ame. Sin embargo, sí puedes convertirte en alguien que inspire ser amad@.

Cambia: vuélvete un ser humano positivo. Y entonces busca a alguien que sea como tú. Si tienes una alta autoestima, atraerás a la persona correcta: buena y positiva. De la misma naturaleza que tu.

Esto, es armonía.

¿Suerte en el amor?

Hay quienes tienen a la vista de otros, mucha "suerte" en el amor. ¿Por qué tienen una pareja ideal? Porque internamente tienen una programación que los conduce a elegir personas buenas. Están preparados para ser felices. Como puedes ver, no es suerte. Es amor a uno mismo.

Cuidado: estar solos no es un buen motivo para buscar pareja. Cuando tenemos mucha hambre, comemos cualquier cosa, no elegimos. Si estamos hambrientos emocionalmente, hacemos igual. Seleccionar pareja debe hacerse sin prisa, ni presión. No aceptes imitaciones. Acepta solo lo mejor.

Programa tu mente a una forma positiva. Si escuchas música elige canciones con letras positivas. Lo mismo con las películas. Elige modelos externos que fortalezcan tu idea de felicidad. Al reconocer un modelo positivo de pareja en la calle, la TV o un libro, y pienses que eso es lo que quieres para ti, guarda ésa imagen en tu mente. Ése es tu modelo.

Eso es el amor platónico. Muchos creen que el amor platónico es un amor imposible. No es así. Su nombre viene de Platón, el filósofo griego. Platón concibió el amor ideal de una pareja como aquello que nos inspira a cambiar para ser mejores. Platón tenía razón.

Lo primero que hay que entender:

La pasión de pareja no se crea artificialmente. Puede haber respeto y compasión, pero la química entre los dos tiene que existir desde el principio.
Brian Weiss[866]

Un beso es algo que no se puede dar sin recibir
Anónimo

Hay un secreto para estar con la persona amada: no tratar de modificarla
Jacques Chardonne[867]

Las cosas no cambian, cambiamos nosotros
Henry David Thoreau[868]

---

866 Brian Weiss. Psiquiatra, director del hospital Mount Sinai en Miami y Autor de varios best sellers.
867 Jacques Chardonne. Escritor y Productor francés.
868 Henry David Thoreau. Escritor norteamericano, considerado el primer ecologista de la historia

Ámate a ti mismo. Si tú generas amor, atraerás amor. El gran secreto para vivir una relación es amarse a uno mismo. Siempre tú en primer plano.
Horacio Valsecia [869]

Aquel que se ama a sí mismo, no tiene ningún rival
Benjamin Franklin[870]

Ama a tu prójimo *como a ti mismo*
Jesús de Nazaret

El mayor impulso para el amor es la certeza de que somos dignos de ser amados
Juan Pablo Valdés [871]

Conviértete en lo amado
Facundo Cabral [872]

Encontrar a alguien que te guste es fácil, lo importante es encontrar a alguien que su sola presencia te haga **convertirte** en la persona que deseas ser.
Anna Louise Strong[873]

Uno debe ser tan bueno como aquello que quiere encontrar
Robin Marantz Henig[874]

Aunque viajemos por todo el mundo para encontrar lo bueno, debemos llevarlo con nosotros o no lo encontraremos.
Ralph Waldo Emmerson[875]

---

869 Horacio Valsecia. Psicólogo y escritor argentino
870 Benjamin Franklin. Filósofo, político y científico estadounidense, uno de los personajes más trascendentes en la historia de los Estados Unidos de Norteamérica.
871 Juan Pablo Valdés. Autor latino (frase parafraseada)
872 Facundo Cabral. Músico argentino
873 Anna Louis Strong. Periodista norteamericana.
874 Robin Marantz Henig. Científico y escritor colaborador del New York Times.
875 Ralph Waldo Emmerson. Escritor estadounidense

Haz tratos sólo con gente buena. **Sé una de ésas personas buenas** y la gente hará tratos contigo.
Thomas F. Darden[876]

Es un hecho curioso de la vida que si uno se niega a aceptar nada que no sea lo mejor, suele conseguirlo.
William Somerset Maugham [877]

El corazón es un niño, espera lo que desea
Proverbio ruso

Ninguna persona merece tus lágrimas, y quien las merezca, no te hará llorar.
Gabriel García Marquez[878]

Quien bien te quiere te hará **reír**
Santiago Ramón y Cajal[879]

Amor es el descubrimiento de *nosotros mismos* en otra persona, y deleitarse en ser valorado
Alexander Smith [880]

Los cerebros y los corazones van a donde son apreciados
Robert McNamara [881]

---

876 Thomas F. Darden. Presidente de Quicksilver Resources. Aunque Darden dijo esto refiriéndose a las relaciones de negocios, se aplica perfectamente a las relaciones sentimentales, que al final, también son relaciones en las que ambas partes deben salir beneficiadas.

877 William Somerset Maugham. El escritor mejor pagado de Inglaterra en los años 1930's

878 Gabriel García Márquez. Periodista y Novelista colombiano, uno de los más reconocidos talentos literarios de la lengua española de la segunda mitad del siglo XX.

879 Santiago Ramón y Cajal. Premio Nobel de Medicina en 1906. Descubrió los mecanismos que gobiernan las células nerviosas.

880 Alexander Smith. Poeta del siglo 19

881 Robert McNamara. Empresario norteamericano y octavo Secretario de Defensa de Estados Unidos.

Al verdadero amor no se le conoce por lo que exige, sino por lo que ofrece
Jacinto Benavente[882]

Dime a quien amas, y te diré quien eres
Arséne Houssaye [883]

Cuando se da amor hay un riesgo: el de recibirlo
Moliere[884]

Nunca dejes de sonreír, ni siquiera cuando estés triste, porque nunca sabes quién se puede enamorar de tu sonrisa.
Gabriel García Marquez[885]

He aprendido, que una sonrisa es una forma económica de mejorar tu aspecto
De la lista "Lo que he Aprendido" de Andy Rooney [886]

El verdadero amor:

El primer beso no se da con la boca, sino con los ojos
Tristán Bernard [887]

El paraíso está en los labios de la mujer amada
Gautier[888]

---

882 Jacinto Benavente. Director y Productor de cine español
883 Arséne Houssaye. Novelista y poeta francés del siglo 19
884 Jean-Baptiste Poquelin, ó Moliere. Escritor y Actor francés. Considerado uno de los más grandes genios de la comedia de la historia.
885 Gabriel García Márquez. Periodista y Novelista colombiano, uno de los más reconocidos talentos literarios de la lengua española de la segunda mitad del siglo XX.
886 Andy Rooney. Exitoso escritor y humorista de radio y televisión norteamericano, ganador de varios premios Emmy. Conocido por su show en vivo de la CBS, "A few minutes with Andy Rooney", desde 1978
887 Tristán Bernard. Periodista y novelista francés
888 Théophile Gautier. Poeta y Periodista francés de gran influencia.

Si pudiera escoger entre todas las grandes obras de arte, escogería a
la mujer que posee mi corazón.
Javier Herrera [889]

Un verdadero hombre no es el que tiene muchas mujeres a sus pies,
sino el que tiene a una que lo llena y lo hace feliz.
Gabriel García Marquez[890]

Nunca he engañado a mi mujer, y no es ningún mérito, la amo
Georges Duhamel [891]

El placer es sólo un sustituto del amor
Roberto Ricci [892]

El placer es felicidad de los necios, la felicidad es placer de los
sabios
Jules Barbey Dáureville[893]

Una mujer hermosa agrada a los ojos; una mujer buena agrada al
corazón. La primera es un dije, la segunda es un tesoro.
Napoleón Bonaparte[894]

La verdadera naturaleza de un corazón es vista en cómo responde a
lo que no es atractivo a los ojos.
Max Lucado [895]

889 Javier Herrera. Pintor Colombiano.
890 Gabriel García Márquez. Periodista y Novelista colombiano, uno de los más reconocidos talentos literarios de la lengua española de la segunda mitad del siglo XX.
891 Georges Duhamel. Doctor y Escritor francés miembro de la Academia Francesa.
892 Roberto Ricci. Fotógrafo italiano reconocido internacionalmente.
893 Jules Barbey Dáureville. Novelista y Crítico francés.
894 Napoleón Bonaparte. Uno de los más grandes estrategas de la historia y emperador de Francia.
895 Max Lucado. Teólgo Norteamericano y escritor. Todos sus libros han sido reconocidos en la lista de Best Sellers del New York Times.

La prueba de un afecto puro es una lágrima
Lord Byron[896]

Hacer el amor entre dos enamorados no hace falta, porque el amor entre ellos ya está hecho.
Anónimo

He aprendido, que nadie es perfecto . . . hasta que te enamoras
De la lista "Lo que he Aprendido" de Andy Rooney [897]

La mayor declaración de amor es la que no se hace. El hombre que siente mucho habla poco.
Platón[898]

El sentimiento más profundo se revela siempre en el silencio
Marianne Moore [899]

Quien no comprende una mirada tampoco comprenderá una larga explicación
Proverbio árabe

El mayor halago es escuchar con atención
Joyce Brothers [900]

Las palabras llegan al corazón cuando han salido del corazón
Solón[901]

---

896 Lord Byron. Poeta inglés y figura central del romanticismo.
897 Andy Rooney. Exitoso escritor y humorista de radio y televisión norteamericano, ganador de varios premios Emmy. Conocido por su show en vivo de la CBS, "A few minutes with Andy Rooney", desde 1978
898 Platón. Filósofo y matemático griego. Uno de los padres de la filosofía y uno de los personajes más trascendentes de la historia
899 Marianne Moore Poeta y escritora estadounidense ganadora del premio Pulitzer
900 Joyce Brothers. Psicóloga, Columnista y Empresaria norteamericana.
901 Solón. Legislador griego, fundador de la democracia de Atenas (638-559 a.C.)

Las personas olvidarán lo que dijiste, olvidarán lo que hiciste, pero siempre recordarán cómo las hiciste sentir.
Maya Angelou[902]

En una hora de amor hay una vida entera
Balzac[903]

Ponme como un sello en tu corazón, como una marca sobre tu brazo, porque fuerte es el amor como la muerte. Las muchas aguas no podrán apagar el amor, ni lo ahogarán los ríos.
Cantar de los Cantares 8:6,7

Hay dos cosas que no se pueden ocultar: que se está borracho y que se está enamorado
Antífanes[904]

El amor y la tos no pueden ocultarse
Proverbio italiano

El amor es como el fuego, para que permanezca se tiene que alimentar
Giovanni Papini [905]

---

902 Maya Angelou. Bailarina, cantante de opera, actriz de Broadway, poetisa, productora de TV, política norteamericana y primera afroamericana en ser nominada para el premio Pulitzer.
903 Honoré de Balzac. El novelista francés más importante de la primera mitad del siglo Veinte.
904 Antífanes. El comediógrafo más importante de la comedia media. Vivió entre los años 408 y 334 a.C.
905 Giovanni Papini. Escritor italiano. Famoso por haber sido ateo y terminar siendo creyente.

FAMILIA

Tres niños, hermanitos, jugaban en la cama de su cuarto. Era una guerra de almohadas. Los tres pequeños terroristas eran realmente traviesos.

Su padre, un hombre muy estricto, llegó tarde a casa. Había tenido un día difícil, de muchos desafíos, y se sentía cansado y de malas. Saludó a su esposa, se aflojó la corbata y se dirigió a la cocina a buscar algo de tomar. Entonces escuchó ruidos, risas, música y golpes que venían del segundo piso. Era tarde, se suponía que los niños ya deberían estar en la cama. Ellos tenían reglas de mucha disciplina. Entonces, subió las escaleras y se dirigió al cuarto de los niños, que tenía la puerta cerrada. Cuando abrió la puerta, vio el motivo del escándalo: estaban en medio de la guerra de almohadas. Una de ellas, ya desplumándose por los golpes. Había migajas de galletas por todas partes y latas de refresco en el piso.

Entonces, los pequeños vieron al padre en la puerta, desaliñado, con la corbata floja y el ceño fruncido. Apagaron la música. Y reinó el silencio.

El padre, cuando vio aquella escena, no supo que decir. Ya estaba tan cansado y malhumorado que hasta había perdido las fuerzas para lidiar con los diablillos.

Entonces, con un tono de hastío, preguntó:

— ¿Otra guerra de almohadas?

Los niños seguían en silencio, observándolo.

Entonces, de algún lado sacó fuerzas, y gritó:

— ¡Yo juego!

Tomó una almohada, brincó a la cama, ¡y la guerra continuó!

El amor en la familia.

Tan importante es, que de él depende el progreso y el bienestar de las naciones. Sí, así de importante es. Entiende esto: lo que un ser humano es, en esencia, es lo que aprendió en su familia, durante su niñez. Los gobiernos deberían por sobre todas las cosas, cuidar a los niños. Asegurarse que sean bien tratados y bien educados. Todo lo que un niño viva, vea, y escuche de sus padres, es lo que formará su mentalidad. Y lo que haya en su mente cuando sea adulto, es lo que regirá y dará forma a su vida. Un ambiente familiar de alegría y respeto formará personas honorables.

Si un gobierno quiere buenos ciudadanos y un país tranquilo, debe empezar por cuidar lo que se pone en las mentes y en los corazones de los niños.

Tengo un amigo alemán. Su nombre es Stephan. Una vez, hablando de la riqueza del territorio mexicano, Stephan me dijo esto:

— Si México pasara a ser propiedad de Alemania, lo convertiríamos en unos años en la primera potencia mundial.

Es verdad. Lo mismo harían los japoneses. También los norteamericanos. Piensa en esto: los estados norteamericanos de California, Texas, Arizona y Utah, antiguamente pertenecían a México. México tenía un gobernador, Santana, que vendió los territorios de Texas y California a los Estados Unidos de Norteamérica. Ahora, en la frontera de México con Estados Unidos, es notable éste hecho: pasando la línea hacia el otro lado, todo es verde, limpio y próspero. ¿A qué se debe la diferencia? Bien, hay un dicho que va:

"La diferencia entre un desierto y un jardín, no es la tierra, es el hombre."

En la década de los noventas, tan sólo en los estados de Texas y California, se encontraba una séptima parte de la riqueza del mundo. California era una de las diez economías más poderosas del mundo. Y ni siquiera es un país. Es sólo un estado. Por eso, se dice por ahí, que la mitad de los mexicanos están enojados con Santana por haber vendido ésta parte de nuestro país, y la otra mitad, están enojados con él por no haberlo vendido todo. Pero seamos honestos: si Texas y California siguieran siendo de México, ¿Cómo imaginas que serían? ¿Prósperos, seguros, bonitos, limpios y ricos? ¿O serían como los estados fronterizos que no se llevaron?

Es mejor para ti que lo comprendas, porque esto es una gran verdad: la diferencia entre un desierto y un jardín no es la tierra, es el hombre. Es lo que hay en su mente. En la mente de los niños.

Esto abarca desde los detalles aparentemente insignificantes como el tipo de actividades que practican, hasta el trato y la educación que reciben de sus maestros y sus padres.

Los padres siempre decimos que ser padre no es tarea fácil. Sin embargo, todo lo que los profesionales en el tema han escrito, investigado y descubierto sobre cómo educar a un hijo, se resume en ésta fórmula: una combinación de amor, disciplina y diversión. Muchos hombres y mujeres sabios de todas las épocas han llegado a ésta conclusión. Disciplina y Amor.

Una familia debe ser un grupo en donde se enseña, no donde se recrimina. Un grupo en donde tenemos cómplices, amigos, maestros. La disciplina es básica, sin embargo, no se trata de hacer llorar a un niño porque cometió un error, sino de enseñarle una lección de vida que lo haga una mejor persona. Se trata de respeto. A los niños hay que respetarlos. A un niño es fácil ganarle por la fuerza, sin embargo, no es lo ideal. Además, ése niño en algún momento será un adolescente. Entonces, el clásico "porque lo digo yo" ya no será útil. No tan fácil, pero sí lo correcto, es convencer, y enseñar. Y sobre todo:

El ejemplo

Es muy útil para educar a un hijo, el ejemplo. ¿Quieres que él sea pacífico? Sélo tú también. ¿Quieres que sea compartido, ecuánime, respetuoso con sus padres y sus hermanos? Sélo tú también. ¿Quieres que sea responsable? ¿Noble? ¿Fiel? ¿Valiente? Sélo tú también. ¿Quieres que sea honesto, íntegro? Sélo tú. ¿Qué respete la naturaleza y a sus hermanos? Hazlo tú. Los niños son profundamente afectados por el ejemplo de los padres. Los niños son, ciertamente, el reflejo de su madre, de su padre.

El que tiene una buena familia, en donde hubo alegría, disciplina y amor, principios, casi siempre es buen ciudadano, un buen líder. Un buen gobernante.

———

Nunca podrá equivocarse quien dé al niño mucho amor, intercalado con disciplina.
Ian Marshall [906]

Tu familia y el amor deben ser cultivados como un jardín
Jim Rohn [907]

Economiza las lágrimas de tus hijos, para que puedan regar con ellas tu tumba
Pitágoras [908]

El mejor regalo de un padre a sus hijos es un poco de su tiempo cada día
Orlando Battista [909]

El que escribe en el alma de un niño escribe para siempre
Anónimo

Si un niño vive con hostilidad, aprenderá a ser hostil con los demás. Si un niño vive con cariño y amistad, aprenderá a encontrar amor en el mundo.
Dorothy Law Nolte [910]

Gobierna a tu familia como si cocinaras un pescado pequeño: gentilmente
Proverbio chino

———

906 Ian Marshall. Jugador de futbol soccer para el Everton durante la década de los ochentas
907 Jim Rohn. Empresario y Escritor norteamericano
908 Pitágoras. Matemático, astrónomo, músico y filósofo (585aC – 495aC)
909 Orlando Aloysius Battista. Científico y Escritor canadiense.
910 Dorothy Law Nolte. Escritora norteamericana.

Una familia feliz es territorio sagrado
Anónimo

Una familia feliz es un paraíso anticipado
John Bowring [911]

Trabajar es sólo una forma de ganarse la vida. La familia es la vida
Denzel Washington[912]

No pierdas el sentido del equilibrio en tu vida, hay cosas mucho más importantes que los negocios . . . tu familia, tu hogar, tu salud, tienes que disfrutar los placeres de la vida.
Arnold D. Friedman[913]

El hombre feliz es aquel que siendo rey o campesino, encuentra paz en su hogar
Goethe[914]

He aprendido, que cuando tu hijo recién nacido tiene tu dedo en su puñito . . . te tiene enganchado a la vida.
De la lista "Lo que he Aprendido" de Andy Rooney [915]

Dale a los niños pequeños la oportunidad de participar en las decisiones familiares. Sus ideas te sorprenderán.
Jackson Brown [916]

911 John Bowring. Cuarto gobernador de Hong Kong, de origen inglés.
912 Denzel Washington. Estrella de Hollywood
913 Arnold D. Friedman. Fundador de Lebhar-Friedman, Inc.
914 Johann Goethe. Genio de la literatura de origen alemán
915 Andy Rooney. Exitoso escritor y humorista de radio y televisión norteamericano, ganador de varios premios Emmy. Conocido por su show en vivo de la CBS, "A few minutes with Andy Rooney", desde 1978
916 Jackson Brown. Músico de rock norteamericano, miembro del salón de la fama del rock.

No rías nunca de las lágrimas de un niño, todos los dolores son iguales
Leberghe [917]

Las madres sostienen la mano de su hijo por un corto tiempo, pero su corazón por siempre
Anónimo

Dios no podía estar en todas partes, por eso creó a las madres
Proverbio judío

Madre es el nombre de Dios en el corazón de los niños
William Thackeray [918]

El hijo reconoce a su madre por la sonrisa
Virgilio[919]

La misión de los padres no es servir de apoyo, sino hacer que ese apoyo no sea necesario
Dorothy Canfield Fisher [920]

Educar a los hijos es enseñarles a valerse sin nosotros
Mario Sarmiento[921]

Educar no es dar carrera para vivir, sino templar el alma para las dificultades de la vida
Pitágoras

---

917 Charles Van Leberghe. Poeta originario de Bélgica.
918 William Thackeray. Novelista inglés del siglo 19
919 Antiguo Matemático, Filósofo y Escritor romano. Autor de la Eneida.
920 Dorothy Canfield Fisher. Autora de Best Sellers, nombrada por Eleanor Roosevelt como una de las diez mujeres con más influencia en los Estados Unidos.
921 Mario Sarmiento. Escritor.

Educad a los niños y no será necesario castigar a los hombres
Pitágoras[922]

Un buen padre vale por cien maestros
Jean Jacques Rousseau [923]

El niño aprende más con el ejemplo que con el precepto
Proverbio

Los niños son profundamente afectados por el ejemplo y sólo
superficialmente por las explicaciones. Enséñales a decir verdad, a
ser honestos y sinceros, eso cubre todo.
Rodney Collin [924]

El mejor regalo que podemos dar a nuestros hijos es un buen
ejemplo
Thomas Morelli [925]

Tener un hijo no te convierte en padre, como tener un piano no te
convierte en pianista
Michael Levine [926]

No es la sangre, sino el corazón lo que nos hace padres e hijos
Friedrich Von Schiller [927]

Los hijos son las anclas que atan a la vida a los padres
Sófocles[928]

---

922 Pitágoras. Matemático, astrónomo, músico y filósofo (585aC – 495aC)
923 Jean Jacques Rousseau. Escritor y Compositor suizo del siglo 18.
924 Rodney Collin. Escritor inglés.
925 Thomas Morelli. Prestigiado fotógrafo norteamericano
926 Michael Levine. Compositor norteamericano
927 Friedrich Von Schiller. Historiador y Filósofo alemán
928 Sófocles. Poeta griego. Una de las figuras más destacadas de la antigua Grecia.

Instruye al niño en su camino, y aún cuando fuere viejo no se apartará
de él
Proverbios 22:6

Los frutos de los hijos dependen del riego de los padres:

La mano que mece la cuna es la mano que rige al mundo
Peter de Vries [929]

El porvenir de un hijo es siempre obra de su madre
Napoleón Bonaparte[930]

Tú eres el arco del cual tus hijos son lanzados como flechas
Gibrán Jalil [931]

Nunca se siente mas seguro un niño que cuando sus padres se
respetan
Jan Blaustone [932]

Matrimonio sin amor termina en amor sin matrimonio
Benjamin Franklin[933]

¿En dónde puede una persona ser mejor que en el corazón de su
familia?
Andre Gretry [934]

Quien quiere a su familia, no puede ser malo
Alfred de Musset [935]

929 Peter de Vries. Editor norteamericano.
930 Napoleón Bonaparte. Uno de los más grandes estrategas de la historia y emperador de Francia.
931 Gibrán Jalil. Poeta y Pintor Libanés.
932 Jan Blaustone. Escritor norteamericano
933 Benjamin Franklin. Filósofo, político y científico estadounidense, uno de los personajes más trascendentes en la historia de los Estados Unidos de Norteamérica.
934 Andre Gretry. Compositor Francés.
935 Alfred de Musset. Escritor y novelista francés

El que es bueno en familia, es también buen ciudadano
Sófocles[936]

Para poner el mundo en orden, debemos poner la nación en orden; para poner la nación en orden, debemos poner la familia en orden; para poner la familia en orden, debemos poner correctamente nuestros corazones.
Confucio[937]

Cualquier mujer que entiende cómo gobernar una familia estará en mayores posibilidades de entender cómo gobernar un país.
Margaret Thatcher [938]

---

936 Sófocles. Poeta griego. Una de las figuras más destacadas de la antigua Grecia.
937 Confucio ó Kung-fu-tzu. Filósofo chino de la antigüedad, uno de los más influyentes de la historia.
938 Margaret Thatcher. La primera y hasta ahora única mujer que ha sido Primer Ministro de Inglaterra.

RECUERDA

Un niño admiraba mucho a su abuelo. El era un hombre saludable, fuerte, exitoso, próspero, tenía buenos amigos, una linda esposa y una familia grande y hermosa.

Un día el niño se le acerca, y le dice:

— Abuelito. ¿Cómo hiciste para lograr tanto en la vida?

El abuelo respira profundo. Lo piensa un poco. Finalmente, mira a su nieto a los ojos, y le responde:

— Bueno, las personas tenemos dos creaturas viviendo dentro de nosotros. Cuando era joven, dentro de mí había dos bestias. Una era necia, miedosa, mediocre e insensible. Y la otra, era inteligente, excelente, valiente y noble. Y sólo una de las dos sobrevivió.

— ¿Cuál de las dos sobrevivió, abuelo?

— La que alimenté.

Aquel que comprenda y viva estos principios será más poderoso y más feliz. Si tu comprendes y vives estos principios, empezarás a notar que tu vida comienza a cambiar. Que es más feliz. Más próspera. Más abundante. Esto es

---

porque tu mente y tu espíritu ya están haciendo lo necesario. Tendrás un nuevo aliado: el universo. La divinidad.

Sin embargo, Recuerda:

Un ser humano olvida el 90% de lo que lee en sólo dos semanas. Para que los principios de la Mano Maestra cambien tu vida, deben convertirse en parte de tu mente y de tu alma. Deberás leerlos diariamente. Comprenderlos. Vivirlos. Son como la comida de todos los días. Son alimento para tu alma. Te recuerdan quién eres tú realmente.

No hay nada nuevo, salvo lo que se ha olvidado
María Antonieta[939]

*   *   *

lamanomaestra@hotmail.com

facebook: La Mano Maestra

*

---

939 María Antonieta de Austria. Princesa de Hungría y Reina de Francia en el siglo 18.

CPSIA information can be obtained
at www.ICGtesting.com
Printed in the USA
BVHW040931011122
650602BV00012B/21/J